マグナ・カルタの800年

マグナ・カルタ神話論を越えて

深尾 裕造 編

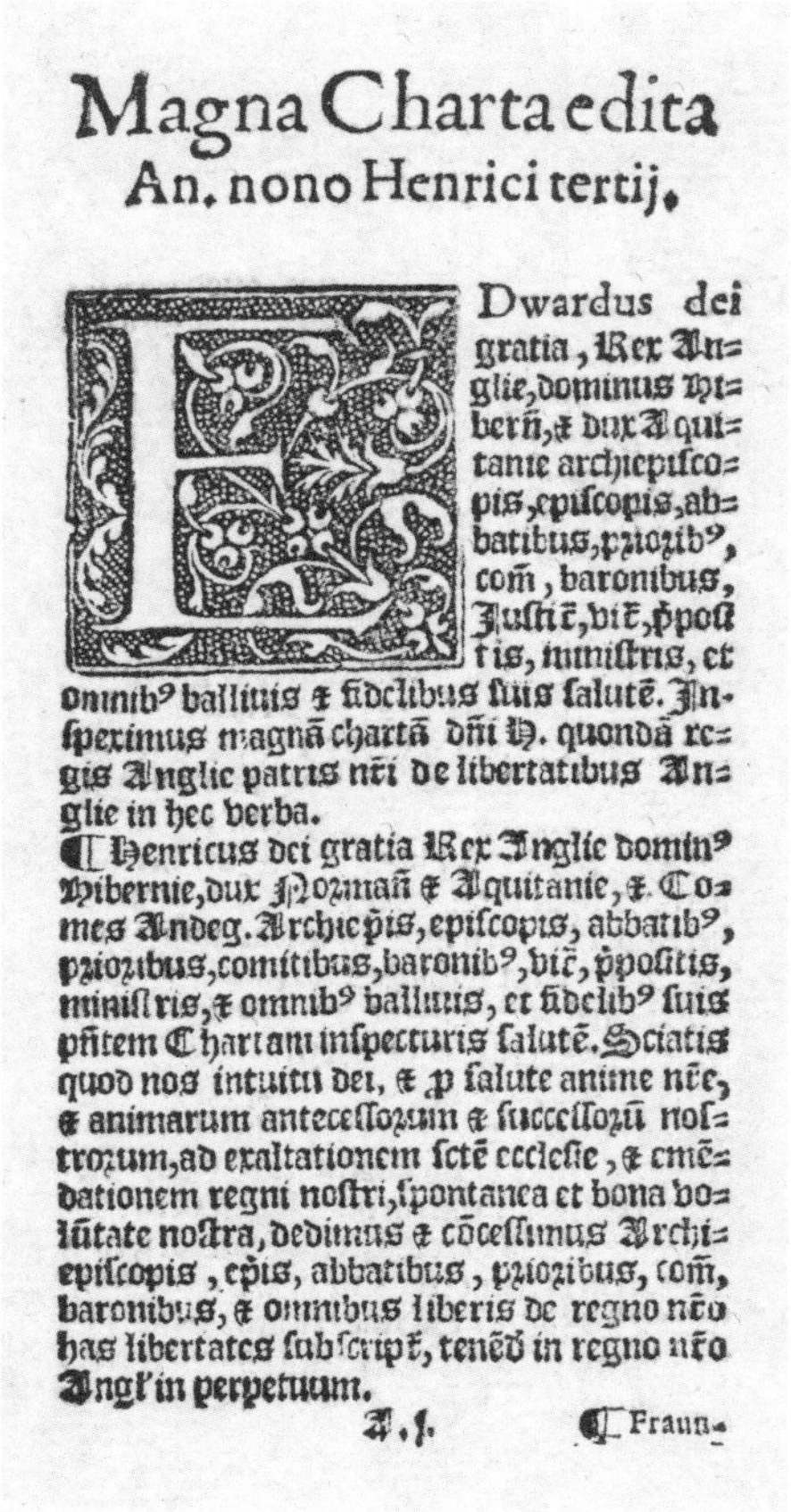
Magna Charta edita
An. nono Henrici tertij.

Dwardus dei gratia, Rex Anglie, dominus Hibernie, & dux Aquitanie archiepiscopis, episcopis, abbatibus, priorib9, com, baronibus, Justic, vic, prepositis, ministris, et omnib9 ballivis & fidelibus suis salutē. Inspeximus magnā chartā dñi H. quondā regis Anglie patris nr̄i de libertatibus Anglie in hec verba.

Henricus dei gratia Rex Anglie domin9 Hibernie, dux Normañ & Aquitanie, & Comes Andeg. Archiepis, episcopis, abbatib9, prioribus, comitibus, baronib9, vic, prepositis, ministris, & omnib9 ballivis, et fidelib9 suis psentem Chartam inspecturis salutē. Sciatis quod nos intuitu dei, & p salute anime nr̄e, & animarum antecessorum & successorū nostrorum, ad exaltationem sctē ecclesie, & emēdationem regni nostri, spontanea et bona volūtate nostra, dedimus & cōcessimus Archiepiscopis, epis, abbatibus, prioribus, com, baronibus, & omnibus liberis de regno nr̄o has libertates subscript, tenēd in regno nr̄o Angl in perpetuum.

A. j. Fraun-

関西学院大学出版会

マグナ・カルタの800年

——マグナ・カルタ神話論を越えて

はしがき

マグナ・カルタの偉大さは、一二一五年のその制定者にとってそれが何であったかということよりもむしろ、それが後に政治指導者、裁判官と法律家、また後世のイギリスの全大衆にとってどういうものになったかという点にある。

W・S・マッケクニ著／禿氏好文訳『マグナ・カルタ』(1)

一二一五年マグナ・カルタの批判的解説者となったマッケクニは、この言葉通り、マグナ・カルタ七〇〇周年記念論文集で長期的視野から「マグナ・カルタ（一二一五―一九一五）」を論じた。しかし、世界史的な広がりでマグナ・カルタの意義を検討する試みは第一次世界大戦によって妨げられ、長期的視点での議論もマッケクニの論文のみに留まった。とはいえ、七〇〇周年記念論文集は、六〇〇周年記念のウィテッカ版金文字マグナ・カルタの出版とは異なり、その後のマグナ・カルタ研究の大きな礎を築くものとなった。(2) さらに七五〇周年に出版されたホウルト『マグナ・カルタ』初版が、次の五〇年のマグナ・カルタ研究の新たな出発点となったことは言うまでもない。ホウルト教授は八〇〇周年直前の二〇一四年に亡くなったが、この間の論争の総括が編者序文として付された半世紀にわたる研究成果が第三版として出版され、(3) また、カーペンターによるマグナ・カルタの新たな英訳と新発見も含む解説とが八〇〇周年を記念して手に取りやすい形で出版された。(4) 第二次世界大戦後トムプソン『マグナ・カルタ――英国憲法形成におけるその役割一三〇〇―一六二九』（一九四七）によって始められた中世マグナ・カルタをめぐる確認と解釈立法の議会史的研究も、イングランドにおける人権保障の具体的な成長過程を未公刊の法曹院制定法講義、法廷報告等の議論を通し精密に描き出したベイカー『マグナ・カルタの再発明一二一六―一六一六』（二〇一七）によってイングランド憲法学史にまで高められることとなった。(5) 近年のブラックストン研究を組織してきたプレストも今回の展示をマグナ・カルタ研究史の一つの契機と考え、その世界史的広がりを探究している。(6) その意味では、八〇〇周年は、冒頭のマッケクニの言葉にあるように、マグナ・カルタ八〇〇年の歴史を通観するものとして企画され、大英図書館の展示も合衆国国会図書館における展示もジョンのマグナ・カルタに留まらず、ブラックストンによるジョンのマグナ・カルタ復活の評価に加え、人民憲章運動との関係、日系人収容所の問題にも新たに焦点を当て、世界人権宣言から、現代の人権問題までを展望するものとなった。それによって、マグナ・カルタ神話の霧も晴らされたように思われる。

イギリス法史の研究者として展示会図版等の形で多くの貴重な図像資料を手に入れることができたのも幸いであった。ヴィンセントのオンライン版マグナ・カルタ・プロジェクトによって、マグナ・カルタへのアクセスもより容易なものとなった。子供向け絵本も含め、大衆向けのマグナ・カルタ関連出版も多数におよぶ。トムプソンの業績も第二次世界大戦中に合衆国に保管されていたマグナ・カルタの返還式典を契機とするものであった。この八〇〇周年記念を通して記録されること、記憶されることの意味を改めて感じさせられたのは、私だけではあるまい。法文化というものは、このような形で定着していくのではないだろうか。(7)

本書は日本法制史学会第六七回大会（於　関西学院大学）で開催されたシンポジウム「マグナ・カルタの八〇〇年――マグナ・カルタ神話論を越えて」（二〇一五・六・一三）の報告をその後の海外での研究も踏まえブラッシュ・アップしたものである。シンポジウムでは、ジョンのマグナ・カルタというより、その後のマグナ・カルタ解釈の歴史に焦点を当て、中世、クック時代、ブラックストン、そして我が国への影響、そして現代英国と大きな流れを捉まえるとともに、独・仏からのコメントをいただくことで構成した。[8] 城戸毅氏、北野かほる氏はじめ、シンポジウムで貴重な意見を戴いた先生方に改めて感謝したい。

本書では、可能な限り、海外の最新の研究動向を踏まえ論集に反映させる努力を行ったが、この間、発表された研究論文は膨大であり、全てを充分に消化しきるには、さらなる研鑽が必要であろう。読者の便宜のために、末尾にマグナ・カルタ及びマグナ・カルタ研究史年表を付したが、勿論、これも完全なものではない。関西学院大学図書館でマグナ・カルタ関連特別図書を購入・展示した際に作成したものを基礎としていることもあり、偏りがあることは否めない。概ね、編者の関心にそって作成したものではあるが、今後の研究・教育の一助とでもなれば幸いである。

中国での関心に加え、東欧・中欧での関心が高かったことも今回の八〇〇周年の特徴かもしれない。しかし、我が国では、立憲主義の問題が大きな関心を呼び起こしていたにも拘わらず、マグナ・カルタ八〇〇周年は多くの人々の関心を惹くことはなかった。抽象的人権概念を好む日本人研究者を惹きつけるものが少なかったのかもしれない。しかし、抽象的人権概念は、そのままで人権保障として実現されるわけではなく、時代に則し具体的救済手段を提供する不断の営為を通して普遍化するということを忘れてはならない。マグナ・カルタの八〇〇年は、まさしくその営為の過程であり、司法の独立と法の支配の確立は、その長年の営為が生み出した法文化ともいえよう。イギリス憲法が不文憲法であったいうことが日本の憲法学者の理解を困難にしているのも否めない。しかし、硬性憲法の典型とされる一八四八年フランス共和制憲法の短命さをみるとき、成文憲法への安住こそが、憲法と憲法学の危機を招きかねないともいえよう。[9] このマグナ・カルタの世界史的意義と今日的意義についての理解が乏しいことについては、イギリス法史研究者の一人としての責任を感じざるをえない。その意味では、遅まきながら、本書の出版が立憲主義と法の支配が、法文化として我が国に定着する契機となれば幸いである。

なお、本研究には、日本学術振興会、平成二七年度～二九年度基盤研究（C）「マグナ・カルタの八〇〇年――その記録と記憶」（研究代表者　深尾裕造：研究課題番号 15K03095）の助成を受けた。日本学術振興会の暖かい支援に改めて感謝したい。また、マグナ・カルタ関連図書の整備、シンポジウムへの海外研究者の招聘等、本シンポジウム開催については関西学院大学から多大な援助と支援を受けた。合わせて感謝の意を表する次第である。

最後に、法制史学会第六七回大会シンポジウム運営に御助力いただいた関西学院大学川村康教授、守屋浩光教授をはじめ関係諸氏に改めて御礼を申し上げたい。

（1）W・S・マッケクニ著／禿氏好文訳『マグナ・カルタ——イギリス封建制度の法と歴史』（ミネルヴァ書房、一九九三）一五八頁。

（2）Henry Elliot Malden ed., *Magna Carta: Commemoration Essays* (Royal Historical Society, 1917). John Whittaker, *Magna Carta Regis Johannis. XV. Die Junii Anno Regni XVII. A.D. MCCXV* (London, 1816) については本書裏表紙参照。

（3）J. C. Holt, *Magna Carta*, 3rd ed., revised and a new introduction by George Garnett & John Hudson (Cambridge U.P., 2015). 第二版（一九九二）は、森岡敬一郎氏が邦訳し、二〇〇〇年に出版（J・C・ホウルト『マグナ・カルタ』慶応義塾大学出版会）されている。

（4）David Carpenter, *Magna Carta: With a New Commentary* (Penguin Classics, 2015). 同書及びホウルト第三版の意義に関しては、本書、直江論文注（1）参照。

（5）Sir John Baker, *The Reinvention of Magna Carta 1216-1616* (Cambridge U.P., 2017)

（6）Wilfrid Prest, 'Blackstone's Magna Carta,' 94 *North Carolina Law Review*, p. 1496. Do., 'Blackstone's Commentaries: Modernisation and the British Diaspora' in Philip Payton, ed., *Emigrants & Historians: Essays in honour of Eric Richards* (Wakefield Press, 2017)

（7）主要な図録としては、Randy J. Holland, *Magna Carta: Muse & Mentor* (Library of Congress, Thomson Reuters, 2014), Nicholas Vincent, *Magna Carta: The Foundation of Freedom 1215-2015* (Third Millennium, 2014), Do., *Magna Carta: Origins and Legacy* (Bodleian Library, 2015), Claire Breay and Julian Harrison ed., *Magna Carta: Law, Liberty, Legacy* (British Library, 2015) がある。各々、特徴があるが、Bodleian Library 版は、現存マグナ・カルタ手稿を網羅的に収録解説しており貴重である。Vincent, The

Magna Carta Projectについては、http://magnacarta.cmp.uea.ac.uk/（最終アクセス：二〇一八・七・三〇）を参照。同ホームページからは、学生教育向けパンフレットがダウンロード可能である。尚、中世マグナ・カルタ写本に関しては、我が国の一橋大学図書館でも所蔵されている。印刷時代以降の初期制定法令集等のマグナ・カルタ関連書籍資料に関しては、関西学院大学図書館報『時計台』八六号（二〇一六）〈学術資料講演会要旨〉（http://hdl.handle.net/10236/14339）参照。

（8）『法制史研究　六六』（法制史学会、二〇一六）会報（学会記事、報告要旨）参照。諸般の事情でシンポジウム・コメントは掲載できなかったが、フランスについては石井三記「フランスにおけるマグナ・カルタ観」『名古屋大学法政論集』二六四号（二〇一五）三三七―三五一頁（http://hdl.handle.net/2237/23382）を参照。なお、本書「序」は、深尾裕造「クック「マグナ・カルタ註解」覚書」『法と政治』六七巻一号の前半部（四一―六二頁）を、その後出版されたベイカー教授の研究等で補って書き改めたものである。

（9）K・マルクス著／植村邦彦訳『ルイ・ボナパルトのブリュメール一八日［初版］』（平凡社、二〇〇八）四一―四三頁。

二〇一八年七月三〇日

深尾　裕造

目次

〈序に代えて〉

マグナ・カルタ神話論を越えて

深尾　裕造

イギリスの歴史家はしばしばサー＝エドワード＝クックに対し批判的ですが、クックは大憲章の本来の意味を歪曲したのだというありふれた非難は真実に欠けると思われます。

J＝C＝ホウルト著／佐藤伊久男訳「マグナ＝カルタ、法および国制」(1)

はじめに

冒頭に引用した英国中世史の大家ホウルトの言葉は、一九八六年来日時に、東北大学において行われた講演の一節である。ホウルトのこの主張の論拠は、既に、一九六五年マグナ・カルタ七五〇周年を記念して出版された『マグナ・カルタ』初版で詳論されていた。八〇〇周年に出版された『マグナ・カルタ』第三版においてもこの主張は一貫している。(2)

したがって、冒頭のホウルトの見解は、この時に初めて我が国に紹介されたわけでもなかった。ホウルト説は、その基礎を提供したトムプソンの研究と共に『イギリス基本法思想の研究——民主主義憲法の源流をたずねる為の歴史学的方法』（一九七三）で、禿氏好文氏によって紹介されていたのである。しかし、禿氏氏は「発展の決定的な時代は、クックの時代にではなくて、十四世期であり、その時に、クックの大憲章解釈の諸特徴の多くが議会制定法に具体化された」というホウルトの見解を、「最近の学説の傾向の中にあってはむしろ異色の部類に属す」と一蹴し、一九〇四年のジェンクス論文「マグナ・カルタ神話」の方が通説だと断じてしまった。(3) そのためか、ホウルト説は、我が国において広く受け入れられるところとはならなかったのである。

禿氏氏は、その根拠として、ジェンクス論文を紹介した田中英夫氏の研究「私有財産権の保証規定としてのDue Process Clause の成立（一）」（一九五五）に拠りつつ、「"The law of the land" は Due process of law を意味するというクックの説も、彼の非歴史的な態度からでたものとされるのが通説である」と断じられたのである。(4) ホウルト『マグナ・カルタ』初版以前に著された田中論文でホウルトの議論を封じてしまわれたことになるのであるが、何故に、禿氏氏は、ホウルト『マグナ・カルタ』初版以前に発表された論文に依拠し、一九〇四年のジェンクス論文にまで先祖返りされてしまったのであろうか。

一つには、この間、ハーバート・バターフィールド著／越智武臣他訳『ウイッグ史観批判——現代歴史学の反省』（未来社、一九六七）共訳者：浅田実・村岡健次・鈴木利章・川北稔が出版され、ホイッグ史観批判が歴史学界の一つの潮流となりつつあったことに一因があるのかもしれない。原著 Herbert Butterfield, *The Whig Interpretation of History* (London, 1931) は、クックを直接批判するものではなく、自由の自己発展として歴史を道徳的に描き出すケンブリッジ大学欽定近代史講座教授アクトン卿のヘーゲル流の方法への批判であったのだが、訳者の紹介にもあるように、バターフィールドは、第二次世界大戦終戦前に、クックをホイッグ史観の創始者とする Herbert Butterfield, *The Englishman and his History* (Cambridge U.P., 1944) を著していたからである。(5)

実は、一九〇二年のジェンクス「マグナ・カルタ神話」は、クック「マグナ・カルタ註解」を直接の批判対象とした論文ではなく、イギリス大学歴史教育の父、オックスフォード大学初代欽定近代史講座教授スタッブズの説に対する批判論文であり、その末尾に、このようなスタッブズ的マグナ・カルタ理解の創始者としてクックの名を挙げたにすぎなかった。したがって、直接にジェンクス論文から論じた田中氏は、この点を誤ることなく、マグナ・カルタを「イギリス人の自由の守護神」とする立場をとった学者として「十九世紀末に活躍した憲法史の権威であるスタッブズ William Stubbs が第一に挙げられねばならない」とし、その説を紹介すると共に、このような見解をとる学者として、ハーラム、グナイスト、ブトーミイ、テイラの名を挙げ、このような伝統的見解と根本的に相反する説の嚆矢としてジェンクス論文を紹介していたのである。(6)

クック「マグナ・カルタ註解」への本格的は批判は、近代マグナ・カルタ研究の出発点となったマッケクニの『マグナ・カルタ』(一九〇五)であり、前述、田中論文のクック批判もマッケクニ『マグナ・カルタ』第二版(一九一四)に多くを負っていた。バターフィールドに大きな衝撃を与えたのも、このマッケクニの著作であり、一九六八年レディング大学でのステントン講義の最後に、「私が若かったとき、二十世紀初めに、マッケクニ某がマグナ・カルタ神話を投げ飛ばすのを学んだのは、今尚、身震いするようなことであった」と回顧している。(7) スタッブズ『英国憲制史料選集 Select Charters』第九版(一九一三)の編者もマグナ・カルタの解説に「本文への詳細で優れた註釈が W. S. McKechnie によって、彼の著書『マグナ・カルタ』(Glasgow, 1905) によって提供されている」と付け加えた。この『選集』の編者は、スタッブズ説批判の書物による修正を加えた版を出版することについて、第九版前書冒頭で、この多くの修正が「偉大な学者の記憶を冒瀆する不当なものと思われないように希望する」と弁明しているが、逆に、この修正のお陰で、スタッブズ説が葬り去られた後も、史料集としての『選集』は、オックス=ブリッジ

での定番の歴史史料集として一九六〇年代迄再版され続けたのである。(8)

これが、ホイッグ史観の根強さを支えて続けていたのであろう。マッケクニの著作に衝撃を受けたバターフィールドが一九三一年に『ホイッグ史観批判』を著し、第二次世界大戦末の一九四四年『英国人と彼の歴史』でクックをホイッグ史観の創始者として批判したのも、その故かもしれない。

しかし、第二次世界大戦が「人権」のための戦いとして闘われ、戦後一九四八年の世界人権宣言が採択に向けた動きが活発化する中、マグナ・カルタへの見方も変化する。(9) 一九四七年のレイディン「マグナ・カルタ神話」(10)、翌年のフェイス・トムプソン『マグナ・カルタ――イングランド憲制の形成に果たした役割一三〇〇―一六二九』は、共に所謂「マグナ・カルタの世紀」以降の中世におけるマグナ・カルタ解釈の変遷を明らかにしたものであった。続いて両論文が発表されたことに示されるマグナ・カルタへの関心の高さは、トムプソン論文の前書にあるように、第二次世界大戦前のニューヨーク世界市場博に出展され一四〇〇万人の観客を集め、大戦期間中アメリカのノックス空軍基地に保管されていていたリンカン大聖堂のマグナ・カルタ原本の返還式典が、一九四六年一月一〇日に大々的に催され、アメリカの大衆の関心を再び惹きつけたことが大きかったのであろう。(11)

前述の一九六五年のホウルト『マグナ・カルタ』(初版)の議論は、主としてトムプソンの研究を基礎に、バターフィールドのクック＝ホイッグ史観創始者論を批判するものであったのだが、この点が見過ごされてしまったのかもしれない。

もう一つが「マグナ・カルタ神話」というサウンド・バイトの持つ魔力であろう。戦後の日本研究者の「科学」への憧憬が、「神話」への拒絶感を強くしたのかもしれない。一九六五年ホウルト『マグナ・カルタ』と同年に、「サー・エドワード・クック――神話の創始者」と題した章を展開するヒルの『イギリス革命の思想的先駆者たち』が出版され、いち早く浜林正夫氏によって『歴史学評論』第三〇七号(一九六五)で紹介されており、こうした言葉の魔術が影響したのかもしれない。同書は一九七二年に福田良子訳で邦訳されるが、ホウルト『マグナ・カルタ』の邦訳については二〇〇〇年、森岡敬一郎氏によって第二版（一九九二）が訳されるまで待たざるを得なかったのである。

しかし、より根本的な問題があった。近代の本格的なマグナ・カルタ研究はマッケクニにはじまり、ホウルト『マグナ・カルタ』は、マグナ・カルタの法学的解説に重点を置いたマッケクニの研究に対し、歴史学的な視点から再検討を加えようとしたものであった。その意味では、法学的な解説としては、マッケクニの著作の意義は、今尚大きく、禿氏氏がホウルト『マグナ・カルタ』ではなく、マッケクニ『マグナ・カルタ』の邦訳を目指され、一九九二年に出版されたことの意義、それ自体は高く評価されるべきものである。(12) しかし、マッケクニは、あたかもクックが一二一五年のジョンのマグナ・カルタを註解したかの如く批判するという、逆の意味の非歴史的過ちを犯してしまっているために、「クック＝マグナ・カルタ神話創造者＝歴史の歪曲者説」を固定化させることとなったように思われる。中世の人々にとって、マグナ・カルタとは、一二二五年にヘンリ三世が発給し、一二九八年にエドワード一世が確認し制定法録に登録した現行法としてのマグナ・カルタであり、より一般に普及していたのは一三〇〇年交付版マグナ・カルタであったのである。(13) ジョンのマグナ・カルタは一五七一年にカンタベリ大司教マシュー・パーカーがマシュー・パリス『大年代記』を出版するまで、ほとんど知られていなかった。シェークスピアのジョン王は一五九八年頃までに完成していたようであるが、歴史学者でもないシェークスピアが新たに出版された『大年代記』を利用していなかったとしても責められるべきではないであろう。八〇〇周年記念論文集で百科辞典研究者が明らかにしたように、百科辞典のマグナ・カルタの項目でジョンのマグナ・カルタが中心的位置を占めるようになるのは一八三〇年代、一二一五年マグナ・カルタ発給六〇〇周年以降のことなのである。(14)

ジョンのマグナ・カルタへの学問的注目が復活するのは、ブラックストンのマグナ・カルタ研究以降にすぎず、ハーバード大学教授のボウエンは、一八五四年直前になってもジョンのマグナ・カルタの適切な英訳版を発見することができなかったのである。(15)

我々、日本人がマグナ・カルタを知るのは、福沢諭吉『西洋事情』（一八七〇）による学生版ブラックストンの紹介を介してであり、尾崎三良『英國成文憲法纂要』（一八七四）による翻訳・註解以来、マグナ・カルタといえば、一二一五年のジョンのマグナ・カルタであり、戦後、岩波文庫『人権宣言集』（一九五七）に収められたのも一二一五年のマグナ・カルタであった。[16]しかし、クックにとっては、一二一五年マグナ・カルタは強迫によって発給され、無効とされたマグナ・カルタであり、法学者であるクックが無効とされたマグナ・カルタに註解を加えるはずもなかったのは言うまでもないことなのであって、このことを忘れるなら、とんでもないアナクロニスティックな議論となってしまうのである。

もちろん、学者であるクックは、パリス『大年代記』に通じており、課税同意権に関するジョンのマグナ・カルタ第十四条が、エドワードが制定法令集に登録したマグナ・カルタから削除されていたことを知っていた。それ故にこそ、一六二八年の権利請願において一二九七年無承諾課税禁止法 Statutum de Tallagio non Concedendo の意義を強調したのである。[17]十八世紀に、家庭の医学的法律書として版を重ねたジェイコブの『各人が自らの弁護士』の「臣民の権利」の章に収められたのも、一二二五年マグナ・カルタと無承諾課税禁止法であったのである。[18]英国議会の課税同意権を強調するフォーテスキューがマグナ・カルタに言及しなかったのも、当時のマグナ・カルタには課税同意権の規定が省かれていたからであり、印刷術導入の前に、個別の制定法を引用することは稀であったからでもあろう。学問方法論としても、典拠を脚注や欄外注の形で挙げる方法は、人文主義の時代以前には一般的ではなかったのである。[19]さらに、マグナ・カルタ二十九章（三十九条）の規定についていえば、印刷術導入後も、コモン・ローを成文化したものとして、マグナ・カルタへの言及もないままに、コモン・ローの重要なマクシムとして紹介されていたことにも留意すべきであろう。[20]

その意味で、一九八〇―八四年王立歴史学界会長の座に登り、マグナ・カルタ研究史上初めての「歴史的注解」者として紹介されるようになったホウルト教授の一九八六年来日時におけるマグナ・カルタ講演は、従来の「異色」見解を打ち破る大きなチャンスであった。しかし、訳者は「彼（クック）の好古主義は、ホイッグ史観の進化論とは異なり、基本法の持続的で不変の要素を見究めることにあった、とホウルト教授は理解する」（傍点筆者）として、ホウルト教授によるバターフィールド批判の意義を正しく評価しながらも、ブレイディのクック批判の有効性を強調することで、ホウルト教授の主張の意義を弱めてしまったように思われる。(21)

実は、「クック＝神話の創始者＝歴史の歪曲者」論を成長させる種が蒔かれていたのである。バターフィールドは、空位期急進派のノルマン主義の研究を目指していた一人の博士学位志望者のテーマを、彼が『英国人と彼の歴史』でクック批判のために採り上げたブレイディ論争に向けさせるのに成功した。彼は、一九五二年に博士論文「庶民院起源論争一六七五―八八」を完成させた。この博士論文がポーコック『古き憲制と基本法』（一九五七）へと発展することとなったのである。もう一人の論文指導者プラム博士も十八世紀研究者であり、中世におけるコモン・ロー法学の発展を検討するものではなく、むしろ、十八世紀のバークによる時効論的憲制理論の系譜を過去の歴史に遡り探究することを目的として歴史思想の発展を跡付ける著作となった。(22)コモン・ローに限らず、近代の如何なる法学も時効論無しには成立し得ないのだが、法学を学んだことのない者にとっては、時効という概念は理解しにくく、神秘的に見えるものなのである。バークが時効論を政治的言説として憲制論に利用したことが、コモン・ロー法曹への不信の種を撒き散らすこととなったのかもしれない。

ホウルトが初版で「クックに代表される「歴史のコモン・ロー的解釈」を、「より名の通ったホイッグ的歴史解釈の祖先であり、ほとんど、その親である」とする最近のクック批判」として、直接的に問題視したのは、バターフィールド説を受け継いだばかりの若き日のポーコックの議論であった。(23)ホウルトは、注で、ポーコックの見解とヒルの見解とを比較するように促している。ヒル『ピューリタニズムと革命』（一九六二）に収められた「ノルマンの軛」論文の見解なら、まだ許せたのかもしれない。ヒルも、クック説を「ホイッグ的解釈と称しうるかもしれない」と論じてはいるのだが、クックや彼の仲間は、コモン・ローがアングロ・サクソン的自由を体現するものと理解し、「商業社会の必要」、即ち、「所有権の神聖さと継続性」に「コモン・ローが適応してきた」と論じ、クックの近代性に注目して議論を展開した後に、この「アングロ・サクソン的自由の存続の理論と「マグナ・カルタ神話」がホイッグ的歴史解釈に不可欠であった」とその理由を述べているからである。[24] ホウルトも「クックと彼の仲間達の考え方が、後の「歴史のホイッグ的解釈」に素材を提供した」ことは認めてはいるのである。しかし、クックは「ホイッグでも、ホイッグ的歴史家でもなかった」（傍点筆者）。この比較を要する微妙な理解の差が、問題を見えにくくしているのかもしれない。[25]

いずれにせよ、最近の我が国における政治思想史家としてのポーコック人気が、クック＝マグナ・カルタ神話の創造者＝歴史歪曲者説を永らえさせることに大きく寄与しているのは疑い得ないであろう。ホウルトのポーコックへの批判に対しては、ポーコック自身に答えてもらおう。彼は、一九八六年、「古き憲制論再訪」において以下のように弁明した。「クックがイングランド法全体を超記憶的で、静態的で、不変なものと考えたというのは「古き憲制と封建法」の適切な読み方ではない」のであって、「彼〔クック〕の慣習 custom（そして慣行 usage）概念はずっと柔軟であった」。「クックは、ホイッグという産湯とともに洗い流してしまうにはあまりにも頑丈な赤ん坊なのである」[26]。

ジェンクス「マグナ・カルタ神話」を上記デュー・プロセス論文で紹介された田中氏が、数年後、ホウルト『マグナ・カルタ』初版出版（一九六五）以前に、クック「マグナ・カルタ註解」第二十九章を詳細に検討され、以下のように述べられていることにも注目する必要がある。

> 彼〔クック〕は叙述を進めるにあたって、数多くの判例と制定法とを、あるいは本文中に、あるいは（より多く）欄外に、引用しながら議論を進めているのである。もとより、これらの引用には、すでにしばしば言われているように、歴史的にみれば不正確なものも少なくはないであろう。しかし、クックは歴史を書くことに興味を持っていたのではない。彼の興味は、あくまでも実践にあった。……明治憲法や旧親族相続法のもとで解釈学者がした努力を非歴史的だと非難するのがお門違いであるように、クックの非歴史性をあげつらうのも——クッ

クが歴史だというものが、実は非常にしばしば歴史でないという注意としてはともかく――クックの評価としては、的外れと言うべきであろう[27]

ホウルト『マグナ・カルタ』出版前でも、実際に、クックの「マグナ・カルタ註解」を直接学んだ研究者は、クックに対する誤った評価を下すことはなかったのである。我々は、この「頑丈なクック」に立ち戻って学ぶべきなのであるが、それを正しく理解するために、クック時代のマグナ・カルタ観、制定法解釈論、法律書出版等についての基礎的な理解を確認しておく必要があろう。[28]

第一節　法律家クック

当然のことであるのだが、クックは歴史家ではなく、法律家である。クック批判の多くの論拠が、バターフィールドが、『英国人と彼の歴史』で紹介したブレイディ論争におけるクック批判を基礎に置いているのだが、法律家であるクックが、現行法としてのマグナ・カルタに彼が生きていた時点の視点から註解を加えるのは、むしろ当然のことであった。

多くの論者が、ブレイディのクック批判そのままにクックが論じられ、クックの著作における具体的な論証過程の分析を通してクック論が語られてきたわけでないのを知って驚くのである。[29]

クックが「古のコモン・ロー」について論じるのは、制定法解釈のためであって、歴史そのもののためではない。コモン・ロー法曹であるクックは、先ず、第一に、当時の制定法解釈論に従って解釈する必要があった。制定法がコモン・ローの宣言か新たな法の制定かで解釈方法が異なったからである。次に、現行法解釈の出発点として制定法成立前後の文献を通して成立直後の法文の意味を理解する必要があった。クックの過去の法書への関心は、これに留まるものではない。マグナ・カルタは不変ではなく、マグナ・カルタの法文の意味も、その後の立法の変化により大きく修正されてきたからである。それと同時に、判例の変化も合わせて、その意味の変化を丹念に追跡することが現行法としてのマグナ・カルタの解釈に不可欠であったのである。

卑近な喩えでいうならば、三〇年前の日記に書かれた私は、今の私ではないが、そこには、今の私を理解する鍵が隠されているのである。そして、その後の日記を読み解くことで、現在の私をより良く理解できるのである。同じように、クックにとって、現行法としてのマグナ・カルタを理解するための鍵として、成立時のマグナ・カルタの意味を知ることが重要なのであった。こうした探究方法が神話を創造するものとして否定されるなら、厳密な「原意主義者」を除き、全ての法律家は「神話の創造者」として批判されることになるであろう。

前述したように、クックは中世末以来の法曹院のマグナ・カルタ制定法講義の伝統に従って、当時の印刷本制定法令集のトップに登載されたエドワード一世によって検認されたヘンリ三世治世九年のマグナ・カルタに註解を加えることが重要なのであった。『法学提要　第二部』序文で、ジョンのマグナ・カルタが、強迫によって作成されたものとして無効とされたことが教訓として語られ、一二二五年の「マグナ・カルタ註解」で前文に付け加えられた「朕の自発的な善意に基づき」（傍点筆者）という文言の重要性が強調されるのはそのためなのである。[30] クックがマグナ・カルタについてブラックストンのように「国王ジョンから、剣を手に、獲得された自由の大憲章」（傍点筆者）と誇らしく語ってはいないことに注意する必要があるだろう。[31] 諸侯の反乱の物語そのものは、ブラックストンの時代とは異なり、クックにとってはマグナ・カルタの権威を弱めるものとはなっても、賛美の材料とはなりえなかったのである。

第二節　クックの制定法解釈論

ブラックストンは、前述の議論に続けて「その憲章は、新たな譲与をほとんど含んでおらず、サー・エドワード・クックが述べているように、大部分がイングランド基本法の主要な基礎の宣言である」[32]と論じたのだが、クックの上記言説が文脈全体から切り離されてしまうと、チューダ期の制定法解釈論との密接な繋がりが見失われてしまいかねない。

クックが序文で「大憲章は、大部分がイングランドの基本法の主要な基礎を宣言したもので、残りの部分は、コモン・ローの若干の欠陥を補うために付加されたものであった」（傍点筆者）[33]と論じたのは、チューダ期の制定法解釈論を意識してのことであった。フリートウッドの著作とされる制定法解釈論では、立法は、コモン・ローを拡充する立法と、コモン・ローの弊害を救済する立法、コモン・ローを確認する立法、コモン・ローを縮減する立法、コモン・ローを廃止する立法の五種類に分けて論じられ、前の三者は制定法のエクイティより拡張解釈は可能だが、後二者に関しては、刑罰法規同様、厳格に解釈されるべきものと理解されていたからである。[34]

クックは、このように論じることによって、マグナ・カルタの規定が、エクイティにより拡張解釈可能な立法であると主張しているのであって、Ancient Constitution 論や「古き良き法」論に頼ってそのように論じているわけではない。そうした安易な議論で済むならば、膨大な欄外注も本文の議論のほとんども不要であったであろう。クックが権威を持ち得たのは、その論証のために博覧強記とでもいうべき畏るべき法学識を示し得たからであった。

クックが序文で、「旧制定法及び他の制定法を扱う本書『法学提要』の第二部では、我々はほとんど必然的に、我々の古の著者達、『ブラクトン』『ブリトン』『裁判官鑑』『フリータ』や、以前には印刷されたことのない多くの訴訟記録を引用せざるをえなかった」と論じ、その理由として「これは賢明な読者に、本著作で我々が扱うこれらの全ての制定法が定められる以前のコモン・ローが如何なるものであったかを認識して頂き、それによって、制定法が新たな法を導入するものであったのか、古き法を宣言するものであったのかを知ってもらうことが、当該法文それ自体の真の理解を大いに助けることになるからである」[35]（傍点筆者）と論じていたのもそのためであって、クックが制定法解釈のために利用した方法を明示しているのである。

かくして、クックが、最初に行ったのは、マグナ・カルタ成立時の法文献との対照によって、個々の法文が、当時のコモン・ローを成文化したものにすぎないのか、新たに制定されたものかを丹念に確定することであった。マグナ・カルタ成立前の『グランヴィル』、成立直後の『ブラクトン』、さらに、『フリータ』『ブリトン』『裁判官鑑』といったエドワード一世末期の法書が頻繁に引用されるのはその故である。これは「コモン・ローを制限する制定法は厳格に解釈すべきである」というチューダ期の制定法解釈論に則った解釈を展開する上で不可欠な作業であったからなのである。したがって、マグナ・カルタの個々の法文がコモン・ローの成文化にすぎないことを確認することによって、当該法文の解釈の巾を広げることを可能としたのである。

各章の解説で、「これは古来のコモン・ローであって、様々な議会法令で宣言されてきた」（第一章）、「本制定法以前の古法はどうであったのか」（第三十章）、コモン・ローの欠陥を是正するために制定されたと考えられる三十二章では「最初に、本制定法以前のコモン・ローはどうであったのかが理解されるべきである」と論じて、その変化の意義が検討されるのはその故であった。

このように、クックは、マグナ・カルタを制定法 Statute として扱っている。しかし、クックの制定法概念が、現在の法命令説的な制定法概念と異なる点にも注意する必要がある。大きく分ければ、制定法は、前述の如く、不文法であるコモン・ローを確認するものと新たに法律を制定するものの二つに分けられるのだが、前者は、むしろ、コモン・ローの成文化といってよいものである。成文化により法の意味が明確となるのだが、制定されたがゆえに法となったわけではないのである。フランス民法典やドイツ民法典にもこのような側面があって、定められたがゆえに法であるというより、新たな市場社会の法的関係を成文化したがゆえに、体制の変化に拘わらず、長期に亘り法としての命脈を保っているのである。もちろん、成文化にあたって、政治的な力関係が影響を及ぼすことはありうるのであろうが、それは、決定的なものとはならないであろうし、そのような場合には、力関係が変化すれば、直ちに変更されるか、長期的に見て、無視されることになるのである。

その意味では、クックがマグナ・カルタを制定法であると称する場合には、議会で法文が確定されたということの意味の方が大きいのである。コモン・ローの成文化に過ぎないと述べることで、成文化されたことの意義を低く評価しているわけでもないことは言うまでもない。マグナ・カルタの重要な言葉は一言たりとも見過ごすべきでないのである。

制定法解釈論で、クックが、『ブラクトン』に多く依拠するのは、「立法に関しては、同時代の解釈が最良のものである」[36]と考えたからであり、立法解釈論を展開する上での出発点と見なしたからである。しかし、それ以降の解釈の変化も重要である。臣従礼について論じる際に、現在では、臣従礼は権原担保や責任解除を義務付けるものではないと判示されており、今日のイングランドでは廃れてしまっているか、極めて稀なのだと論じ、「法律の理由が止むとき、法律自身が終焉する」[37]というのである。

とはいえ、制定法の場合には、極めて難しい問題が生じる。なぜなら、『法学提要　第一部』のリトルトン註解で述べたように、「時効取得された合理的な慣習は法を破る」、すなわち、コモン・ローに優位することはあるが、「如何なる慣習も、時効も議会制定法の効力を奪うことはできない」(*Coke on Littleton*, 113a) からである。[38]それ故に、ロンドン市の慣習はマグナ・カルタ第九章で制定法上の確認を受けているのであり、マグナ・カルタ二十六章は、理由が無くなったために、制定法によって廃止され、マグナ・カルタに反する法は無効であるとするエドワード三世治世四二年一号法制定法によって復活させられたというのである。

コモン・ローの宣言であるマグナ・カルタも、コモン・ローの変化に合わせてその意味を拡張し、その時々の制定法によって解釈を確定してきた。クックがエドワード三世期の立法によるマグナ・カルタ解釈の変更を跡付ける意味は、この辺りにあるのかもしれない。

チューダ期には制定法によるマグナ・カルタ解釈の変化を容易に確認できるような法大要録、制定法要録といった百科全書的な法文献も出版されていた。法廷年報やその他の法書によって確実な論拠を示すことも可能となっていたことがクックのこの方法を助けたのである。

第三節　マクシムとレグーラ

上記制定法解釈論と係わって多くのマクシムが引用を示さずに利用されるいることに気が付かれたかもしれない。例えば、第三章、「立法に関しては、同時代の解釈が最良のものである Contemporanea expositio est fortissima in lege」(一九九頁 [p. 11])、「法律の理由が止むとき、法律自身が終焉する Cessante ratione legis cessat ipsa lex」(二〇一頁 [p. 11])、そして、第七章末の「そして、慣習こそが法律の最良の解釈者なのである Et optimus interpres legum consuetudo」(二一六頁 [p. 18]) などである。これらのマクシムは典拠が示されていない (もしくは、隠されている) が、ローマ＝カノン法に由来する法格言で、最後のものは『学説彙纂』一・三・三七に収録されたパウルス『質疑録』第一巻に迄遡るものである。(39) 二番目のものは、『学説彙纂』三五・一・七二・六の動産遺贈に関するパピニアヌス法文への註釈としてローマ法学者にも使用されていた格言を使った可能性が高い。また、ハットンが『制定法解釈論』で「制定法の前文は議会法令制作者の意図を知る鍵である」というダイアの言葉との関連で引証したローマ法学者の格言 "Cessante statuti praemio cessat upsum statutum" を意識していたのかもしれない。(40)

立法解釈論ではないが、第三十章の締括りに、コモン・ローの格言として、「法によって生きるほど、統治者にとって適切なことはない Nihil tam proprium est imperii, quam legibus vivere」（三一三頁［p. 63］）と論じているが『勅法彙纂』六・二三からの引用であることは明らかであろう。

「マグナ・カルタ註解」に限らず、クックが典拠を示さずローマ・カノン法のマクシムに依拠することは多い。例えば、違憲立法審査問題との関連で注目されるボナム医師事件におけるクックの意見「如何なる人も自己の訴訟において裁判官たりえない。Alquis non debet esse judex in propria causa」として紹介されたマクシムも、『勅法彙纂』三・五・一に由来するものであり、内科医師会に裁判権を与えた制定法に対し「議会法令が共通の正義や理性に反していたり、自己矛盾していたり、執行不能な場合には、コモン・ローはそれを統御し、そして、そのような法令を無効と裁定するであろう」と論じたのも、近代的な違憲立法審査を論じたというより、自然法乃至自然的正義に反する制定法は、端的に、法＝正義ではないと論じたものと考える方が自然であろう。その意味では、むしろ、アンティゴネーの議論に近いのかもしれない。(41)

クックは『法学提要　第一部』の隷農保有論で、「自由とは、法や力によって禁じられていない限り、各人が欲するままになしうる、生まれながらの権能である Est autem libertas naturalis faculutas ejus quod cuique facere libet, nisi quod de jure, aut vi prohibetur」と論じているが、上記、自由権論はグロティウスが近代的権利論としてのファクルタス論を展開する基礎となったローマ法文で、ユスティニアヌス『法学提要』第一巻第三章「人の法」第一節から、『学説彙纂』第一巻第五章「人の身分」第四節を通して、古典期のフロレンティヌス『法学提要』第九巻にまで、遡るものである。幸い、ここでは、『ブラクトン』第一巻第六章「人」の「自由とは何か」に同法文が引用されているために、典拠として『ブラクトン』を引証している。(42)

より興味深いのは、「全てのイギリス人の家は彼の城である」として伝えられている法格言である。クックの本来の格言は「各人の家は」、もしくは「人の家というものは」であって、「イギリス人の」という言葉はつかないのだが、最初に引用された『判例集　第五部』（九一b）でも、同判例集シーメイン事件 Semayne's Case を引用した『法学提要　第三部』（一六二頁）でも、最後に「人の家というものは彼の城であるからである」とする議論を補強するために、「各人の家は最も安全な避難所である Domus sua cuique est tutissimum refugium」と『学説彙纂』D・二・四・一八を通してガイウス『十二表法』第一巻（Gaius, *XII Tables* vol. 1）の法文をマクシムとして利用しているのである。しかし、ここでは古のコモン・ロー法書『ブラクトン』の中に法文を見つけることができなかったからであろう。引証先については口を噤んだままなのである。(43)

ホッブズは、この点について、クックが自分の意見を法と信じ込ませるために、「恰も理性法の諸原理であるかの如く、古の法曹達の典拠も、その確かな理由も示さないままに、ラテン語の章句を本文や欄外注双方に挿入することによって、それらがイングランド法の基礎そのものであると人々に信じさせようと努力した」と批判したのである。(44)

しかし、キケロやタキトゥス、ヴェルギリウスに依拠するとき、また、旧約及び新約聖書に依拠する際には、時には、『アッティクス宛書簡』『ゲルマン人の慣習について』等の書名も含め引用先を記しながら、ローマ＝カノン法上のマクシムにはまったく引用を付していないのは意図的な行為であったように思われる。常識化しているために引用を付さなかったわけでもないであろう。『ブラクトン』から引用可能であった場合には、『ブラクトン』を引証していることを考えると、意図的に、ローマ＝カノン法からの引用を明示することを避けたのであろう。その意味で、もし、クックが歪めたところがあるとするならば、密かにローマ＝カノン法上のマクシムを、コモン・ローの大原則であるかの如く持ち込んだことにあるのかもしれない。それ故、ヒルの言うように、クックがコモン・ローを自由化したというのならば、その場合に、これらのローマ法のマクシムの密輸入も考慮に入れるべきであろう。

第四節　クックの典拠

ローマ＝カノン法のマクシムを密かな典拠としていることを論じたが、それ以外にも、当時依拠しうる最良のものに依拠しながら解釈論を展開している。しかし、そのことが却ってクックへの批判の種とされることも多い。

序文の最後で、サクソン語で書かれたアングロ・サクソン法については、当時のアングロ＝サクソン法史の権威ランバードの業績を参照したことを明らかにするとともに、ハロルドは王位簒奪者であるとして、ウィリアム征服王の王位継承の正統性を認めていることにも注意が必要である。ヒルも『ノルマンの軛』第二章を「クック　法と自由」と題して論じながら、クックがノルマン・ヨーク説を唱えたとする直接的証拠を示すことはできなかった。スターキーの対話編におけるノルマン人への従属の証としてのコモン・ローを廃棄してローマ法を継受すべきだとする議論を紹介しながら、クックについては、アングロ＝サクソン法の継続性を主張し、『裁判官鑑』を普及したということを除くと、ノルマン・ヨーク説の積極的主張をほとんど提供していないのである。(45)後述するように、「マグナ・カルタ註解」では、ヘンリ二世治世への評価が高く、マグナ・カルタをヘンリ三世の祖父ヘンリ二世治世期への復帰とも論じているのである。

クックの『裁判官鑑』への注目は、『裁判官鑑』が、当時、新たに注目されるようになった法文献で、同書が、マグナ・カルタについての一貫した批判的解説を施した章を含む最初の法書であったことを考えれば、当然であろう。しかも、同時代のマグナ・カルタ註解に注目しないのはむしろおかしい。さらに、法書への依拠としては『グランヴィル』『ブラクトン』への依拠の方が際立っており、同時代のものとしても『フリータ』『ブリトン』への依拠と代わるところはない。『裁判官鑑』への依拠が問題とされるのは、メイトランドによる『裁判官鑑』への評価の低さが大きな原因となっているのであるが、メイトランドのこの評価については、ザイプ教授による最近の批判を踏まえた上で議論することが必要であろう。(46)

もう一つ、クックが依拠した文献で、信頼性が疑われているのが、『議会開催方法』であった。同書は、王党派の歴史家ブレイディが排斥法案期に行った議会起源論争にかかわるものだけに一層重要であろう。

しかし、クックが「マグナ・カルタ註解」で『議会開催方法』を引用するのは、後述するように、『グランヴィル』に対抗して、相続料の固定化をアングロ・サクソン期に遡らせようと古写本を探す中で「『議会開催方法、云々。これは、エセルドレッドの息子エドワード王の御代のものであるが、その方法は王国の賢人達によって、ノルマンディ公、征服者、イングランドの征服者にして王であるウィリアム王の面前で、今度は征服王自身の命令で再録され、自ら承認されたものである云々』という表題を付けられた古の写本」を発見したからである。(47)

『議会開催方法』の執筆年代を明らかにしたセルデン『称号論』第二版(一六三一)も、クックの生前には出版されていなかった。ホッブズは、このクックの死後出版された議会派のセルデンの著作を利用して論じているが、この問題に対するホッブズのクック批判がそれほど厳しくないのも、クックが当時の依拠しうる最良の文献に依拠しながら論じていたからであろう。また、サクソン期の議会の存在そのものについては、ホッブズもクックの依拠したランバードに拠りながら論じており、その存在を否定はしていないのである。クックやホッブズが、ここで、議会として議論しているのは、庶民院起源論で問題となる議会ではなく、国王評議会も含めた広い意味での議会なのである。(48)丁度、ウェーバーが西洋近代法の特質として、ディングゲノッセンシャフト的な社会構造を指摘したのと同じ、類型論的な議論として把握すべき問題のように思われる。タキトゥスにも親しんでいたクックが初期の王会やアングロ・サクソン期の賢人会に議会の原型を見たとしてもあながち不当ともいえまい。

逆に、スタッブズ批判の文脈で、クックの議会論を見ることの方がアナクロニズムな批判となるであろう。クックの時代の文脈の中で議論する方が稔りの多い議論となるのではないだろうか。

しかし、クックが「序文」で、ヘンリ三世九年のマグナ・カルタが、「当時開会中の議会の権威によって確認され、『議会録 Parliament Roll』に登録された」としているのには、若干の疑問符がつくであろう。[49] 具体的には、三一名の聖界諸侯、三三名の貴族を証人として確認されたと述べていることから、現在、我々の理解する「議会」ではなく、むしろ「国王評議会」といった方が歴史学的には適切なのであろう。『議会録』への登録も、当時の議会録は残されておらず、むしろ、後段にあるように、「安全に保管するために、大司教、司教及び他の聖職者に送付された」というのが真実であろう。常に、法学実証主義的立場から出典を欄外注で明らかにしているクックが、この重要な箇所で『議会録』の引用を行っていない。クックが、実際に確認していないことは明らかで、この時点での『議会録』への登録はクックの推測に過ぎないのである。第三十八章で、ヘンリ三世のマグナ・カルタは一五分の一税の譲与と交換で譲与されており、一五分の一税が議会によって与えられたのなら、大憲章も「議会の権威」によって与えられたのだと強弁しているのも直接的な典拠がない証拠であろう。[50] 次の段で、エドワード一世治世二五年の議会法令で、ようやく欄外注で出典が明らかとなる。我々が『制定法録 Statute Roll』で確認できるのは、この年に登録されたマグナ・カルタなのであり、現在でも、これが正規の制定法としてのマグナ・カルタなのである。クックは、ヘンリ三世九年以前にも、マグナ・カルタの規定がコモン・ローであったことを示すために、フイッツハーバート『大法要録』相続不動産占有回復訴訟、第五三番から、ヘンリ三世治世五年イースタ開廷期の要録（一二二一）を引用しているが、[51] ここで言及されているマグナ・カルタは、ヘンリ三世未成年期、フランス王太子ルイのイングランド王位請求権放棄の条件として教皇特使グアラと摂政役のペンブルック伯ウィリアム・マーシャルによって発給された一二一七年マグナ・カルタであろう。当時、印刷された法廷年報がエドワード三世治世期以降のものであったゆえに、それ以前の時代の国王裁判所でのマグナ・カルタの利用を確認するために初期の法廷報告の要録を収めたフィッツハーバート『大法要録』が利用されているのであるが、その中でも「マグナ・カルタという制定法 estatut de Mag.carta」として言及されており、クックがヘンリ三世九年のマグナ・カルタを『議会録』に登録されたと推測したのも、このあたりに理由があったのかもしれない。[52]

しかし、いずれにせよ、後の人が、どこでクックが誤ったのか検証可能な形でクックが議論を進めてくれていることに感謝すべきであろう。『裁判官鑑』や『議会開催方法』への依拠を問題とする議論も、クックが典拠を明らかにしながら論じる実証主義的な学問態度から生じてきているのである。

人文科学系の学問の「科学性」というものがありうるとするなら、闘わせるべき意見の学としてではなく、このように蓄積可能な知識を反証可能な形で積み重ねていくことにあるのかもしれない。クックが序文に最後に述べている議論は、権威の学としての法学の性格とともに学問のあるべき姿への指摘も含んでいるように思われる。サヴィニーが法学構築のために最初に為したことも、法学の文献学的基礎付けであったことを忘れてはならないであろう。

議論を重ねるより、筆者が松本氏と共に試訳したクック「マグナ・カルタ註解」[53]を一読して頂ければ、クックが法律家として、裸の、粗野なNatural Reasonからではなく、Artificial Reasonによって、まさに「学術の源から ex artis fontibus」[54]註釈することを目指す法学実証主義的な立場を貫いていたことを良く理解して頂けるのではないだろうか。

最後に——マグナ・カルタ神話論の背後で[55]

最後に、再び「マグナ・カルタ神話」論の発端に立ち戻ってみよう。ジェンクスが「マグナ・カルタ神話」を執筆したのは、一八九六年以来勤めていたオックスフォード大学法学部の講師を辞め、一九〇三年代訴弁護士協会 Law Society の法学校長に就任して間もない頃のことであった。[56]

その背後に、オックスフォード・コーパス法理学教授講座のポロック後任問題があった。ポロックはロンドンでの判例集編纂委員としての仕事で忙しかった。オックスフォードでの彼の講義が不人気で、ロンドンから通うのが苦痛であったのかもしれない。滑舌の悪いポロックの講義より、ケンブリッジ大学、メルボルン大学、リヴァプール大学で法学教育に携わり、自ら詰込み教師と広言するほど教育経験を積み、一八九六年からオックスフォードに転任したジェンクス講師（一八九六―）の方がよっぽど多くの学生を惹き付けたであろう。(57)

それ故に、後任としてジェンクスの名前が挙がっても当然であった。この間の事情はメイトランドがケニーに宛てた一九〇二年一一月一九日付の手紙の中で明らかにしている。

オックスフォード・コーパス法理学教授講座のポロックが退職意向を示していて、私はずっと君にいてもらいたいとは思っているのだが、友人として知らせないわけにもいかないので手紙を出したというのである。難しいポストというわけではないが、「法理学」というポストはあらゆる種類の法知識をカヴァーするもので、「合格点に達しないと認めながら、ジェンクスを後継者候補として私に推してくる人々もいる」。「君が望むなら、「楽勝」可能だろう」。教授職は生涯権ではなく、毎年更新のポストだが、オックスフォードに住んでおらず、ほとんど講義もしないポロックでも毎年更新してきているからね。だけど、返事は要らないよというものであった。(58)

ところが、一九〇四年一月にメイトランドが毎年、避寒のため出かけていたカナリア島から、急にヴィノグラードフが後任に決まったという知らせがケニーに届く。

ヴィノグラードフが候補者となったのは、突然で、出立後に聞いた。彼はオックスフォードの友人達の圧力に負けただけだと言っており、信じることにした。戦場の規模は分からないが、エドワード・ジェンクスやジョン・ポウリ・ベイトがその中にいたと思うし、トマス・ローリーを採用しようとする企てもあったが、彼が固辞したことも知っている。私の思うところ、大天使ガブリエルの息子であるポール［・ヴィノグラードフ］なら、イングランド法の教師となろうとしない限り、うまくやるだろう。(59)（傍点筆者）

ヴィノグラードフのオックスフォードの友人達とは、恐らくスタッブズの弟子達ではなかったろうか。オックスフォードの法学教育は古典学中心の大学教育システムの中で歴史学と手を携えながら発展してきていたからであり、メイトランドの手紙にもあるように、ヴィノグラードフは法学教師としてより、むしろ歴史学の業績において高く評価されていたからである。[60]

結果的には、この人事は意義あるものであった。ヴィノグラードフが指導し、編纂した『オックスフォード法律・社会史研究　全八〔九〕巻』[61]は、イギリスにおける法史研究の水準を飛躍的に高め、イギリスの大学における法学の学問的地位を高める役割を果たすこととなったであろう。他方、人事に破れたジェンクスは代訴弁護士協会法学校の校長となり、ジェンクスの労働組合と称された大学法学教師協会 Society of Public Teachers of Law の組織者として辣腕を振るい近代イギリス法学教育の基礎を築くことになったからである。[62]

ジェンクス「マグナ・カルタ神話」によれば、「故オックスフォード司教〔Dr Stubbs〕」は、「全てのイギリス史研究者が計り知れない恩を負っている著者」であり、「近代教科書は彼の影響の下に書かれている」が、それによって、「全国民が自身の過去につき歪められた見解を抱くように訓練されている」というのである。「二・三ヶ月前まで筆者〔ジェンクス〕もこの正統学説を教えていた」。スタッブズの言葉に従えば、「イングランド憲制史の全てはこの憲章の註釈につきる」（二六五頁）のであって、「マグナ・カルタは、当時、国民が一体感をもって立ち上がった最初の団体的行動」であり、「都市の人々も村の人々も、国民一般が、即ち、後の庶民達が……今や、諸侯の側に身を投じ」「ノルマン征服以来はじめて国王に反抗して諸侯の側に馳せ参じた」ということになるのだが、そのような人民の蜂起など存在しなかったし、この運動は封建諸侯の君主権強化への反抗にすぎなかった。マグナ・カルタも国民的文書ではなく封建的文書に過ぎないのである。そして、後の三八回以上の確認も守られなかったことの証拠に過ぎないと論じたのである。そして、全編スタッブズ批判の最後に一言、このスタッブズ説の創始者はサー・エドワード・クックであったと付け加えたにすぎなかったのである。[63]

この偶像破壊的なジェンクス論文は、一九〇八年のグラスゴウでのマッケクニ『マグナ・カルタ』の出版を勇気づけたであろう。一九一二年にイェール大学から『英国憲制の起源』を出版したG・B・アダムズの序文で、スタッブズとメイトランドの間にある差の大きさを論じ、その後継者E・A・フリーマンが強力に主張するサクソン諸制度の切れ目無き継続性という考えからの解放こそが学問の前進だと述べるようになっていた。(64) 前に述べたように、史料集としての『憲制史料選集』初版に付録として収められていた権利請願や権利章典は除かれるようになったものの、若干の修正を加えられながら、スタッブズのコメントと共に出版され続けたのであるが、主著である『イングランド憲制史』全三巻そのものの影響力は急激に減じていったのである。(65)

イギリスの歴史学者達は、「全てのイギリス史研究者が計り知れない恩を負っている著者」をジェンクスのように批判することはできなかった。前述した『憲制史料選集』の編者のように、必要な修正を加えることにすら弁明を加えざるを得なかったのである。こうした学会状況の中で、ジェンクスが「この神話の作者がサー・エドワード・クックであった」と最後に付け加えた一言が、作者の意図と離れ、一人歩きを続け、学会という劇場のイドラを形成することとなっていったのではないだろうか。

（1）J・C・ホウルト歴史学論集／城戸毅監訳『中世イギリスの法と社会』（刀水書房、一九九三）所収、七一頁。

（2）J. C. Holt, *Magna Carta*, 3rd ed. (Cambridge U.P., 2015) pp. 35–48, esp. pp. 38–40. 残念ながらホウルト教授は八〇〇周年の前年、二〇一四年に亡くなられ、第三版は弟子の George Garnett と John Hudson によって出版された。両者によって付された序文は一九九二年の『マグナ・カルタ』第二版以降の議論を整理したものとして有益である。なお、第二版に関してはJ・C・ホウルト著／森岡敬一郎訳『マグナ・カルタ』（慶應義塾大学出版会、二〇〇〇）六頁以降、特に一〇―一三頁参照。

（3）禿氏好文『イギリス基本法思想の研究――民主主義憲法の源流をたずねる為の歴史学的方法』（京都女子大学研究叢書Ⅰ、一九七三）六九—七一頁。小山貞夫氏が「マグナ・カルタ神話の創造」『法学』四四巻（一九八一）七七二—八五三頁、同『イングランド法の形成と近代的変容』（創文社、一九八三）所収二八五—三六七頁において、再びトムプソン説を採り上げられた。しかし、神話化の要件をマグナ・カルタの規定と現実とのずれと捉えられ（七八六頁）、十三世紀後半に既に神話化しつつあった（七九一頁）と理解された故か、マグナ・カルタ確認回数とチューダ期以降に焦点を当てられ、ホウルト説の根拠となったエドワード三世治世期における立法による解釈の変化については、「割愛」されてしまった（七九六頁）。むしろ、立法による解釈によって現実とのずれが埋められたことに焦点を当てて戴ければ、「神話化」の議論についても異なった結論になったのではないだろうか。

（4）同書、七一頁及び七三頁注㊱。田中論文は、トムプソン著作の前年に出版され、「マグナ・カルタ神話」論に批判的なレイディン論文、Max Radin, 'Myth of Magna Carta' *Harvard Law Review*, vol. 60 (1947) pp. 1060-1091 に触れているが、「しかし」「なお」という形でヨーク・チューダ期にはマグナ・カルタは重要視されなかったと論じていた。田中論文は、同『英米法研究二　デュー・プロセス』（東大出版会、一九八七）に収められている。一三五四年のマグナ・カルタ解釈立法による読み替えはトムプソンによって明らかにされていたが、ベイカーによって運用面も含めより詳細に検討されている。Cf. Faith Thompson, *Magna Carta: its Role in the Making of the English Constitution 1300-1629* (Univ. of Minnesota Press, 1948) pp. 86-97. Sir John Baker, *The Reinvention of Magna Carta 1216-1616* (Cambridge U. P., 2017) p. 33, pp. 51-52.

（5）ハーバート・バターフィールド著／越智武臣他訳『ウイッグ史観批判——現代歴史学の反省』（未来社、一九六七）一一五頁以下。アクトン卿は、カトリック教徒であるため、ケンブリッジ大学に入学を拒否され、ミュンヘン大学で学び、外交官として活躍していた。「権力は腐敗するものであり、絶対的権力は絶対に腐敗する」というのが彼の残した有名な格言である。ジョン・ケニヨン著／今井宏・大久保桂子訳『近代イギリスの歴史家たち』（ミネルヴァ書房、一九八八）一五〇—一七三頁参照。

（6）田中、前掲書、九—一一頁。田中氏は注（二）に、W. McKechnie, *Magna Carta* (2nd ed. 1914) を挙げておられ、同書、第三部Ⅲ（一一三—一二一頁）邦訳一一六—一二〇頁も参考にされたであろう。

（7）Herbert Butterfield, *Magna Carta in the Historiography of the Sixteenth and Seventeenth Centuries* (University of Reading, 1969) Stenton Lectures 1968. p. 25.

（8）William Stubbs, *Select Charters and other Illustrations of English Constitutional History from the Earliest Times to the Reign of Edward the First*, 9th ed. (Oxford, Clarendon Press, 1913) pp. iii-v, p. 292.

（9）ラスキの戦時パンフレット、Harold Laski, *The Rights of Man*, Macmillan War Pamphlets No.8 (Macmillan, 1940) を参照。ラス

キが最初に挙げるのが「司法の独立」であり、裁判官の独立が個人の自由にとって必須であるからである。続いて、「立憲主義的統治」で、表現の自由と結社の自由が無ければ、立憲主義的統治は不可能であると訴える。大戦前の我が国の憲制状況の問題点を探る上で示唆的である。第二次世界大戦後、世界人権宣言（Universal Declaration of Human Rights）の締結に向けた動きの中で、国連人権委員会議長エレノア・ルーズベルトのマグナ・カルタへの注目が果たした役割については、Francheska Klug, *A Magna Carta for All Humanity: Homing in on Human Rights* (Routledge, 2015) pp. 1-11. 一九五七年に出版された岩波文庫『人権宣言集』が、マグナ・カルタにはじまり、世界人権宣言で終わっているのが象徴的である。全米法曹協会によってラニミードにマグナ・カルタ記念堂が建てられたのも同年であった。*Ibid*., p.9.

（10）Max Radin, 'Myth of Magna Carta,' *Harvard Law Review*, vol. 60（1947）pp. 1060-1091.

（11）Faith Thompson, *op. cit.* とりわけ、その前書（p. v.）を参照。*New York Times*, Jan 11 & 12, 1946: ProQuest Historical Newspapers: The New York Times (1851-2010) p. 7 & p. 8. Cf. Susan Reyburn, 'Magna Carta in America from World's Fair to World War' in Randy J. Holland ed., *Magna Carta : Muse & Mentor*（Thomson Reuters, 2014）pp. 9-27.

（12）この段階では、禿氏氏もホウルト説を受け入れられていることに注意。W・S・マッケクニ著／禿氏好文訳『マグナ・カルタ――イギリス封建制度の法と歴史』（ミネルヴァ書房、一九九三）五六六―五六八頁。

（13）*The Statutes of the Realm*, vol. I（London, 1810 [reprinted, 1963]）pp. xxix. 一三〇〇年迄の再発行、再確認の過程については、小山貞夫「マグナ・カルタ神話の創造」『法学』四四巻（一九八一）七七二―八五三頁に詳しい。しかし、トムプソンのエドワード三世治世期における立法による解釈の変化については、一切捨象されてしまった。

（14）A. Bryan 'Garner, A Lexicographic Look at Magna Carta' in Holland ed., *op.cit.*, pp. 92-93.

（15）Francis Bowen, *Documents of the Constitution of England and America, from Magna Carta to the Federal Constitution of 1789*（Cambridge, 1854）pp. vi-vii. ブラックストンによるジョンのマグナ・カルタ研究の開始及び『英法註解』の普及を通しての世界史的意義の獲得についてはWilfrid Prest, 'Blackstone's Magna Carta,' *North Carolina Law Review* vol. 94（2016）pp. 1495-1519, Do, 'Blackstone's Commentaries: Modernisation and the British Diaspora' in Philip Payton ed., *Emigrants & Historians: Essays in Honour of Eric Richards*（Wakefield Press, 2017）. ブラックストンが翻刻したジョンのマグナ・カルタは、ラテン語版のままにとどまった。ブラックストンは一六一〇年軍事的土地保有廃止法、一六七九年人身保護法を「第二のマグナ・カルタ」として称賛しており、一六一〇年法でジョンのマグナ・カルタの封建的規定が完全に無意味となり一六七九年法で法の適正手続の保障がより十全

に確保されるようになっていたことがラテン語のままに留めたことと関係するのかもしれない。William Blackstone, *Commentaries on the Laws of England*, vol. IV（1769）pp. 431-432. ジョンのマグナ・カルタの大衆への普及の経緯については、拙稿「自由の憲章　マグナ・カルタの八〇〇年」関西学院第図書館報『時計台』八六号、一〇―一五頁参照。ブラックストンの研究の動機としては一七三一年のコットン・ライブラリ火災とパインによる銅板印刷（一七三三）の意義が大きい。英訳版の歴史と共に前掲論文八頁参照。

(16) 福沢諭吉『西洋事情』（慶應義塾大学出版会、二〇〇九）二四四頁、尾崎三良『英國成文憲法纂要』（東京、汎愛堂、一八七四）乾、第一巻一―三〇丁、坂根義久校注『青木周蔵自伝』東洋文庫一六八（平凡社、一九七〇）四五―五一頁参照。高木八尺・末延三次・宮沢俊義編『人権宣言集』（岩波書店、一九五七）

(17) 一二九七年無承諾課税禁止法 Statutum de Tallagio non Concedendo が本来、議会制定法ではなく、諸侯の要求条項であったという議論については、城戸毅『マグナ・カルタの世紀――中世イギリスの政治と国制一一九九―一三〇七』（東京大学出版会、一九八〇）二四五頁、二五〇頁注一三参照。その意味では、権利請願は、無承諾課税禁止法を正規の議会制定法と認めさせる役割も果たしたのである。

(18) Giles Jacob, *Every man his own lawyer*（1736）Ch. Of the liberty of Subject, Magna Charta and other statutes, pp. 345-373. 同章には、両憲章と共に、無承諾課税禁止法、人身保護法が収められている。

(19) ピーター・バーク著／井山弘幸・城戸淳訳『知識の社会史』三一七―三一八頁参照。

(20) T. F. T. Plucknett and J. L. Burton ed. *St German's doctor and student*（London, Selden Society, 1974）SS. vol. 91, p. 49.

(21) J・C・ホウルト、前掲訳書（一九九三）八九―九〇頁。

(22) この経緯については、J. G. A. Pocock, *The Ancient Constitution and the Feudal Law: A Study of English Historical Thought in the Seventeenth Century, A Reissue with Retrospect*（Cambridge U. P., 1987）pp. vii-xii, xiv. 参照。

(23) *Ibid.*, p. 45f.

(24) C・ヒル著／紀藤信義訳『ノルマンの軛』（未来社、一九六〇）九六―九七頁。Christopher Hill, *Puritanism and revolution : studies in interpretation of the English Revolution of the 17th century*（Secker & Warburg, 1965 [1958]）pp. 57-67, 87f.

(25) ホウルト第二版（一九九二）への邦訳者森岡氏の訳注参照。前掲訳書一二頁。むしろ、相違は、この時点で、ポーコックがクックをホイッグ史家の先駆者と評価しているのに対し、ヒルが法律家としてクックを見ている点にあるように思える。したがって、ヒルも「マグナ・カルタ神話」という言葉を使用するのだが、「歴史の歪曲」というより「法の近代化」というプラス・イメージで語られるのである。他方、小山貞夫氏が「ノルマンの軛」説で、ヒル説とポーコック説を比較している点については、後述注（41）参照。

（26）Pocock, *op.cit.*, p. 274, p. 278. その意味では、彼のクック論に頼りすぎないようにすることが肝要なのである。

（27）田中英夫「コウクと「法の支配」」『法律時報』三三巻四号（一九六一）、同『英米法研究二　デュー・プロセス』（東大出版会、一九八七）所収、二一〇頁。翻訳段階では気付かなかったのであるが、田中氏の見解が変化したもう一つの背景として、一九五八年に、田中氏が協力し、増訂版として出版された高柳賢三『司法権の優位』（有斐閣）の影響があったのかもしれない（同書、九頁）。同書、二五二頁では、ジェンクス説に言及し、「自由の憲章としてのマグナ・カルタの意味を一がいにコークの『発明』に成るものとするのは、この文書の漸次的史的展開を無視するものであるとするのが、正しい観方であると思われる」と批判している。高柳氏は、既に戦前から違憲立法審査制の思想史的背景を検討する中でエドワード三世期立法によるマグナ・カルタ解釈の変化に注目しておられた（「司法的憲法保障制――其の法律思想史的背景（一）（二）」『国家学会雑誌』四三巻一〇号［一九二九］九九―一〇五頁）。一九三五年に発表された「司法的憲法保障制の法理及其運用」においても、同趣旨は生かされ、戦後、一九四八年に『司法権の優位（英米法講義第三巻）』（有斐閣）として出版されたが、「司法的憲法保障制――その法律思想史的背景」が『司法の優位』に付録一として加えられるようになったのは、一九五八年の増訂版になってからであった。しかし、高柳論文は、戦前はドイツ法優位の下で、戦後は、逆に戦前の論文であったためか、しかも、増訂版付録として収録されたためであろうか、専門の英米法研究者以外には、余り顧みられなかったように思われる。前述禿氏論文も、後述小山論文も、高柳論文にはまったく触れていない。

（28）『法と政治』六七巻第一号発行後、Sir John Baker, *The Reinvention of Magna Carta 1216-1616* (Cambridge U. P., 2017) が出版された［以下、Baker, *Reinvention*］。手稿を含めた詳細な論証については同書を参考とされたい。

（29）ポーコックの議論は主としてクック『判例集』に付せられた序文に基礎を置いたものの分析で、クックの具体的な法律論の展開を検討したものではない。確かに、『判例集』序文は法思想史的に興味深いものではあるが、クックの法学・法思想を理解するための一助となるものに過ぎない。

（30）クック著／深尾裕造・松本和洋訳「マグナ・カルタ註解」『法と政治』六六巻四号（以下、「マグナ・カルタ註解」）一七二―一七三頁、一八〇頁。クックが註解を付しているのはヘンリ三世の「自発的な善意に基づき」発給されたマグナ・カルタなのである。その意味では、マッケクニの『マグナ・カルタ』は、ジョンのマグナ・カルタ解説としては優れているものの、逆に、クック註解批判としては、クックがジョンのマグナ・カルタを註解したものとして、誤って論じることによって大きな問題を抱えることとなったのである。マッケクニ、前掲訳書、一九四―一九五頁。

（31）William Blackstone, *Commentaries on the Laws of England*, vol. 1（1765）p. 123. ブラックストンは一七五三年の英法講義開始以来マグナ・カルタが「剣を手に Sword in Hand」獲得されたことを常に強調していた。Prest, *op. cit.*, pp. 1513-1514. 彼は名誉革命以降の政治状況の中でこそ、ロック自然法論の影響も受けながら、このように論じることができたのである。因みに、アメリカ独立革命直前に採用されたマサチューセッツ地方の印章の中央には右手に剣を左手にマグナ・カルタを持つ男が描かれ、「剣によって平穏を求める。安寧は自由の下にのみある」と刻印されている。Nicholas Vincent, *Magna Carta: Origins and Legacy*（Bodleian Library, 2015）p. 107.

（32）*Ibid.*, p. 123f.

（33）「マグナ・カルタ註解」一七二頁。マグナ・カルタは「大部分がイングランドの基本法の主要な基礎の宣言である」と序文で述べているが、すべてとは述べていないことにも注意をする必要がある。「コモン・ローの若干の欠陥を補うために付加された」残りの部分もあるからである。後述するように、具体的には、第二十六章や三十二章のように新しく導入された法文もある。しかも、後の制定法によって変更されないわけでもないのである。

（34）拙著『イングランド法学の形成と展開』（関西学院大学出版会、二〇一七）四五四―四五五頁。エリザベス期立法解釈論全般については、同書四五二―四六六頁参照。なお、同書では、プラクネット、ナフラ説に従い『制定法の解釈と理解に関する論考』をフリートウッドではなくエジャートンの作品と想定していたが、一六五七年印刷本及びさらなる手稿の発見によってフリートウッドのものと同定されている。Baker, *Reinvention*, p. 222, pp. 232ff. esp. p. 234 n. 121&122.

（35）「マグナ・カルタ註解」一七六頁。アングロ・サクソン法が挙げられていないことにも留意。クックがアングロ・サクソン法に大きく依拠するのは、州裁判民集会やハンドレッド、十人組査察のような、アングロ・サクソン期に由来する制度や、通例依拠する『グランヴィル』に抗して議論を展開する時なのである。

（36）「マグナ・カルタ註解」一九九頁〔Ch. 3, p.11〕

（37）「マグナ・カルタ註解」二〇一頁〔Ch. 3, p.11〕

（38）拙稿「コモン・ローとは何か」『法と政治』六二巻一号Ⅱ、三九―四一頁。

（39）*The Digest of Justinian*, Theodor Mommsen ed. & Alan Watson translated, vol. 1（Unv. of Pennsylvania P., 1985）p. 14.

（40）*Ibid.* vol. 3, p. 194, Detlef Liebs, *Lateinische Rechtsregeln und Rechts-sprichworte*（1982〔2007〕）p. 45, Sir Christoper Hatton, *A*

Treatise concerning Statutes (London, 1677) p. 53. 拙稿前掲論文（一九九九）四四五頁の引用は校正漏れ。本文の如く訂正されたい。『学説彙纂』本文に由来するものでない故か、柴田光蔵・林信夫・佐々木健編『ラテン語法格言辞典』では、柴田光蔵編（京都玄文社、一九八五）版に付されていたローマ法文由来が削除されている。『ブラクトン』でも引用された“Cessante causa cessat effectus”という『教皇令集』二・二四・二六や『神学大全』に由来するマクシムが意識された可能性もある。

(41) 小山貞夫「違憲立法審査制の史的淵源としてのボナム博士事件再考」『法学』七七巻五号（二〇一三）六八三―六八四頁。このように理解すれば、後任のホバート裁判長の見解とも一致することになろう。同六八六―六八七頁。ここでは、Common right を「共通の正義」と訳したが、後述するように、クックは Common right を Common law と同義だとしている。その意味では、Common law の格言という時も、我々は特殊イギリス法的な格言と考えがちであるが、むしろ、万国共通の法格言というような意味が強かったのかもしれない。

(42) *Coke on Littleton*, Sect. 172 116. a.-117. b.

(43) クックは、後に「イングランド人の自由」と結びつけられるこの格言をマグナ・カルタと結びつけるようなことは決してしなかった。Baker, *op.cit.*, p. 433 n. 129.

(44) Thomas Hobbes, *A Dialogue between a Philosopher and a Student, of the Common Laws of England*, Alan Cromartie ed. (Oxford, Clarendon Press, 2005) p. 63. ホッブズ著／田中浩・新井明・重森臣広訳『哲学者と法学徒との対話』（岩波書店、二〇〇二）九七頁。

(45) その意味では、この点では、ポーコック説とヒル説は、逆の意味で、近いように思われる。小山貞夫「マグナ・カルタ神話の創造」同『イングランド法の形成と近代的変容』（創文社、一九八三）三六七頁。

(46) David J. Seipp, 'The Mirror of Justices' in Bush & Wijffels ed., *Learning the Law* (Hambledon Press, 1999) pp. 85-112. 筆者は、以前、拙稿「フォーテスキュとブルータス伝説」『法と政治』五一巻一号（二〇〇〇）で、誤って、The Mirror of Justices を「正義の鑑」と訳していた。Justices と複数形で、裁判官批判の書であることを見落としていた。ここに不明を詫び、訂正をしておきたい。

(47)「マグナ・カルタ註解」二六頁 [p.7]

(48) Cromatie, *op. cit.*, p. 146. 邦訳、二四八頁。クックは、議会起源論については、「その権威と古き由来については『法学提要　第四部』の議会裁判所の章を参照するように」としているが、そこで「この『開催方法』は、征服王の面前で、征服時に再録され、宣言されたもので、イングランドのために是認され、したがって、征服王は『開催方法』に従って議会を開催した」（一二頁）とし、マグナ・カルタの起草者も相続料の確定に関連して『開催方法』を見たと論じている。確かに、この点については誤りなのであるが、庶民院については、その言葉が確認できるのがエドワード三世二八年制定法で、庶民院議長が任命されるのはヘンリ四世八年であり、それ以前は両院は分離されていなかったとも理解している（二頁）。したがって、クックが古き議会として論じているのは、『法学提要　第一部』第一六四節一一〇a葉で論じたエドワード証聖王時代の賢人会 witenagemot のことで、フランスの三部会 les estate、ドイツの国会 diet に対応するものと考えていたようである。そして、それが、イングランド王國一般評議会 commune concilium regni Angliae　乃至大評議会 magnum concilium に発展したと考えているのである。なお、『議会開催方法』が出版されたのは、一六四一年のクックの死後であった。

(49)「マグナ・カルタ註解」序文、一七二頁。

(50)「マグナ・カルタ註解」三四一頁 [p.77]

(51)「マグナ・カルタ註解」序文、一七二頁。もちろん、この時代には、所謂「法廷報告」は始まっていない。フイッツハーバートは、*Bracton's Note Book* として知られる註釈付国王裁判所記録を利用しているのである。F. W. Maitland ed., *Bracton's Note Book: A Collection of Cases decided in the King's Courts during the Reign of Henry the Third, annotatede by a Lawyer of that Time, semingly by Henry of Bratton*, vol.1 (Cambridge U.P., 1887) pp. 117-121.

(52) 念のため本学所蔵のフィッツハーバート『大法要録』一五六五年版で確認した。フイッツハーバートはBracton's Note Book のラテン語の註釈付訴訟記録を法廷年報風にロー・フレンチに訳し直すときにlestatut de Mag.cartaという語を使用したのである。元の訴訟記録では、'Dom. Rex per cartam suam' である。*Ibid*., vol. 3, p. 408f.

(53) 前述注（30）及び、本書「あとがき」注（2）参照。当初、本書付録として再録する予定であったが予算の関係で断念した。

(54) 拙稿「レスボスの職人の定規二・完」四六九頁以下。この言葉は、クックと同時期のヘイクが、彼のエピエイケイア立法解釈論で強調した言葉であるが、その由来となるメランヒトンの著作についてはクックも通じていたに違いない。

(55) ベイカーは近著の最終章で正面からジェンクス論文を批判している。Baker, *op. cit.*, Ch.11 Myth and Reality. 「マグナ・カルタは単なる事件ではない」からである。「制定法や判例集は全て事実の記録なのだが……法律家にとっては、事実というより、むしろ法命題の源であり……それらが、後の世代に有用なのは、過去に生じた事に光を投げかけるためにではなく、そこに含まれる法準則や法的議論の故なのであって、しかも、時とともに凍り付いてしまうような準則や議論ではなく、時代を越えて、恒常的な研究と議論によって、洗練された準則、議論であるからである」*Ibid*., p. 443f.

（56）ジェンクスの経歴については、*Oxford Dictionary of National Biograpy* vol. 29.（O.U.P., 2004）p. 991. r–p. 992. を参照。

（57）ポロックの講義が学部学生向けではなく、滑舌も悪く、人気が無かった点については、Neil Duxbury, *Frederick Pollock and the English Juristic Tradition*（Oxford U.P., 2004）p. 53. ジェンクスについては、拙稿「一九世紀後半イングランド法曹養成制度の展開とその帰結」『法と政治』五五巻三号（二〇〇四）五三頁参照。

（58）*Ibid.*, p.54, P. N. R. Zutshi ed. *The Letters of Frederic William Maitland*, vol. 2 (Selden Society, 1995) n. 246, p. 189.

（59）*Ibid.*, n. 272, p. 272. ヴィノグラードフの二番目の名前が Gavrilovitch であったからである。

（60）さしあたり、ケニヨン、前掲訳書、一七七頁。

（61）P. Vinogradoff ed. *Oxford Studies in Social and Legal History*, 9 vols（Oxford U.P., 1909–1927 [Octagon Books, 1974]）. 最後の巻は、ヴィノグラードフの死後に出版された。第一巻序文で、独仏に比べて、イギリスにおける歴史研究の組織化が遅れており、単行研究論文の発表の機会が雑誌論文を除いて少ないということが叢書出版の動機として語られている。ヴィノグラードフのこの問題意識は来英直後からのもので、オックス＝ブリッジにおける歴史研究体制が大陸、特にドイツの歴史学に対する遅れを取り戻すことが緊要な課題とされていた。Do.,'Oxford and Cambridge through Foreign Spectacles,' *The Fortnightly Review* vol. 37, n. s.（1885）in *The Collected Papers of Paul Vinogradoff*（Wildy, 1963）vol. 1（History）, pp. 277–285.

（62）ホールズワースに『イギリス法制史』教科書の執筆を委ねたのもジェンクスであった。中世・近世法史に時間をかけ、一向に十九世紀にまで進まないホールズワースの作業に業を煮やし、ジェンクスは、結局、自分で *A Short Hitsory of English Law* を執筆することとなる。このことからも分かるように、ジェンクスは法学研究者というより、何よりも先ず、法学教育者であったのである。ソリシタを近代的リーガル・プロフェッションに育て上げたジェンクスの功績は大きい。Edward Jenks, *A Short History of English Law: from the earliest times to the end of the year 1919*, 2nd ed.（London, Methuen, 1920 [1st, 1912]）, pp. vii–ix（Preface, April 1912）. 恐らく、Radclyffe & Cross, *The English Legal System*（Butterworth, 1937）の前身となるような著作であったのだが、著者達は、謝辞にメイトランドとホールズワースの名のみを挙げている。3rd ed.（1954）p. 5f.

（63）Edward Jenks, 'The Myth of Magna Carta,' *Indepndent Review* vol. 4（1904）pp. 260–273.

（64）George Burton Adams, *The Origin of the English Constitution*, enlarged ed.（Yale U.P., 1920）p. viii（Preface, 1912. 3. 5）. 『法学提要　第四部』スタッブズ説の根強さについては、R.C. van Caenegem, *European Law in the Past and the Future*（Cambridge U.P., 2002）pp. 97–98. ここでは、ゲルマニスト神話（一三一頁）とされているのだが、「ゲルマンの森の自由」論の起源はモンテスキュー

であり、その説を採用したブラックストン（I、一一二頁）からこの神話は始まるのかもしれない。

(65) スタッブズ『憲制史』全三巻の批判的補注となったプティ＝デュタイイ『スタッブズ憲制史への補注と研究』を一九〇八年に英訳出版したのはマンチェスタ大学出版局であった。

第1章

マグナ・カルタと中世法[1]

c.28（c.38*）, c.29（c.39*, 40*）を中心として[2]

直江　眞一

第一節　一二一五年のマグナ・カルタ

一二一五年六月一五日、ロンドン西部ウィンザーとステインズの間にあるテムズ河畔ラニミードにおいて、国王ジョンと反乱貴族達の間で合意が成立し、後に「マグナ・カルタ」と呼ばれることになる三〇〇〇字を越える長大な証書 carta が譲与された。公的な記録に書き残されているわけではなく、証明付の謄本が伝来しているだけである。一九六五年に七五〇周年を記念しておこなわれた講演でH・キャムは次のように述べている。「マグナ・カルタは公的な記録 roll にも書き込まれなかった。かりにオリジナルの公的写しが存在していたとするならば、それは消滅してしまった。マグナ・カルタは第一義的には、平和が回復し、合意がなされたことの証拠として重要であった。それは証拠としての文書であって、方向性を決定するような文書ではなかった」、と。[3]

マグナ・カルタのオリジナル（証明付の謄本）はただ一つではなかった。多数のオリジナルが作成され、それらはすべて同等の価値をもっていた。オリジナルは文書の単なる写しとは異なる。写しはそれ自体、なんの権威ももたない。オリジナル文書を写しから区別したのは国王の印璽である。王国中に配布するため、印章付の謄本の作成が七月二二日まで続いたが、最終的にいくつ作られたかについては不詳である。[4] D・カーペンターによれば、かりに各州とロンドンおよび特権的港湾都市である五港 Cinque Ports が受領していたとするならば、ラニミードで直ちに作成されたものの他に約四〇、そうではなく司教区単位で配布されたとすれば一三以上ということになる。いずれにせよ、現存している証明付の謄本は次の四つである。いずれも十三世紀初めの書体で書かれ、六月一五日付である。また元々は印章が付いていた形跡がある。[5]

［1］BL Cotton Charter XIII 31a（Canterbury）（慣行上の略称Ci）

［2］BL Cotton MS Augustus II 106（慣行上の略称Cii）

［3］Lincoln Cathedral（慣行上の略称L）

［4］Salisbury Cathedral（慣行上の略称S）

これらのうち、［1］は一七三一年一〇月二三日に当時R・コットンの図書室があったウェストミンスターで火事に遭い、事実上判読不能である。J・パインによって一七三三年にファクシミリ版が作成され、[6] また二〇一四年には多スペクトル感応イメージによって一部判読可能となった。［4］は一八一〇年に『王国制定法集 *Statutes of the Realm*』が公刊された時には、未だ発見されていなかった。［2］の本来の配布先は不明であるが、四つのうち三つ（［1］［3］［4］）が聖堂教会（カンタベリ・リンカン・ソールズベリ）で保管されていたことになる。これらは、大きさ、形状、書体、テキスト文言の点で微妙に異なっている。[7] いずれも章ごとに段落で区切っているわけではない。というのも、国王証書には新しいパラグラフを入れるという伝統がなかったからである。[8] 内容は大文字で始めることによって区分されており、それは慣行によって全六十三章とされている。[9] J・C・ホウルト版では［2］が底本とされているが、[10]カーペンターによる最新のテキストは、最も綺麗に書かれているということと、由来が確実であるという理由から［３］を底本とし、脚注で他の謄本との校合をおこなっている。カーペンター版は、オリジナルの四謄本すべてを用いた最初に公にされた校訂版である。[11]結果的に、校合の主要な価値は「テキスト間の相違がマイナーであることを示す」ことになった。カーペンター版はまた、慣行的な章 chapter 区分が必ずしも常に四つのオリジナルにおける章の区分に対応するものではないことを初めて明らかにした。[12]

以上の四つのオリジナルとは別に、一二一五年版マグナ・カルタの写しは現在三四発見されている。それらは、年代記、修道院のカーチュラリー、非公式の法集成等を通して伝来している。写しはオリジナルからのこともあれば、既存の他の写しからのこともあり、また「最終確定版 authorised version」からではなく、ラニミードで流布していた草案からの写しと思われるものも存在する。初期の写しの中で最も有名なものは、ロジャー・オヴ・ウェンドーヴァーによって作成されたセント・オールバンズ修道院版であろう。もっともロジャーは完璧なテキストを持っておらず、最初と最後以外は、後述の一二一七年版と一二二五年版から採用している。[13]この版は、「バロン達に譲与された共通の諸特権に関するジョン王の証書 Carta regis Johannis de communibus libertatibus baronibus concessis」という呼称の下、著名な年代記作者マシュー・パリスの『大年代記 *Chronica Majora*』に収録されることによって流布することになる。[14]また、最初期の写しの一つはアングロ・ノルマン語で書かれている。おそらく一二一五年六月の直後にイングランドで作成され、その後（一二一九―一二二六年頃）ノルマンディのサン・ジル施療院 leper's hospital of St. Giles at Pont-Audemer のカーチュラリーに収録されたと考えられている。[15]

三四の写しの中、一二一五年版の「最終確定版」からの写しは一五伝来している。そのうちの一つである「ルフィールド本 *Liber Luffield*」と呼ばれるルフィールド修道院 Luffield Priory、由来の法集成（Cambridge University Library Ee I. I. fos.154-156v）についてやや詳しく見てみよう。[16]この法集成は、全体で二七五葉、七五項目からなる大部の写本集で、成立は一二八〇年頃と考えられている。第一六項目（fos. 154r-156v）に「ラニミード証書と呼ばれる国王ジョンの証書 Carta Johannis Regis que vocatur Runnemede」という表題の下に一二一五年版がある。末尾には「余の治世第一七年六月一六日にウィンザーとステインズの間にあるラニミードと呼ばれる草原において余の手によって譲与された datum per manum nostrum in prata quod vocatur Rungmede inter Windles et Stanes xvi die Junii Anno Regni nostri xvii」と書かれている。「ラニミード証書」と呼ばれていること、また六月「一五日」ではなく、「一六日」と書かれている点が注目される。(17) また次の第一七項目(ff.157r-158v)には一二一七年版が収録されている。ルーブリックには「国王ヘンリ〔三世〕のマグナ・カルタ Magna Carta Henrici regis」とあり、最後に「余の治世第二年一一月六日 vi die Novembris anno regni nostri secundo」と書かれている。これは後述するヘンリ三世による第二回再発行の日付であり、この再発行以後、独立して譲与された御料林関係の証書 Charter of the Forest を「小証書 Parva Carta」と、またそれと区別すべく「ラニミード証書」を「大証書 Magna Carta」と呼ぶ慣行が始まったことは周知のごとくである。(18) これに対して、不思議なことに、一二一五年版は「ルフィールド本」に収録されていない。(19) 但し、第二六項目(f.170r)にその断片がある。すなわち、第一七〇葉の右コラムの下部余白部分に第一章から第四章の最初の部分(Custos terre まで)が一四行にわたって書き込まれているのである。第一七〇葉の裏面からは次の第二七項目(fos.170v-171v)として一二一五年の御料林証書 Carta Henrici Regis de Foresta が収録されている。したがって、一二一五年版は当初収録されておらず、御料林証書の直前に、余白を利用して、御料林証書と対になるものとして、その最初の部分だけが後から書き込まれたということになる。このように「ルフィールド本」の場合、一二一五年版と一二一七年版は全体が掲載されているのに対して、後述のごとく、法的に重要なはずの一二二五年版は当初収録対象になっていなかった。この事実が何を意味するのかという問題は今後の検討課題として残さざるをえないが、いずれにせよ、これら写しの存在は、マグナ・カルタがその歴史の第一段階において、いくつかの伝来経路を通して流布していたことを示すものと言える。

ところが、このようにして成立した一二一五年六月のマグナ・カルタは、当時ジョン王の封建主君となっていたローマ教皇インノケンチウス三世によって、強迫に基づく譲与であることを理由として無効宣言されることになる。アナーニで八月二四日に発行された教皇大勅書「エトシ・カリシムス Etsi karissimus」(BL Cotton, Cleopatra E.I, fos.155-156)がそれである。[20] この大勅書は九月後半にはイングランドに到着したと考えられ、したがって一二一五年のマグナ・カルタは三カ月余りの間だけ法として効力を有していたが、その後、法的には最初から存在しなかったものとされたことになる。

翌一二一六年一〇月一九日にジョンが病没し、息子がヘンリ三世として即位すると、その下でマグナ・カルタは三回再発行されることになる。[21] 一回目は同年一一月一二日に戴冠式証書として発行された。[22] この再発行の意義について、最近N・ヴィンセントは、マグナ・カルタのヨーロッパ的性格という観点から、次のように述べている。「イングランドの諸特権〔マグナ・カルタ〕は、フランスの進出〔反乱貴族達によるフランス王子ルイ——後の国王ルイ八世——をイングランド国王に推戴する動き〕を前にして、九歳のアンジュー出身の国王〔ヘンリ三世〕から獲得され、イタリア出身の枢機卿グアラ(Guala Bicchieri)の印章によって認証された。大陸の政治から孤立し、ヨーロッパの影響を免れたイングランドの国制といわれるものは、実はかようなものだったのである」、と。[23]

一二一七年一一月六日には前述した二回目の再発行が、また一二二五年二月一一日には三回目の再発行がおこなわれた。オクスフォード大学ボドリ図書館に保管されている二回目の再発行の謄本(MS Ch.Gloucs.8)では、右側に摂政であったペンブルク伯ウイリアム・マーシャルの印章が、左側にはグアラの印章が付されている。[24] この再発行の際に御料林関係の証書が独立し、以後、単純に長さに応じて「大証書」と「小証書」の呼称が定着していったことは前述の通りである。マシュー・パリスによれば、三回目の再発行の際には、すべての州に証明付謄本が配布された。現在英国図書館蔵の謄本(Additional MS 46144)は元々、ウィルトシャーのレイコック修道院に保管されていたものである。[25] 一二二五年のマグナ・カルタは実質的にはほとんど一二一七年のままであるが、成人になったヘンリ三世が自発的意思に基づいて発行した法的に有効な文書として、慣行的に「制定法書 Statute Books」の冒頭に収録されることになる。[26] 一二三七年以後は、文言は固定したままで「確認 confirmatio」の形式がとられ、一二九七年一〇月一〇日にはエドワード一世によって「検認」されるに至る (inspeximus)。[27]

以上、一二一五年のマグナ・カルタについて、近時の研究成果も参照しつつ、その成立と伝播の過程を概観した。ジョンの証書が当初「ラニミード証書」と呼ばれる一方、[28]「マグナ・カルタ」という表現はヘンリ三世の証書として徐々に定着していったことに、とくに留意しておきたい。その間、セント・オールバンズ修道院においてロジャー・オヴ・ウェンドーヴァーは一二二五年のヘンリ三世の証書と一二一五年のジョンの証書を同一物と誤解し、また一二五〇年代にマシュー・パリスは一二二五年の証書をジョン王のマグナ・カルタと表現するなどの混乱もみられた。このような誤解の原因は、マグナ・カルタがジョン王の専制に対する防塁となりえたことにあるのであろう。しかし「テクニカルにいえば、一二一五年にはマグナ・カルタが存在していなかったことは確かである」。マグナ・カルタという名称はその時点では生み出されていなかったからである。「一二一五年の証書は、当然のことながら、マグナ・カルタという名称によって神聖なものとされた」のである。[29]

一般に、歴史家は一二一五年版を重視し、他方、法制史家は一二二五年版を議論の基礎に置く傾向があるが、[30] 神話の起点が一二二五年ではなく、一二一五年であることは誰も否定しないであろう。一九一五年にはマグナ・カルタ七〇〇年祭が企画され――これは第一次世界大戦により実現はしなかったが――二年後に記念論文集が出版された。[31] また二〇一五年は「マグナ・カルタの年 Magna Carta Year」として、各地で学会あるいは展示会が催されることになったのである。[32]

第二節　c.28（c.38*）と c.29（cc.39*,40*）

次に、c.28（c.38*）と c.29（cc.39*,40*）の検討に移る。多くの条項（一二一五年版で全六十三章、一二二五年版で全三十七章）の中でこれらの章を選ぶ理由は二つある。第一に、マグナ・カルタのほとんどの章が議会制定法によって廃止されてきたにもかかわらず、c.29 は今日なお現行法として存続している三つの章の一つだからである。[(33)] また c.28 は訴訟手続の重視という点で c.29 と関連を有していると考えられる。第二に――この理由こそ従来重要視されてきたわけであるが――c.29 は「法の適正手続 due process of law」の保障あるいは陪審審理 trial by jury の保障の根拠規定と解釈されることによって、後代においてもっとも注目された条項であり、いわば「マグナ・カルタの神話化」の中で象徴としての意味をもたされてきたからである。にもかかわらず、c.29 はマグナ・カルタ全体の中で最初の方ではなく、量的に見て中ほどの位置に置かれている。この事実は、後述のマグナ・カルタに先行する「知られざる証書 Unknown Charter」と比較すると、一層説明が困難であるように思われる。「知られざる証書」では、全一二項目の冒頭に c.39* と c.40* の原型と思われる文章が置かれているからである。[(34)] このような配列の理由については「謎」といわざるをえない。[(35)]

一二一五年版と一二二五年版の文言を比較すると次表のようになる。

全体的に、一二二五年版は一二一五年版よりも明確に表現されている印象を受ける（下線部分を参照）。第一に、c.28（c.38*）は宣誓に関する章であるが、c.38* では単に lex であるのに対して、c.28 では lex manifesta vel juramentum と書かれている。lex は「法」、とりわけ証拠法を表す語であるが、一二一五年版の書き方では「裁判」あるいは「審理」と解釈される余地が残る。[(36)] 一二二五年版はこの点を明確化したと考えられる。本章が証明方法としての雪冤宣誓

1215年版	1225年版
（典拠）Carpenter, *Magna Carta*, p. 52（Lincoln Cathedral）	（典拠）Holt, *Magna Carta*, 3rd ed., p. 425（*Statutes of the Realm*, vol. I, p. 24）
c. 38* 「今後いかなるベイリフも、そのために提出された信頼しうる証人なしに、自らの訴えだけに基づいて、誰かを宣誓にかけてはならない。」（Nullus ballivus ponat decetero aliquem ad legem simplici loquera sua, sine testibus fidelibus ad hoc inductis） c. 39* 「いかなる自由人も、彼の同輩の適法な判決あるいは国の法によるのでなければ、逮捕あるいは投獄され、または占有侵奪されてはならず、または法喪失宣告され、または追放され、または何らかの方法で侵害されてはならない。また余は、彼に向って行くことも、彼に向って派遣することもない。」（Nullus liber homo capiatur, vel inprisonetur aut dissaisiatur, aut utlaghetur, aut exuletur, aut aliquo modo destruatur, nec super eum ibimus, nec super eum mittemus, nisi per legale iudicium parium suorum, vel per legem terre） c. 40* 「余は、いかなる者に対しても正義あるいは裁判を売らず、拒まず、遅延させることもない。」（Nulli vendemus, nulli negabimus aut differemus rectum aut (*) justiciam） --- (*) Salisbury 版では vel	c. 28 「今後いかなるベイリフも、そのために提出された信頼しうる証人なしに、自らの訴えだけに基づいて、誰かを宣誓にかけてはならない。」（Nullus ballivus ponat decetero aliquem ad legem manifestam vel ad juramentum simplici loquera sua, sine testibus fidelibus ad hoc inductis） c. 29 「今後いかなる自由人も、彼の同輩の適法な判決あるいは国の法によるのでなければ、逮捕あるいは投獄され、または自由保有不動産あるいは諸特権あるいは自由な慣習法上の諸権利について占有侵奪されてはならず、または法喪失宣告され、または追放され、または何らかの方法で侵害されてはならない。また余は、彼に向って行かず、彼に向って派遣することもない。また余は、いかなる者に対しても正義あるいは裁判を売らず、拒まず、遅延させることもない。」（Nullus liber homo decetero capiatur vel inprisonetur aut disseisiatur de aliquo libero tenemento suo vel libertatibus vel liberis consuetudinibus suis, aut utlagetur, aut exulet, aut aliquo alio modo destruatur, nec super eum ibimus, nec super eum mittemus, nisi per legale judicium parium suorum, vel per legem terre. Nulli vendemus, nulli negabimus aut differemus rectum vel justiciam）

に関する条項であることは、直ぐ後の検討からも明らかになる。第二に、一二一五年版のc.39*と一二二五年版のc.29を比較しても一二二五年版の方が文意明瞭であることがわかる。一二一五年版ではただ「占有侵奪されてはならず」とされている箇所が、一二二五年版では「自由保有不動産あるいは自由な慣習法上の諸特権あるいは諸権利について占有侵奪されてはならず」と詳しく書かれているからである。なお、以上の二点とも、一二一六年版は一二一五年版と同じ、[37] また一二一七年版は一二二五年版とほぼ同様であることから、[38] 一二一七年版において以上の変化が生じたと考えられる。

以下、論点を五つ指摘しておく。第一に、証明方法としての宣誓について。法曹学院においては、教育方法の一つとして、イン所属の長老を講師 reader とした講演 reading がおこなわれていた。これは「制定法」の条文を一つ取り上げて、講師がその解説をするという形をとる。ケンブリッジ大学に所蔵されている一写本（Ii. 5,43）は十五世紀後半にロー・フレンチで書かれた講演記録であるが、その第四〇葉裏面にはc.28（c.38*）を素材にした問題 quaestio が残されている。そこでは、必要とされる宣誓補助者の人数、証明方法としての雪冤宣誓が適当な場合と陪審審理が適当な場合（隣人が事実関係を知りうるような場合）の区別などについて、講師がc.28（c.38*）に基づいて解説をおこなっている。J・H・ベイカーとS・F・C・ミルソム共編の史料集の中で、この講演は「金銭債務 debt」という項目の中に置かれた「訴えと雪冤宣誓 suit and wager of law」の中に分類されている。[39] 一見奇妙な分類であるが、c.28（c.38*）がその素材とされた理由は、同章を雪冤宣誓に関する規定と解釈することによって、はじめて理解される。本章は、ベイリフ（役人）による訴追の場合に被告が証人なしに雪冤宣誓を強いられていた現実を反映しているのであろう。

第二に、証人の利用について。同じくc.28（c.38*）に登場する「証人 testes」をどのように解釈するべきかという問題がある。従来のコモン・ロー手続には証人が用いられる余地はなかった。ヘンリ二世治世末期に書かれた法書『グランヴィル *Glanvill*』によれば、刑事訴追の方法は二種類存在する。一つは「私訴 appeal」であり、「確実な告訴人 certus accusator」によって訴えが開始する場合で、決闘 duellum によって決着が付けられる。もう一つは「公けの風評 fama publica」のみに基づいて、正式起訴 indictment、すなわち起訴陪審 presenting jury によって訴えが開始する場合である。その場合には「裁判官の面前において多種多様な審問がなされることによって、事柄の真実が調べられ……被告は、神判によって雪冤するか、完全に放免されるかである per multas et uarias inquisitiones et interrogationes coram iusticiis faciendas inquiretur rei ueritas....per legem apparentem purgandus est uel omnino ab imposito crimine absoluendus」(40)。その方法は、身分に応じて異なる。すなわち「自由人であれば熱鉄神判、農奴であれば水神判 per ferrum calidum si fuerit homo liber, per aquam si fuerit rusticus」という具合である(41)。いずれにせよ、『グランヴィル』にはベイリフ(役人)による訴追手続についても証人についても言及がない。

R・H・ヘルムホウルツは、「マグナ・カルタと普通法」と題する一九九九年の論文において、マグナ・カルタの多くの条項に普通法の影響がみられることを指摘しているが、雪冤宣誓の前提として証人を要求する手続についても「コモン・ローの確立した制度との明確な対応は存在せず」、それはむしろ普通法の手続を想起させるものであると論じている(42)。これに対しては、J・ハドソンが反論している。すなわち「イングランドでローマ・カノン法の知識が普及していたということは、それがマグナ・カルタの多くに深い影響を与えたということを意味する訳ではない」、と(43)。

ところで、この論点に関しては、マグナ・カルタの五〇年ほど前ヘンリ二世治世下の一一六四年に成立したクラレンドン法 Constitutions of Clarendon に目を向ける必要があるように思われる。同法は全体として、教会裁判権と国王裁判権の管轄権争いの中で教会裁判権を限定する目的で作られたものであり、結果的にヘンリ二世とカンタベリ大司教トマス・ベケットの間での激しい対立を生んだ法であるが、少なくともヘンリ二世によれば古来の慣習の「記録あるいは認証 recordatio vel recognitio」として成文化されたものである(44)。その第六条は次のように定めている。「俗人は、確実かつ適法な告訴人および証人によるのでなければ、司教の面前で訴えられるべからず Laici non debent accusari nisi per certos et legales accusatores et testes in praesentia episcopi」、と(45)。すなわち、俗人が司教裁判所で訴えられる場合に証人を要求しているわけである。これは教会裁判に関する規定であるが、c.28（c.38*）はこの先行手続を参考にして、役人による証人抜きの恣意的な訴追を禁止するために設けられたとも考えられる。すなわち、証人手続自体は普通法に起源を有するとしても、役人による訴追に証人を要求する法手続はクラレンドン法を先例にしていたとすれば、イングランド独自の起源をもつと言うこともできよう。[46]

第三にc.29（c.39*）の「同輩の判決」について。自らと同じ身分の者によって裁かれるべしという同輩の判決の法は、マグナ・カルタから一〇〇年ほど前に書かれた著者不明の法書『ヘンリ一世の法 *Leges Henrici Primi*』において、その手続が詳細に描かれている。[47]この有名な条項は、その原則を再確認したものとも考えられるが、より短期的に見ると、一二一五年六月一五日の直前におけるジョンとバロン達の間で結ばれた協約の中にこの原則が出てくる。この協約は教皇インノケンチウス三世がフェレンチノで発給した書翰を通して伝えられているものである。当該書翰は同年六月一八日付であるが、先行する三月一九日付書翰と同趣旨である。曰く、「国王裁判所において、彼らの同輩によって（傍点筆者、以下同）王国の慣習と法にしたがって、現在の不和が決着をつけられるべし in curia sua per pares eorum secundum regni consuetudines atque leges mota deberet dissensio terminari」[48]。また、これを受けて、ジョンが五月一〇日に出した書翰にも「余が余の側から選んだ四人のバロンと、バロン達が彼らの側から選んだ四人のバロンと、これらの人々の上にある教皇陛下によって決定がなされるまで、余は、彼らもまた彼らの配下にある人々をも、余の王国の法によるか余の裁判所における彼らの同輩の判決によるものでなければ、捕らえ、占有を奪い、あるいは力あるいは武器をもって彼らの上に赴かないものとし quod nec eos nec homines suos capiemus nec dissaisiemus nec super eos per vim vel per arma ibimus nisi per legem regni nostri vel per judicium parium suorum in curia nostra, donec consideracio facta fuerit per quatuor quos eligemus ex parte nostra et per quatuor quos eligent ex parte sua et dominum Papam qui superior erit super eos」と書かれている。[49]このジョンの書翰に登場する「余の王国の法」以下の部分はc.29（c.39*）の原型と見ることができる。

第四に、「同輩の適法な判決あるいは国の法」という表現における「あるいは vel」の解釈。これを連結的に「また」と読むか、選言的に「あるいは」と読むかについては、長い間論争がおこなわれてきた。古くはP・ヴィノグラドフ、W・ウルマン等が前者の立場をとり、F・M・パウィック、ホウルト等は後者の立場であった。[50] これに関して、ベイカーは近著において次のような解釈を示している。本規定が「法的に意味をなすためには、選言的な解釈が唯一の方法である。身分の低い治安官 constable による逮捕は同輩の判決を意味しない。にもかかわらず国法によって許された行動である……vel の選言的解釈は、一見したところ、同輩の判決が何らかの意味で国法に代わるものであるという含意をもつように思われるということは正しい。しかしそれは適法な判決でなければならなかった。法外の恣意的手続であってはならないのである……それ故、当該の句は、国の法に何か実質的なものを加えるものではなかった。適法な判決が一二一五年の起草者達にとって何を意味したにせよ、十四世紀までには、それは同輩による審理というコモン・ロー上の特権を漠然とまた間接的に確認すること、あるいは多分――「自らの同輩の parium suorum」を全く無視して――適法な判決の一般的要求以外の何物も意味しなくなっていた」、と。[51]「適法手続」については、十四世紀を扱う第四節で検討する。

最後に「国法 lex terre」の解釈。この文言もまた多くの議論を生んできた。ここでは、ベイカーが次のように述べていることだけを指摘しておく。「国法とは、当面機能している法を意味しえただけであり、したがって c.29 は、今日では「法の支配 rule of law」と呼ばれるものの表現である」、と。[52]「法の支配」というと近代的な響きを伴うかもしれないが、直ちにこれが新しい考え方ではなく、むしろ中世的法観念に根ざすものに他ならないということを次に見ていきたい。

第三節　先行例

このような観点からマグナ・カルタの歴史的前提として重要と思われる二つの先行例を検討してみよう。ヘンリ一世の戴冠式証書と一一九一年の事件である。

最初に、ヘンリ一世の戴冠式証書について。ジョンの曽祖父ヘンリ一世は初めて成文化した戴冠式証書を残した国王であり、『王国制定法集』は、「諸特権の証書 Charters of Liberties」の冒頭にこれを収録している。[53] その第十三条は次のように述べている。「余は、汝らにエドワード〔証聖〕王の法を回復する。余の父〔ウィリアム征服王〕がバロン達の助言に基いてそれに加えた修正と共に Lagam Eadwardi regis vobis redo cum illis emendationibus quibus pater meus eam emendavit consilio baronum suorum」。[54] ここで言及されているウィリアム征服王による「修正」とは、同王による所謂「十カ条 *Hic intimatur*」の第七条を指す。曰く「すべての者が土地およびあらゆる物についてエドワード〔証聖〕王の法を保持するということを余は命じかつ欲する。イングランド人の利益のために余が定めたことを追加して Hoc quique precipio et volo, ut omnes habeant et teneant legem Eadwardi regis in terris et in omnibus rebus, adauctis iis quae constitui ad utilitatem populi Anglorum」。[55]

このようなアングロ・サクソン法に遡る古法の維持・回復という法意識がマグナ・カルタの成立過程においても貫かれていたことを示すのが、一八九三年にJ・H・ラウンドによって発見された「知られざる証書」と呼ばれる文書である。[56] この日付不明の証書は現在パリの国立中央文書館 Archives Nationale に保管されており（Archives du Royaume, J. 655)、一枚の羊皮紙に「ヘンリ一世の戴冠式証書」の写しと「ジョン王の譲与」が続けて書かれている。すなわち「以上がヘンリ〔一世〕王の証書である。これによってバロン達は諸特権を求めた。そして、以下に続くものをジョン王は譲与する Hec est carta regis Henrici per quam barones querunt libertates, et hec consequentia concedit rex Johannes」[57]と。この文書は「何らかの公式の約束または合意というよりも、マグナ・カルタに先立つ協議のどこかの段階においてその場で作成された覚書を基にしていたと仮定するのが最も適切なように思われる」とホウルトは述べている。[58]

いずれにせよ、注目されるのは、全一二項目の冒頭に c.29（c.39*と c.40*）の原型となるものが掲げられていることである。すなわち、「判決なしに人を逮捕せず、裁判のために何も受け取らず、また不正をおこなわないということを、ジョン王は譲与する Concedit rex Johannes quod non capiet hominem absque judicio nec aliquid accipiet pro justicia nec injusticiam faciet」[59]と。ここからは、c.29（c.39*と c.40*）がバロン達の諸要求の中で当初最も重要視されていたということも指摘できるかもしれない。要するにそれは法に基づく「公正な裁判」の要求である。先に検討した c.28（c.38*）も、役人による訴追が恣意的になることの歯止めとして「信頼しうる証人」を要求していることから、同様の趣旨と解釈することができるように思われる。

「知られざる証書」についてヴィンセントは次のように評価している。それは「マグナ・カルタより大胆……最も重要なことは、ジョン王による新たな譲与をヘンリ一世の戴冠式証書――それ自体は、エドワード証聖王の良き法を回復することを主張していたにすぎない――によってすでに保証された諸特権の文字通りの拡大として扱っていることである。言い換えれば、一二一五年のバロン達は、かつて良き法が存在しており、それを呼び起こし回復することが自分達の義務であると信じていた。その限りで、マグナ・カルタは熟慮された急進的な文書としてではなく、徹底的に保守的な文書として見られなければならない」[60]と。

次に、一一九一年の著名な事件について。この事件の背景は、ジョンの兄リチャード一世（国王在位一一八九―一一九九）治世下で大法官 Cancellarius ならびに最高法官 Justitiarius を務めたウィリアム・ロンシャンと当時モルテン伯であったジョンの対立にある。[61]年代記作者ロジャー・オヴ・ハウデンは一一九一年七月二八日付の「モルテン伯

〔ジョン〕と王の大法官〔ウィリアム・ロンシャン〕の間で結ばれたキログラフ Cyrographum inter comitem Moretonii et regis cancellarium」として、次の内容を伝えている。「以下のことが譲与された。すなわち、司教、修道院長、伯、バロン、ナイト、および自由保有権者は、主君たる国王の裁判官あるいは役人の意思によって、その土地あるいは動産の占有を侵奪されてはならない。そうではなく、王国の適法な慣習およびアサイズあるいは主君たる国王の命令によって、主君たる国王の裁判所の判決によって処分されなければならない concessum est quod episcopi et abates, comites et barones, vavassores et libere tenentes, non ad voluntatem justitiarum vel ministrorum domini regis de terris vel catallis suis dissaisientur, sed judicio curiae domini regis secundum legitimas consuetudines et assisas regni tractabuntur, vel per mandatum domni regis」[62]。すなわち、役人の恣意による侵奪を禁止し、以後処分は適法な慣習およびアサイズあるいは国王の命令に基いて、且つ判決を経てなされなければならないということである。前述の c.29（c.39*）の文言と比較するならば、本事件もまたマグナ・カルタの先例としての意味をもったのではないかと思われる。恣意的な手続を排除し、判決を執行の不可欠の前提として重視するという意味での「法の支配」の考え方については、この他にも例を挙げることができる[63]。

第四節　十四世紀における解釈

前節ではマグナ・カルタ以前の時代について、「公正な裁判」の先例となりうるものを見てきた。本節ではマグナ・カルタ後、とりわけ十四世紀にどのような変化が現れたかを主として議会制定法による解釈を中心に整理しておく。「マグナ・カルタの諸規定の中で最も重要なのは、十四世紀以降、第二十九章であった」[64]とも言われるが故である。

最初に、一三〇二—〇三年の年書 Year Books における次のような記述に目を向ける必要がある。この事件では、被告人が陪審員の中に私訴人が含まれている per illos sum accusatus ことを理由として陪審審理を拒否し、さらに自分は騎士身分に属するがゆえに同輩によって裁かれるべきである non debeo judicari nisi per meos pares と主張した。これに対して裁判官はこの主張を認め、騎士層からなる陪審が任命されるに至る。(65) ここから「同輩の判決」とは「陪審審理」に他ならないという歪曲した解釈が生まれたのではないかという指摘がなされている。(66)

次に、エドワード三世期（一三二七—七七）の所謂「六議会制定法 six acts」による解釈を順次見てみよう。(67)

［1］ 5 Edward III (1331), c.9 :「今後、いかなる者も nul home、大証書と国の法の定めに反して contre la fourme de la grante Chartre et la lei de la terre、いかなる告発 accusement によろうとも、逮捕され、生命身体の判決を下され、土地、保有財産、動産、人的財産を国王に没収されてはならない」(68)

［2］ 25 Edward III (1351), stat.5, c.4 :「今後、いかなる者も nul、当該行為が行われた近隣の良き法に適った人々の正式起訴により、かつ適切な方法によるのでなければ、sil ne soit per enditement ou presentement des bones et loialx du visnee ou tiele fait se face, et en due maner、あるいはコモン・ロー上の訴訟開始令状によって始められた手続によるのでなければ ou process fait sur brief original a la commune lei 我々の主君たる国王あるいはその評議会 son conseill に対してなされた請願あるいは教唆によって per peticion ou suggestion、逮捕されてはならない」(69)

［3］ 28 Edward III (1354), c.3 :「どのような身分の者であれ、いかなる者も nul home, de quell estste ou condicion qil soit、法の適正手続によって被告の立場に置かれるのでなければ saunz estre mesne en respons per due process de lei、土地あるいは保有不動産から追い出されてはならない。また逮捕、監禁、相続権剝奪をされてはならない。また死刑に処せられてはならない」(70)

［４］ 37 Edward III（1363), c.18：「多くの人々が国王自身に対して偽りの訴えをなしている plusours gentz font faux suggestions au Roi mesmes ので……その訴えを追行するための保証を提供しなければならない ils troevent seurte a persuire。またもしその訴えが正しくないことが明らかになった場合には encas que sa suggestion soit trove malveys、相手方が逮捕されたのであれば蒙ったのと同じ害 mesme la peyne を受けるべし……」[71]

［５］ 38 Edward III（1363-4), stat.1, c.9：「原告の訴えが真実でないことが明らかになった場合には、被告が逮捕された場合に蒙ったのと同じ害を受けるべし le pleintif encourge meisme la peine que lautre aveit sil feust atteint, en cas que sa suggestion soit trove malveis」[72]

［６］ 42 Edward III（1368), c.3：「国の古来の法にしたがって solonc launcien leye de la terre、裁判官の面前における正式起訴あるいは記録事項あるいは適正手続と訴訟開始令状なしには、いかなる者も答弁を強要されてはならない nul home soit mis arespondre sanz presentement devant Justices, ou chose de record, ou per due processe et brief original。今後もしこれに反することが行われたのであれば、法的に無効であり、誤審とされるべし soit voide en leye et tenuz per error」[73]

この一連の制定法において、一三五四年法（［３］）では「法の適正手続」の語がおそらく初めて用いられ、[74] 一三五一年法（［２］）と一三六八年法（［６］）によれば、それが具体的には、民事事件の場合には訴訟開始令状に基づく訴えを、また刑事事件の場合には陪審による正式起訴手続を意味していることが明らかである。マグナ・カルタの神話化にとって決定的な時期はクックの時代ではなく、十四世紀であると言われるゆえんである。クックによる解釈の多くが議会制定法として具体化されているからである。[75]

ところで、民事事件における訴訟開始令状手続と刑事事件における正式起訴手続は共にヘンリ二世期に起源を有している。すなわち、訴訟開始令状はヘンリ二世治世下で飛躍的な発展を遂げたコモン・ロー独自の訴訟手続であり、法書『グランヴィル』では「令状なければ何人も答弁する義務なし nemo tenetur respondere〔sine breve〕」という周知の原則が論じられている。(76) また陪審による正式起訴は、従来の私訴に加えて、一一六六年のクラレンドン法によって始まった新しい訴追方法である。(77) 一三六八年法（[6]）がこれら二〇〇年前の法を「国の古来の法」と呼んでいることにも注意しておきたい。

第五節　古法の回復

マグナ・カルタの評価には従来、大きく分けて二つの流れがある。一つはクックの解釈に基き、十九世紀の自由主義的歴史観に受け継がれていった評価で、王権の専制に対して国民の自由と諸権利を宣言した歴史に残る偉大な文書であるという評価であり、他の一つは二十世紀に現れた評価で、バロン達が集権化の流れに抗して私的な利益を追求した封建的反動文書とする評価である。(78) 先に引用した「知られざる証書」との関連で下されたヴィンセントによる評価、すなわち「マグナ・カルタは熟慮された急進的な文書としてではなく、徹底的に保守的な文書として見られなければならない」という評価は一見したところ「封建的反動文書」説に加担するようにも見える。しかしむしろその直前で「一二一五年のバロン達は、かつて良き法が存在しており、それを呼び起こし回復することが自分達の義務であると信じていた」と述べられている点が重要であるように思われる。(79) すなわち、歴史的現実としてのマグナ・カルタは、単純に「保守的な文書」というよりはむしろ、（アングロ・サクソン法まで遡る）「良き古き法」の回復を目的としていた（あるいは「回復」に仮託していた）という点において、中世的法観念によって規定された文書であったと言うべきではなかろうか。本章の最後に、この点を確認しておきたい。

「古法の回復」がマグナ・カルタの中で全体を貫く指導理念として掲げられているわけではない。[80] それが明瞭な形で現れているのは、前述のごとく「ヘンリ一世の戴冠式証書」である。そこでは、ウィリアム征服王が加えた修正と共にではあるが、エドワード〔証聖〕王の法、すなわちアングロ・サクソン法の確認が宣言されている。このような「ヘンリ一世の戴冠式証書」の写しとマグナ・カルタの原型となる「ジョン王の譲与」を一体のものとして、いわば拡大版として書かれたのが「知られざる証書」である。しかもその際、「ジョン王の譲与」の最初にc.29（c.39*とc.40*）の基となる裁判原則（「判決なしに人を逮捕せず、裁判のために何も受け取らず、また不正をおこなわないということを、ジョン王は譲与する」）が置かれているところからは、法にしたがった「公正な裁判」の要求が「古法の回復」の中心に置かれていたと見ることができるように思われる。[81]

「古法」が具体的に何を指すかについては当然、時代による変化があった。ウィリアム征服王あるいはヘンリ一世の時代には、それはアングロ・サクソン法を指していた。[82] しかし、ヘンリ一世の戴冠（一一〇〇）とマグナ・カルタの間には一世紀以上の隔たりがあり、しかもその間、十二世紀の後半にはヨーロッパ的規模での学識法の展開と、イングランドにおいては、その中で一一六〇年代を中心にヘンリ二世によっておこなわれた所謂法改革がある。エドワード三世期の議会制定法（［2］［6］）で言及されている民事裁判における訴訟開始令状と刑事裁判における起訴陪審制はその顕著な産物である。c.28（c.38*）で要求された証人の利用も新しい要素と言えるであろう。他方、雪冤宣誓はヘンリ二世以前から存在する古い要素である。マグナ・カルタが一方では慣習と伝統の尊重に、他方では新しい法の展開に基礎を置いていたことは否定できないと思われる。パウィックは、マグナ・カルタ七〇〇周年の記念論文集に寄せた論文の中で、バロン達の要求は「イングランドの法慣行は変更されるべきではない」ということにあったと結論付けているが、[83] 法慣行の中には慣習と伝統もあれば、十二世紀後半に起源をもつ新しい法手続も含まれていたと見るべきであろう。いずれにせよ、ジョン王の時代には、そこから逸脱し「公正な裁判」を損なう事態が進行し、[84] それがバロン達の反発を惹起したということであろう。その点を端的に示しているのがc.28（c.38*）, 29（c.39*,

c. 40*）であると思われる。

本章では、長大な文書であるマグナ・カルタの全体を検討したわけではなく、その成立と伝播の過程に加えて、ごく一部の条項——しかし、マグナ・カルタの神話化を象徴する最重要の条項——について、主として八〇〇周年を記念して出版された最近の文献を——それもすべてをカヴァーすることはとても無理であり、法制史的に重要と思われるものに限定して——参照した限りで、検討を加えてきた。マグナ・カルタの成立についても本章では論じることのできなかった様々な法的・歴史的要因が考えられるが、本章で強調したかったことは、マグナ・カルタの根底にある「古法の回復」という法意識である。最後に、ヴィンセントの文章を引用しておく。「国王ジョンが一二一五年にしようとしたことは成文憲法を創造することではなかった。そうではなく、すでに『正しい』『良い』、そしてとりわけ『古い』と考えられていた法、特権、慣習を守り、支持することであった。マグナ・カルタは新法を作ることではなく、過去の古き良き法が尊重されることを確実にすることを意図していた。その限りでマグナ・カルタはイングランド法の基礎ではなく、それよりもはるかに古く、拘束力あるものと看做されていたものを保持し、再述しようとする試みであった」(85)。

（1）本章の基礎となっているのは、二〇一五年六月一三日に関西学院大学を主催校として開催された第六七回法制史学会総会のシンポジウム「マグナ・カルタの八〇〇年」における筆者による同名の報告である。「八〇〇年」以後も関連する研究成果は公刊され続けており、本章は学会報告の時点で参照することができなかった文献によって補足している。主要なものは以下の三点である。

[1] Holt, J. C., *Magna Carta*, 3rd ed., revised and with a new introduction by G. Garnett & J. Hudson, Cambridge, 2015. マグナ・カルタの研究書として定評のある本書は、第一版（一九六五）、第二版（一九九二）に続いて第三版が計画されていたが、二〇一四年四月九日のホウルトの死去をうけて、高弟のG・ガーネットとJ・ハドソンによる全三二頁の「序」を第二版に付した上で、二

〇一五年に第三版として出版された。「序」では、第二版以後の研究動向を踏まえて、「裁判と裁判権」「大陸的コンテクスト・政治」「スティーヴン・ラングトンと神学」「普通法と法知識」「マグナ・カルタの日付」という五つの論点が取り上げられている。最後に「将来的可能性」として、二〇一五年中に結論が出される予定の課題として、マグナ・カルタ諸写本の綿密な校合が、またより長期的な検討課題として、カンタベリ大司教スティーヴン・ラングトンを中心とする神学者達のマグナ・カルタに対する影響の問題が指摘されている（*Ibid.*, pp. 31-32）。このうち前者に属する成果として、［2］Carpenter, D., *Magna Carta*, Penguin Classics, London, 2015がある。本書はペンギン・クラシックスの一冊とはいえ、古文書学的解説に始まり、マグナ・カルタ諸写本の検討、十三世紀イングランドにおける権力構造の解明に至る高度な研究書となっている。『西洋中世学研究』第七号（二〇一六）一六九頁に朝治啓三氏による本書の簡潔な紹介がある。またカーペンターを中心として「マグナ・カルタ・プロジェクト The Magna Carta Project」も進められており、その成果はインターネット上で利用可能である（http://magnacarta.cmp.uea.ac.uk/）。［3］Baker, J. H., *The Reinvention of Magna Carta 1216-1616*, Cambridge, 2017. 本書は、ベイカーによって二〇一四年から二〇一五年にかけておこなわれた多くの講演を基礎としている。その史料的基礎は、ベイカーの別の大著 *Selected Readings and Commentaries on Magna Carta 1400-1604*, Publications of the Selden Society, vol. 132, London, 2015にある。『マグナ・カルタの再発見』の中で本章に直接関わるのは、第一章「マグナ・カルタの法的性格 The Legal Character of Magna Carta」である。これは最初、Holland, R. J. (ed.), *Magna Carta: Muse & Mentor*, Washington DC, 2014に「マグナ・カルタの法的効力と影響 The Legal Force and Effect of Magna Carta」として掲載され、大幅に加筆された上で『マグナ・カルタの再発見』に収録されたものである。なお、二〇一四年版ではその冒頭において「マグナ・カルタの影響が実定法の働きというよりも魔法によって引き起こされてきたということは必ずしも常に理解されていない」（*Muse & Mentor*, p.65）と書かれていたが、「魔法 magic」の語は二〇一七年版では「評判 reputation」に替えられている（*Reinvention*, p.1）

（2）条文番号は一二一五年版により、＊は一二一五年版における条文番号を指す。

（3）Cam, H. M., Magna Carta–Event or Document ?, *The Selden Society Lectures 1952-2001*, New York, 2003, p. 310.

（4）Carpenter, *op.cit.*, pp. 9-10.

（5）*Ibid.*, p.11.　印章の点では、最も明瞭なのは［1］である。

（6）本書九四頁及び同注（6）、参照。

（7）これら四つのオリジナルの写真は、Vincent, N., *Magna Carta: The Foundation of Freedom 1215-2015*, 2nd ed., London, 2015, pp.

76–79で見ることができる。

（8）Carpenter, *op.cit.*, p.22.　これに対して、後述の「バロンの諸条項 Articles of the Barons」は段落で分かれている。章の区分については、後注（12）も参照。

（9）通常の証書形式においては最後に証人リストが掲げられるが、マグナ・カルタの場合には、前文に名前が列挙されているため、最後は「証人は上述の通り、またその他多くの者 Testibus supradictis et multis aliis」と述べられるにとどまる。

（10）Holt, *op.cit.*, 3rd ed., pp. 378–398.

（11）Carpenter, *op.cit.*, pp. 36–69.　筆者は、学会報告時に「テキストに関するいくつかの問題」の一つとして「史料批判のパラドックス」を指摘した。すなわち、奇妙なことに、一二一五年のマグナ・カルタについて「すべてのオリジナルにおいてあらゆる異読を校合した史料批判に基く決定版はいまだ現れていない」（Vincent, N., *Magna Carta: A Very Short Introduction*, Oxford, 2012, p. 108）、すなわち、これほど重要視されている文書であるにもかかわらず、未だ校訂版が存在していない、否、むしろマグナ・カルタは「聖典」の地位を与えられたがゆえに、史料批判の対象にはならなかったと言うべきではないかという指摘である。しかし、現時点では、カーペンターによってこの作業は果たされたことになる。訂正しておきたい。

（12）Carpenter, *op.cit.*, pp. xii.　章の区分は十八世紀にW・ブラックストンによって導入された「近代の創案」というのが一般的見方である（W・S・マッケクニ著／禿氏好文訳『マグナ・カルタ』（京都、一九九三）一七三頁、Turner, R.V., *Magna Carta through the Ages*, Harlow, 2003, pp. 67–68）。この点については、本書一〇〇頁も参照。但し、一二一五年にマグナ・カルタの前段階として作成された「バロンの諸条項」（BL Additional 4838）は証書の形式ではなく、全四九項目をパラグラフによって区分している。写真版（C・R・C・デーヴィス著／城戸毅訳『マグナ・カルタ』（東京、一九九〇）一四頁）参照。数字は付けられていないが、かりにパラグラフ毎に番号を振ると、後述の c.38*, c.39*, c.40* はそれぞれ「バロンの諸条項」では c.28, c.29, c.30 となる。「バロンの諸条項」はマグナ・カルタ諸草案の中でマグナ・カルタのオリジナルにもっとも近い最後の草案とされており、おそらく六月一〇日にジョンによって印章が付けられた（Galbraith, V.H., A Draft of Magna Carta, *Proceedings of the British Academy*, LIII, 1967, in his *Kings and Chroniclers: Essays in English Medieval History*, London, 1982, p. 353）。スティーヴン・ラングトンがラニミードからカンタベリに持ち帰り、大司教の文書庫に保管されたと考えられている（デーヴィス、前掲訳書、三七頁）

（13）*Carpenter, op.cit.*, p.19.　詳しくは、マグナ・カルタ・プロジェクトのウェブサイト（前注（1）、参照）のリンク先 The Copies of Magna Carta を参照。

（14）*Matthaei Parisiensis, Monachi Sancti Albani Chronica Majora,* ed. by H.R. Luard, vol.II A.D. 1067 to A.D. 1216, Rolls Series, vol. 57, London, 1874, pp.589-598.

（15）Holt, A Vernacular-French text of MAGNA CARTA, 1215, in do., *Magna Carta and Medieval Government,* London, 1985, pp. 239-257.　なお、この写し（Rouen, Bibliotheque Municipale MS Y200, fos.81-87v）はパラグラフで分けられており、これに慣行的な条文番号を振ると、c.38*, c.39*, c.40* はそのままの位置に記載されている（*Ibid.,* p. 253）

（16）D. A. Carpenter, 'The Copies of Magna Carta: VII. A cartulary of Luffield priory: Cambridge University Library Ee. I.I, fos.154-156v.,' The Magna Carta Project [http://magnacarta.cmp.uea.ac.uk/read/magna_carta_copies/VII_A_cartulary_of_Luffield_priory_Cambridge_University_Library_Ee_I_I_fos_154-156v accessed 23 August 2017]「ルフィールド本」については、直江眞一「十三世紀後半イングランドの裁判実務書」、藤井美男・田北廣道編著『森本芳樹先生古稀記念論集　ヨーロッパ中世世界の動態像——史料と理論の対話』（九州大学出版会、二〇〇四）一六五—一八七頁参照。同修道院はイングランド中央部ノーサムプトンシァとバッキンガムシァの境に位置している。また、本写本における異読の一つは、後述するc.29（c.39*）に関わる。すなわち "nec super eum ibimus, nec super eum mittemus" の部分が "nec super eum manum mittemus" と書かれている。おそらく意味するところは実質的に異ならないであろう。

（17）Holt, *op.cit.,* 3rd ed., p.30 n.182も参照。そこでは、オクスフォード大学ボドリ図書館蔵の法集成の中に六月一六日付の草案の初期の写しと思われる版（Rawlinson C 641, fos. 21v-29r）が収録されていることが指摘されている。前述のごとく、六月一五日にすべてのオリジナルが作成されたわけではない。

（18）一二一八年には、「大証書」の他に、「小証書」と比較して「より大きな証書 maior carta」の呼称も一時的に用いられた（Carpenter, *op.cit.* pp. 5-6）。このように「大 magna」という形容詞は元々、分量の大きさの故に付けられたのであって、これを重要さの故と解釈し、マグナ・カルタを「偉大な自由の憲章」と呼んだのはエドワード・クックである。この点については、小山貞夫『イングランド法の形成と変容』（東京、一九八三）三四四—三四五頁を参照。

（19）正確には「一二二五年版はそのものとして収録されていない」というべきであろう。というのもカーペンターによれば「ルフィールド本」収録の一二一七年版は一二二五年版とのハイブリッド版（全部で一六存在する）の一つだからである。ハイブリッド版が生まれた理由は、一二一七年版の欄外に一二二五年版を追記した写本が存在し、そこからさらに写しを作るときに、その追記を本文に入れたことによる。The Magna Carta Project [http://magnacarta.cmp.uea.ac.uk/read/magna_carta_copies/III_A_cartulary_

of_Luffield_priory_Cambridge_University_Library_Ee I, I, fos_157-158 accessed 23 August 2017]

(20) 刊本は、Bemont, Ch. *Chartes des Libertes Anglaises* (*1100-1305*), 1892, pp. 41-44 にある。また、*Magna Carta: Law, Liberty, Legacy*, ed. by C. Breay & J. Harrison, London, 2015, p. 75 に写真版が掲載されている。

(21) マグナ・カルタの再発行・確認の過程については、小山「マグナ・カルタ神話の創造」(前掲書、二八五頁以下) に詳しい叙述がある。とくに同書二九二頁以下参照。

(22) ベイカーの新著『マグナ・カルタの再発見』の副題にある「一二一六年から一六一六年」の「一二一六年」は、このマグナ・カルタの最初の再発行(復活)の年を意味する (Baker, *op.cit.*, p.5)。因みに「一六一六年」の方は、クックが王座裁判所首席裁判官の地位を追われた年である。

(23) Vincent, *Introducton*, pp. 82-83. 他方、ホウルト『マグナ・カルタ』第三版の「序」(前注 (1)、参照) の「大陸的コンテクスト：政治」は、フランス南部においてシモン・ド・モンフォール (父、一二一八年没) が率いたアルビジョワ十字軍とジョン王の敵対者達との関係に目を向けている (Holt, *op.cit.*, 3rd ed., p. 8)

(24) Vincent, *The Foundation of Freedom*, p.81 に写真版が掲載されている。一二一六年版の唯一のオリジナルはダラム聖堂に保管されており、写しは今のところ存在しない。また一二一七年版のオリジナルは四、写しは一二、また一二二五年版のオリジナルは四、写しは一三伝来している。詳しくは、http://magnacarta.cmp.uea.ac.uk/read/magna_carta_copies/The_date_of_Magna_Carta_1217; http://magnacarta.cmp.uea.ac.uk/read/magna_carta_copies/The_1225_Magna_Carta を参照。

(25) 写真版が Vincent, *op.cit.*, p. 83 に掲載されている。

(26) 「制定法書」とは、一二二五年版マグナ・カルタに始まり、エドワード二世期 (一三〇七―二七) までの「古制定法 statuta antiqua: statuta vetera」を主として収録したものである (*A Catalogue of English Legal Manuscripts in Cambridge University Library*, ed. by J. H. Baker & J. S. Ringrose, Woodbridge, 1996, pp.xxii-xxiii)。四世紀後にクックによる註釈の基礎となったのも一二二五年版である。「制定法」とされた一二二五年版マグナ・カルタは「法曹学院 (Inns of Court) における主要な教育方法の一つである講演 Readings の対象となった。この点については、本書第2章を参照。c. 28 (c. 38*) を対象とした講演については、後述、本章第二節参照。

(27) 一二九七年の二証書の確認については、小山、前掲書、三〇一頁以下、参照。

(28) 「ラニミード証書」という呼称は一五〇六年頃グレイズ・インでおこなわれた講演でも依然として用いられている (Baker, *op.cit.*, p.4

n.22)

(29) Carpenter, *op.cit.*, pp. 6 8. これに対して、ベイカーによれば、ブラックストン以前に一二一五年のマグナ・カルタの適切な版が存在しなかった理由は、「卑しむべきジョン王がかくも良きものに寄与したということはほとんどありえなかった」からである（Baker, *op.cit.*, p.4）

(30) ベイカーの次の指摘を参照。「何世紀もの間マグナ・カルタはほとんど普遍的にラニミードの証書ではなく、ヘンリ三世が一二二五年に譲与し、エドワード一世と彼に続く国王達が確認した証書と理解されてきた……多くの高名な歴史家達がこのことに注意を向けずに、一二一五年の証書の諸章（とりわけ第三九章）に、あたかもそれが後代に法として機能していたかのごとくに言及しているのは驚くべきことである」（*Ibid.*, p. 3）

(31) *Magna Carta Commemoration Essays*, ed. by H. E. Malden, Royal Historical Society, 1917.

(32) マグナ・カルタ八〇〇周年を記念する第二二回英国法制史学会 British Legal History Conference は二〇二五年ではなく二〇一五年に開催され、七月八日にラニミード近辺の船上において「マグナ・カルタ——神話の始まり Magna Carta: Beginning of the Myth」と題するベイカーの講演がおこなわれた。

(33) c.29（c.39*）が生き延びた一つの理由として、ホウルトは次の点を指摘している。「マグナ・カルタは時と共に権力に対する制約の度合いを高めていったが、それは c.29（c.39*）が何かを明示的に述べたからではなく、むしろ議論の出発点を作り出したからであった……この条項が後代の人々によって自分達に有利なように利用されたのは不可避のことであった」、と（Holt, *op.cit.*, 3rd ed., p.278）。このような見方はその後も支持されている。本条項は「定義を欠いている……この曖昧さこそが後の世代に政治的主張の正当化の根拠として依拠されることになった」（Arlidge, A. and Igor Judge, *Magna Carta Uncovered*, Oxford, 2014, p.59）、「おそらくこれらの条項〔c.1*, c.9*, c.39*〕が生き延びたのは、まさしくそれらが明確な意味をもっていなかったからに他ならない」（Baker, *Muse and Mentor*, p.69）。このことは、c.28（c.38*）が証明方法としての宣誓が時代遅れになることによって廃止されたことと対照的である。なお、現行法である他の二つの章は、「教会の自由」を保障した c.1（c.1*）と「都市の特権」を保証した c.9（c.13*）である。c.1（c.1*）の解釈については、Baker, *Reinvention*, pp.29ff. を、また c.9（c.13*）の解釈については *Ibid.*, pp.25ff. を参照。

(34) 後述、第三節を参照。なお、当該の章は「バロンの諸条項」ではマグナ・カルタ同様 cc.29, 30（c.39*, c.40*）の位置に置かれている。

(35) Baker, *Reinvention*, p. 32 n. 177.

(36) ホウルトも "put on trial" と訳している（Holt, *op.cit.*, 3rd ed., p. 389）

(37) Holt, *op.cit.*, p.425, n.13, n.14.

(38) Bodley MS, Ch.Gloucs. 8; Cambridge University Library, MS Ee I, I (Liber Luffield), f.158r.

(39) *Sources of English Legal History: Private Law to 1750*, ed. by J. H. Baker and S. F. C. Milsom, London, 1986, pp. 214-215.

(40) *Glanvill*, XIV, 1 (ed. by G. D. G. Hall, 1965, p. 171). 起訴陪審による「正式起訴」は一一六六年のクラレンドン法 Assize of Clarendon 第一条によって設けられた手続である（Stubbs, W., *Select Charters*, 9th ed., by H. W. C.Davis, Oxford, 1913, p. 170）

(41) *Glanvill*, XIV, 1（ed. by Hall, p. 173）

(42) Helmholz, R. H., Magna Carta and the *ius commune*, *University of Chicago Law Review*, vol. 66, 1999, pp. 337ff. 紙幅の関係上詳細は省略するが、ヘルムホウルツが学識法の影響と見ているのは、証人手続の他、以下の諸点である。すなわち、一一九九年のジョンの戴冠式宣誓の文言、「バロンの諸条項」第二十五章における「上訴禁止 appellatione remota」の文言、スティーヴン・ラングトンを中心とする起草者達における学識法の知識、等。これに対しては、ハドソンによる反論がある（Magna Carta, the ius commune and English Common Law, in Loengard, J.S.（ed.）, *Magna Carta and the England of King John*, Woodbridge, 2010, pp. 99-119）。ヘルムホウルツ論文は「言われているところの普通法テクストとマグナ・カルタの間のパラレルは、マグナ・カルタが時折ローマ・カノン法の術語を用いていることに主として帰せられるということを明らかにした。これは必ずしもローマ・カノン法テクストに直接由来するということではない」（Holt, *Magna Carta*, 3rd ed., p. 17）

(43) *Ibid.*

(44) *Select Charters*, p. 163.

(45) *Ibid.*, p. 165.

(46) 証人は普通法に限定された証明方法ではない。審理陪審制度が確立した後の十五世紀後半に書かれたジョン・フォーテスキューの作品 *De Laudibus Legum Anglie* においては、証人の証言に基づいて陪審員が評決を出す手続が描かれている（ジョン・フォーテスキュー著／北野かほる・小山貞夫・直江眞一訳『イングランド法の礼賛について』（邦訳）（二）、『法学』第五三巻第五号、一九八九年、第二六章「陪審員はいかにして、証拠と証人によって教示されるべきか」一〇九―一一〇頁参照）

(47) 林深山「イギリス法における「同輩の判決」の一研究―― Leges Henrici Primi を中心として」（初出一九五七）、同『西洋法制史の研究』（第一法規出版、一九九六）所収。

(48) *The Letters of Pope Innocent III (1198-1216) concerning England and Wales: A Calendar with an Appendix of Texts*, ed. by

C. R. Cheney and Mary G. Cheney, Oxford, 1967, no. 1013（pp. 272-273）. 同書翰は現在、キューにある国立文書館 The National Archive に保管されている（TNA S.C. 7/52/2）

（49） Holt, *op.cit.*, 3rd ed., p. 414. これは開封書翰録に収録されている（*Rot. Lit. Pat.* p.141）

（50） Vinogradoff, P., Clause 39, in *Magna Carta Commemoration Essays*, London, 1917, pp. 78-95; Ullmann, W., *The Individual and Society in the Middle Ages*, Baltimore, 1961, 69ff.; Powicke, M., Per Iudicium Parium vel Per Legem Terrae, in *Commemoration Essays*, pp. 96-121; Holt, *op.cit.*, 3rd ed., p. 276 n. 154. ホウルトによれば、前述のアングロ・ノルマン語版（前注（15）参照）でも"o"、すなわち現代フランス語に訳すと"ou"である。

（51） Baker, *op.cit.*, pp. 38ff.

（52） *Ibid.*, p. 16.

（53） *Statutes of the Realm*, vol. I, pp. 1ff.

（54） *Ibid.*, p. 2.

（55） *Select Charters*, p. 99.

（56） Round, J. H., An Unknown Charter of Liberties, *English Historical Review*, vol. VIII, 1893, pp. 288-294. なお、この文書は、その時点、すなわち十九世紀末まで知られていなかったためにそのように呼ばれた訳であるから、今日では別の呼び方をすべきであろう。

（57） Holt, *op.cit.*, 3rd ed., pp. 352ff. 写真版は *Ibid.*, p. 234 と p. 235 の間の図版二にある。

（58） *Ibid.*, p. 346.

（59） *Ibid.*, p. 352.

（60） Vincent, *Introduction*, p. 60. このようなヴィンセントの評価については、第五節で再び取り上げる。

（61） この事件の背景については、城戸『マグナ・カルタの世紀――中世イングランドの政治と国制　一一九九―一三〇七』（東京大学出版会、一九八〇）、六二―六九頁、Powicke, *op.cit.*, p. 115; Holt, *op.cit.*, 3rd ed., pp. 122-123 を参照。なお、ウィリアム・ロンシャンは、学識法の訴訟手続についての著作『ローマ法とカノン法の訴訟手続 *Placita Legum et Decretorum*』の著者としても有名であるが、国王リチャード一世のイングランド不在期間が長かったこともあり、国内統治の最高権力者であった。

（62） *Chronica Magistri Rogeri de Hovedene*, ed. by W. Stubbs, Rolls Series, vol. 51 (3), London, 1870, p. 136.

(63) その一つは、これもよく知られた一一七三年から一一七四年にかけてのヘンリ二世に対する息子達の反乱事件である。『ヘンリ二世の事績 *Gesta Henrici*』によれば、ヘンリ二世は反乱鎮圧後、反乱者達が「判決と国の慣習にしたがって secundum judicium et consuetudinem terre」処分されることを命じたと伝えられている（*Gesta Regis Henrici Secundi Benedicti Abbatis: The Chronicle of the Reigns of Henry II and Richard I : A.D.1169-1192, known commonly under the name of Benedict of Peterborough*, ed. by W. Stubbs, vol. I, Rolls Series, vol. 49, London, 1867, p. 79）。また、ヘンリ二世治世下の一一六六年に導入され、その後不動産訴訟で広範に利用されるようになる新侵奪不動産占有回復訴訟 assize of novel disseisin の訴訟開始令状の文言の特徴の一つが、被告は「不正にかつ判決を経ることなく injuste et sine iudicio」原告の不動産を侵奪したか否かであったことも想起される。

(64) Baker, *op.cit.*, p. 32.

(65) *Year Books of the Reign of Edward I*, ed.by A. J. Horwood, Rolls Series, vol. 31-a-3, London, 1863, p. 531.

(66) 本件については、Pollock, F. and F. W. Maitland, *The History of English Law*, vol. II, p. 625 n. 2, Cambridge, 1898; Holt, *op.cit.*, 3rd ed., p. 328 等参照。

(67) 以下については、Thompson, F., *Magna Carta: Its Role in the Making of the English Constitution 1300–1629*, Minnesota, 1948, pp. 90–93 も参照。

(68) *Statutes of the Realm*, vol. I, p. 267.

(69) *Ibid.*, p. 321.

(70) *Ibid.*, p. 345.

(71) *Ibid.*, p. 382.

(72) *Ibid.*, p. 384.

(73) *Ibid.*, p. 388.

(74) Cam, *op.cit.*, p. 324; Baker, *op.cit.*, p. 33.

(75) Holt, *op.cit.*, 3rd ed., p. 39.　クックによる解釈については、深尾裕造・松本和洋「クック『マグナ・カルタ註解』――サー・エドワード・クック『イングランド法学提要　第二部より』」『法と政治』第六六巻第四号、二〇一六、二七二頁以下参照。

(76) *Glanvill*, XII, 25（ed. by Hall, p. 148）

(77) 前注（40）参照。

(78) 城戸、前掲書、七七頁。
(79) Vincent, *Introduction*, p. 60.
(80) 具体的な要求項目においては、「古法の回復」の主張が散見される。例えば、相続料 relevium の額を定めた c. 2（c. 2*）における「封についての古来の慣習にしたがって secundum antiquam consuetudinem feodorum」なる表現のごとし。その他、Vincent, *Foundation of Freedom*, p. 17 参照。
(81) c.29（c.39* と c.40*）における「同輩の判決」も『ヘンリ一世の法』で詳述されている手続であり「古法」の一つと見ることができる。同じく、c.29（c.39* と c.40*）の「国の法」で含意されていたものも「古来の法」と解釈するのが自然ではなかろうか。他方、c.28（c.38*）は「知られざる証書」には出てこない。しかし、『グランヴィル』においても私訴と正式起訴が共に確立した訴追方法として描かれている（*Glanvill*, XIV, 1, ed. by Hall, pp. 171-173）のに対して、ジョン王の下でおそらく恣意的に運用されていたベイリフ（役人）による訴追もまた「公正な裁判」を実現するために規制する必要があり、そのために c.28（c.38*）が置かれたのではないかと考えられる。
(82) 近時「征服」以後の時代、とりわけ十二世紀にアングロ・サクソン法典が多数の手書本に筆写・編集されている事実が指摘されている（苑田亜矢「ノルマン征服から十三世紀初めまでのアングロ・サクソン諸法集――手書本の伝来状況に着目して」『法政研究』第八三巻第三号、二〇一六年、F四一―F七八頁）。その理由を「好古趣味」や「異文化理解」等に帰する見解の存在が指摘されているが（同稿、F四三―F四四頁）、むしろ「古法の回復」という観点から説明する余地はないのであろうか。この点については、Vincent, *Foundation of Freedom*, pp. 30ff. も参照。
(83) Powicke, *op.cit.*, p. 121.
(84) ヴィンセントによれば、マグナ・カルタはジョン王個人に対するバロン達の反発と言うよりは、アンジュー朝の専制的支配に対する反発である（Vincent, *Introduction*, p. 36）。アンジュー朝の中でもヘンリ二世はうまく統治した専制君主であったが、ジョンは失敗したそれであった（*Ibid.*, p. 56）
(85) Vincent, *Foundation of Freedom*, p. 17. ベイカーの次の論述も参照。「マグナ・カルタは憲法上の文書ではなかった……その目的はより直接的なものであった。すなわち、従来のコモン・ローを回復し、宣言し、保持することにあった」（Baker, *op.cit.*, p. 1）

第2章

エドワード・クックの時代のマグナ・カルタ

マイケル・ロバーン
［戒能　通弘　訳］

　十六世紀終盤と十七世紀初頭は、マグナ・カルタに対する政治的関心の復活にとって、重大な時であったと、長い間見なされてきた。その古来の自由の憲章は、中世後期や、フォーテスキューの『イングランド法礼讃 *De Laudibus Legum Anglie*』やセント・ジャーマンの『神学博士と法学徒 *Doctor and Student*』のようなチューダー初期の法理論のテクストでは、それほど強調されていなかった。対照的に、十七世紀初頭までには、マグナ・カルタは、コモン・ローの伝統の基本的な部分として、そしてイングランド人の自由の防波堤、専制に対する保障として、法的・政治的な構想力において、ずっと大きく現れていた。君主権力の行使を制約する法の支配と、特に関連付けられるようになった。(1)

　マグナ・カルタ、特に、裁判は売られるべきでも、拒否されるべきでも遅延させられるべきでもなく、いかなる自由人も、彼の同輩の判決なしには彼の自由や財産を奪われ得ないということを宣言した著名な二十九章において反映され、確認された、古来の超記憶的な憲制を規定することで、エドワード・クックは、この過程において主要な役割を演じた。(2)法の支配におけるマグナ・カルタの中心的役割は、強制貸付金の支払いを拒否した五人の騎士を審理なしに拘禁したことに続き、権利請願を生み出すこととなった一六二八年の憲法的危機においても繰り返されることとなった。[3] 一六二八年の庶民院の見解においては、法の支配の擁護は、マグナ・カルタの再主張と、国王が法に対して主権者的権力を持つことの否定を伴っていた。クックは、周知のように、その議論において、「マグナ・カルタは」、国王に主権者的権力を与える「但書などないような輩なのである」と説明した。[4]

以下において私達は、数多くの法律家の見解に示されている、国王の権力がどのようにしてマグナ・カルタと、それが具体化すると考えられたコモン・ローによって制限されていたかについての見解を検討する。以下においては、クックの見解とともに、特に、ミドル・テンプル法曹院の彼らの制定法講義で示されているジェームズ・モリス、フランシス・アシュリー、ロバート・スナッグの見解を見る。モリス（一五三九―九七）は、教会裁判所による職権による宣誓 *ex officio* に基づく情報の使用に反対することに、彼の政治的エネルギーの多くを捧げたエリザベス期のピューリタンの法律家である。国王大権についての彼の制定法講義は、一五七八年になされた。[5] それは実際には、国王大権に関する学術論文であった。ロバート・スナッグ（一六〇五年死去）――クックの友人――は、一五八〇年に制定法講義を行ったとき、マグナ・カルタの第二十九章を彼のテクストとした。彼の制定法講義についての短いノートは、「質問」と「議論」という形で残っているが、大法官の権限に焦点を当てたより推論的な著作は、一六五四年に出版された。[6] 一六一六年にミドル・テンプル法曹院でなされたアシュリー（一五六九―一六三五）の制定法講義は、マグナ・カルタ第二十九章の特定のフレーズについての法律家の注釈であった。[7] 以下に見るように、これらの法律家達は、国王が、立法し、法律の適用を免除するかなりの権限を有し、拘禁を命じる権限さえ有していることを認めていた。大抵は、コモン・ロイヤーは、国王大権上の権力を、コモン・ローによって与えられた諸権利に矛盾するものというよりも、それらを補完しているものであるかのように定義することができた。しかしながら、特別な命令で拘留する国王の権限は、否定することが難しく、この点で国王を法の支配に服せしめることは、たんに古来のコモン・ローの価値を再主張すること以上のものを結果的に伴うものであった。権利請願が要請されたが、それは、事実上、国王の大権上の権力に、新たな制約を課そうとするものであった。

第一節　マグナ・カルタとは何だったのか

すべてのチューダー期、ステュアート期の法律家にとって、マグナ・カルタは、ヘンリ三世の治世の「一二二五年の二月一〇日に、ウェストミンスタで創られた大憲章」であったことを想起することは価値があることだろう。[8] クックは、ジョン王が「同じようなものを認めていた」ため、新しい宣言ではないと指摘していたが、[9] 最初の制定法であると記録されてきたのは、ヘンリの再発布であった。[10] これは国王の特許状だったのか、制定法だったのか、あるいは古来の法の確認だったのか。これは根本的なもので変更できないものであったのだろうか。

ジェームズ・モリスによれば、すべての法は国王単独で創られたのだが、彼は様々な方法で立法した。最初の方法は、「彼の議会において、その議会によって」というもので、その法が、彼の臣民の生命、相続財産、諸法に影響を与える場合は、国王は、「彼の聖職者、貴族、庶民との協議と同意」を得てからのみ、立法することができた。[11] しかしながら、彼はまた、いかなる議会の関与もなしに、「彼の名誉ある憲章により、彼のすべての人々に、生命、土地、財産、相続財産に関して、自由と特権を付与する」権限を有していた。したがって、この方法によってヘンリ三世が、イングランドの大憲章に含まれる法と布告を創り、確立させた。[12] これは、すべてのイングランド人の自由が、たんに国王の贈与から導かれているということを言っているのではない。モリスの詳細な議論は、多くの点で、マグナ・カルタは、新しい権利を創るというよりも、たんに既存の権利を確認したものであるということを示していた。[13] さらに、彼の見解では、コモン・ローと王国の慣習は、「臣民の正当な相続財産であり」、いかなる国王の譲与によっても影響されえないものであった。[14] それ故、マグナ・カルタが国王からの譲与であったとしても、簡単に国王の権力によって廃止されうるような譲与ではなかった。

マグナ・カルタを制定法と見なすことは、より一般的であった。[15] それは、ファーディナンド・プルトン[16]の編纂した法令集で最初に挙げられた制定法であったが、十七世紀の初頭に出版されたその法令集は、「この王国を支配し、統治するために」考案された、君主制、貴族制、そして民主制の形状を統合する、あの「最も高等で、威厳があり、名誉ある会議」によって創られた法律を編纂したものであった。しかしながら、最初の制定法であっても、プルトンの見解では、それは、変更不可能であるという意味において「根本的である」というわけではなかった。その著作における彼の仕事の一つは、様々な制定法のうち、どの部分が廃止され、あるいは使われなくなったかを彼の読者に示すことであった。その結果、彼は、マグナ・カルタの一つの条項（三十三条の大修道院の明け渡し）を「廃れてしまった」ものとして挙げ、もう一つ（三十二条）[17]を廃止されたものとして挙げた。彼のコモン・ロー観が、「古来の憲制論者」の見解ではなかったのは明白である。

しかしながら、他の人々は、制定法の起源と古来の憲制論者の見解とを結合させようとした。ロバート・スナッグは、マグナ・カルタを、古来の憲制に本来的であった法の支配についての議会の再確認と見ていた。[18] フランシス・アシュリーは、マグナ・カルタをウィリアム征服王の剣によって廃止されたイングランド人の自由の、制定法による回復として記述していた。セント・ジャーマンにならい、彼はマグナ・カルタを、たんに、征服前に効力を有していた王国の慣習の確認と見なした。彼の見解では、「それらは、国王の同意なしには成立しないので、議会によって制定されなくてはならなかった。しかしながらアシュリーは、それを特別な制定法と見ていた。彼が主張するには、「この制定法によって、わたしたちは、自身の動産所有権、土地に対する権原、身体の自由権、そして生命の安全を有している」のであった。[19] この見解は、マグナ・カルタを、制定法による古来の自由の再確認とみなすクックの見解を繰り返すものであった。[20] クックは、マグナ・カルタの起源を、ウィリアム征服王がイングランドの古来の法を守ると誓約し、続く一連の国王達によって確認された憲章にまで辿っている。彼の後の制定法に関する巻（一六二〇年代に書かれた『イングランド法提要』の第二部）では、彼はマグナ・カルタの制定法としての性質をより強調した。クックにとって最も重要だったのは、それが国王の譲与ではなかったという考えである。制定法であるということの核心は、それは国民全体の憲制上の同意によるものであり、国王単独では取り消し得ないということなのである。

マグナ・カルタは制定法ではあったけれども、クックの見解では特に重要なものであった。彼の十七世紀のすべての同時代人と同じように、クックは、一三三一年から一三六八年にかけて成立した六制定法において、その憲章――特に第二十九章について、確認と明晰化があったことに気づいていた。これらの制定法は、大憲章の法の支配の側面に肉付けをし、例えば、（一三五四年の制定法が初めてなしたように）、「法の適正手続なしには」、何人も投獄されてはならないと明細に記していた。(21) さらに、これらの制定法のうちの一つは、「もし何らかの制定法が、大憲章や御猟林憲章に反して創られるのなら、それは誰も拘束することはない」(22) と宣言した。このことは、このように再確認された法は、ともかくも根本的で、議会によっても変更できないものだったということを意味していたのか。何人かのコモン・ロイヤーは、そう考えた。一六〇七年に、ニコラス・フラー――国王の権力について、非常に抑制的な見解を有していたコモン・ロイヤー――は、六制定法について、「そのうちのいくつかは、マグナ・カルタに矛盾するような制定法を無効にするような非常に強い強制力」を含んでいるものとして言及した。(23) しかしながら、クックは、この議論が難しいということに気づいていた。権利請願をめぐる一六二八年の諸論争で、そうすることは安全ではないとしながらも、議会が根本法を揺るがす権限を有していることを認めていた。(24) これらの論争における彼の盟友であるジョン・セルデンは、「議会制定法は、マグナ・カルタのいかなる部分も変更することができる」と極めて率直に述べていた。(25)

一六二八年までには、多くのものが古くなったか、合わなくなっていたため、「根本的である」のはマグナ・カルタの詳細な規定ではないのは明らかであった。むしろ、それが象徴していた法の支配の原理である。フランシス・アシュリーが説明しているように、この制定法の力により、すべての自由な臣民は、彼の身体、土地、財産に加えられたすべての違法行為に対して、救済を受けることができるが、加えられた違法行為に対して賠償が与えられるだけでなく、この制定法は、違法行為を防ぐ。なぜなら、これにより、有罪とされるまでは誰も罰せられてはならず、審理の前に誰も有罪とされてはならず、抗弁における証拠が認められなければ、審理に付されることもないからである。(26)

しかしながら、もしマグナ・カルタが法の支配を体現しているとしても、この法が何であるか、そしてそれがどのように国王をコントロールするのかについては、多くの曖昧さが残っていた。なぜなら国王は、法によって与えられた、彼自身の国王大権上の権力を有していたからである。彼は法を与えるものであったと同時に、法を強制するものでもあった。これは二番目の疑問につながる。彼は、法の「下に」あったけれども、「正義・裁判の源泉」でもあった。もし彼が法の支配を体現し、擁護することを期待されているとしても、コモン・ロー裁判所のコントロールによって、彼自身がその支配に服せしめられ得たのだろうか。

第二節　国王大権と法

国王大権の性質は、エリザベス期後期の多くの著者達の注目を引いた。この問題に取り組んだ何人かの法律家達は、マグナ・カルタ、あるいは他のいかなる制定法も、この論点に特に関連するとは考えていなかった。エリザベスの治世の終わりにかけて、国王大権についての論稿を計画していたときに、国王派のジョン・ドッドリッヂは、この制定法について、何ら特別の言及をしなかった。他の評釈者達は、国王を法の下におく『ブラクトン』の一節を引用していたのに、ドッドリッヂは、「誰も彼の行為を疑おうと考えてはならず、ましてや反対してはならない」というこの節の最後の部分から、そのテクストを引用した。ドッドリッヂの見解では、国王大権の範囲は、単純にコモン・ローの教科書に見出されうるようなものではなかった。それは、これらの著作が、「論争の機会を与えられる場合にのみ」、国王大権を論じるからであるが、より一般的に探求されなければならなかった。「それについて既存の法がないときに、我々は、ソルボンヌの博士やローマ法学者がそうするように、すべての法の基礎である自然法に依拠し、そして国家にとって最も適したものを引き出し、そしてそれを法であると宣言する」という見解をドッドリッヂが述べたのも、国王大権を論じたこのコンテクストにおいてであった。[27] その結果、彼は、聖書注解書から、アリストテレスへの注釈、学識法曹に至るまで、多様な源泉を引照することによって、国王大権を論じることを提案した。彼のイングランドの典拠は、制定法や「法廷報告集」、そして、フォーテスキュー、スタンフォード、トーマス・スミス、年代記を含んでいた。しかしながら、マグナ・カルタには言及されなかった。また、ドッドリッヂは、君主の絶対的な権力に見出される至上権 *plenitudo protestatis* について言及することもためらわなかった。

対照的に、ジェームズ・モリスによってなされた制定法講義は、コモン・ロー体系の中に、国王の権力を位置付けることに、はるかに留意していた。マグナ・カルタは、国王大権の問題には直接には取り組んでいないため、彼の制定法講義が依拠していたのは、そのテクストではなかった。代わりに、彼は、国王の権力を擁護しているウェストミンスタ第一法律（一二七五）の規定を、テクストとした。[28] しかし、この制定法が彼のテクストであるとしても、マグナ・カルタは、彼の意識の中で大きな位置を占めていた。[29]

モリスは、国王大権とコモン・ローは反目しあうものではなく、調和していると見ていた。周知の政治体の比喩に基づき、法は、「この賢明な国家においては、この神秘的な肉体のすべての部分と部位を統合し、結びつけるという、筋肉が人の肉体において持つのと同様の位置」を持つ。人の頭が、彼の肉体を「結び付けている筋肉を切断したり、分解したりする」力がないように、肉体の方も、「高い部分に属する命にかかわる養分を拒否する」力はない。[30] 彼は政治的な要点を見逃さないように、具体的に述べた。

〔政治体の頭である〕君主もまた、自らも統治される法や命令を解消、変更し、それによって臣民から生命や自由を奪い、不正に財産や相続財産を奪うことはできない。よって、この君主国では、君主が望むところ、法の効力を持つということが法であるとする主張が聞かれることはない。(31)

この点を支えるために、モリスは、国王は法の下にあり、「法を受け入れることほど、最高権力に特徴的なことはない」という『ブラクトン』からの文章を引用した。(32) しかしながら、彼は同時に、法が、重大な国王大権を認めているため、国王を法によって拘束することが、彼から威厳を取り去り、ベニスの総督のようにしてしまうことにはならないということを明らかにしたがってもいた。

モリスは続けて、国王は、法を通じて統治しなければならないと論じた。彼が説明したように、「国王が、彼の法や国会制定法よりも優れていて（彼が法を創る権限を有しているため）、彼は法により統治するよう義務づけられておらず、彼の意思と好みによるとすることは、この王国内で確立された賢明で思慮ある政府の状態とは、完全に矛盾した見解である」。(33) 彼は、国王は彼を名指ししていない制定法に拘束されることはないと聴衆に教えたけれども、以下のようにも付け加えた。すなわち、「どこで国王が特に名指されているか見たいならば」、「臣民の自由と国王の正しい統治に関する非常に優れた法を含んでいる」マグナ・カルタの第二十九章を「読みなさい」と。(34)

制定法と特権証書によって立法する以外に、国王は布告を公布することができるとモリスは説明した。例えば、国王のみが、宣戦布告をなすことができるが、もしそうしたならば、このことは、「この王国のすべての臣民が従わなくてはならない法を命じる」役目を果たした。(35) 彼はまた、彼の臣民の誰もが、彼の許可なしに王国を去ってはならないと布告することもできた。この古来の国王大権は、「コモン・ローによってすべての人が持っていた本来の自由を制約するものであるが、有効な法である。……この制約の理由は、すべての善良な臣民は、国王とこの王国を守る義務があるというものである」。(36) さらに、緊急事態について決定するのは国王であった。しかしながら、布告による立法権は制限されたものであった。例えば彼は、彼の臣民達に命じて、「外国を侵害する戦争のための武装した人々、兵士あるいは甲冑を戦争のために見つけ出し提供させる」ことはできなかった。[37]彼は、一定の土地を御猟林であると布告することはできたが、彼の臣民の土地に関しては、そうすることはできなかった。また、より一般的な制限もあった。法廷年報／イヤーブックスを根拠として引用し、彼は、「もし国王が法と矛盾する何かを命じるならば、彼の裁判官は、それを実行してはならない」と主張した。[38]このことが示すのは、国王は、利益を与えたり、公共の善のために行動する際はコモン・ローを越える権限を有していたが、既存の権利を侵害することはできないということであった。

モリスはまた、法律の適用を免除する国王の権限についても論じた。これは、制定法の規定に拘わらず *non obstante aliquo statuto* という表現を用いる特権の付与によってなされた。[39]彼は、制定法が、明文で国王がある行為をなすことを禁止していても、彼はその適用を免除できるとした。例えば、一三二八年のノザンプトン制定法により、謀殺犯を恩赦する国王の権限は制限されていたにもかかわらず、[40]国王は依然として、法律適用特別免除許可 *non obstante* の権限を用いて、この制限を無視することができたと彼は指摘した。さらに彼は、この権限が有用であると感じ、それを国王から取り去ることは、「彼から彼の王権の主要な部分を奪うことになるが、そのようなことは、この王国の法が許容しないだろう」[41]とも感じていた。このアプローチを採る際、彼は、国王は、王国の善のために、制定法によって科された刑罰の適用を免除する権限を有しているというエリザベス期のコンセンサスをはっきりと述べた。[42]

同時にモリスは、国王が国王大権上の権限によって、権利を奪うことはできないと主張した。国王は便益のみを付与することができるのであった。このことは、国王が、誰かを恩赦する権限を持っている一方で、裁判所に行く人々の権利を奪い去ることはできないということを意味していた。彼はこのことを、法廷年報のよく知られている事例によって説明したが、それは、ヘンリ四世のオックスフォード大学総長への譲与で、彼、あるいは彼の後継者は、職務上なされたいかなることについても、刑事、あるいは民事の訴訟で裁かれることはないとしたものである。この譲与は、一四三〇年に、人民間訴訟裁判所で無効とされていた。モリスは、この事例を論じる際に、「国王は、彼の人民に正義をなすという誓いに拘束されており、彼の譲与により、誰からも訴訟を奪ってはならない」というコテスモア判事のコメントを引用した。(43)

モリスが論じていた国王大権に関する争点は、ジェームズ一世の時代の数多くの他のコモン・ロイヤーにとっても興味深いものであった。ニコラス・フラーが中世の諸事例から導いた教訓は、国王は、国王大権により制定法の適用を免除することは認められているが、コモン・ローについてはそうではないということであった。オックスフォード大学総長事件の判決を引用して、彼は、「法を定規 meat-yard として、そして裁判官を測定者として持っていることは、この国の偉大な賜物の一つであると、つねに説明されていた」と述べている。(44)「法という黄金製のまっすぐな定規」は、「裁量という不確かで歪んだ紐」と対照的であるという見解は、もちろん、クックによって好まれたものの一つであった。(45)クック自身も、「国王大権によっては、何人の相続財産も奪ったり、傷つけられないように、コモン・ローは、国王大権の寸法を定めたのであり、臣民が有している最良の相続財産は、この王国の法である」という(プラウドゥンから借りた)表現をもって、マグナ・カルタについての彼の注釈において、国王大権に関する見解を要約している。(46)しかしながら、クックもまた、法律の適用を免除する国王の権限を認めてはいた。(47)彼は、その権限の性質について、彼の法律適用免除事件 *Case of Non Obstante* の判例報告のなかで説明している。(48)私人の当事者達が既得の利益を有していた場合に、法律の適用を免除する国王の権利は、法によって制限されていた。しかし、「単独の、そして彼の人格と一体の」国王大権事項については、「国王の命令、そして臣民の服従に基づき、彼の政府は存立しているので」、彼は、法律適用特別免除許可により、法律の適用を免除できた。(49)さらに重要なことに、(一六一六年に王座裁判所首席裁判官に任命された)ヘンリ・モンタギューは、一六一四年に庶民院に対して、国王は、譲与における法律適用特別免除許可によって、マグナ・カルタそれ自体さえも、適用を免除する権限を有していると述べた。[50] 公共善にかかわることがらについては、これらの権限を行使することを委ねられていたが、コモン・ロー上の権利から逸脱するように用いられるべきではなかった。

第三節　国王と裁判官

エリザベス後期とステュアート初期の法律家達はまた、国王自身の裁判官としての権限の問題についても論じていた。そうする際、彼らは、いくつかの十分に確立された原則や『ブラクトン』『ブリトン』『フォーテスキュー』などのよく知られたテクストを参考にすることができた。国王は、正義＝裁判の源泉であり、絶えず裁判所に坐ますのだと言われていた。（教会ではなく）王国に関係することがらについて、だれが「裁判官として行為する」べきかという問題が検討され、『ブラクトン』では、「それは国王自身であるのだが、補助されていなければそうすることはできないのであって、そのことについては、彼は、彼の〔戴冠〕宣誓によって拘束されている」と書かれていた。フォーテスキューは、彼の著作の『イングランド法礼讃』において、皇太子になされた助言を記しているが、そこで若い皇太子は、「あなたは、あなた自身でよりも、他人を通してのほうが、よりよい判決を言い渡すでしょう。イングランドの国王の誰も、彼自身の口で判決を下すのを見られたことはないけれども、この王国のすべての判決は彼のものだからです」と教えられた。[51] ならば国王は、自らの訴訟の裁判官になれるのか。ジェームズ・モリスは、そうなれると論じていた。『ブラクトン』や『ブリトン』の文章を引用して、彼は、国王は、「他の誰からも権限を与えられているものではない彼自身の権限により、すべてのいかなる訴訟であっても、王国の唯一の裁判官であり、判事である」と論じた。国王は、彼自身に対する違反行為が関係している事例についても判決を下すことができた。「国王の裁判の座から、何らかの不正義が生じるとは考えられないし、かつて想像されたこともないだろうからである」。彼は続けた。

イングランドの王冠に付属する古来の国王大権により、国王のみが、彼自身の訴訟について、法にしたがって、審理し、決定しうるのである。なぜなら、この王国には、国王の事件や訴訟を裁いたり、それが裁かれるよう命令する権限や権威がある人も身分も、ほかにはいないからである。(52)

しかしながら、フォーテスキューを引用しつつ、彼は、国王が法律事件を彼自身で決定することに慣れていないため、彼の権威を「最も賢明で思慮深く、法に習熟しているもの」に託したとも付け加えている。(53)この「尊い正義の執行の形式と方法は、いくつかの裁判所と管轄権に区別、分割され、賞賛に値する慣行と王国の慣習により承認されていて、君主と人民に害を与えることなしには、変更されたり、廃止されることはないだろう」と彼は付け加えた。

しかし、国王が司法の権限を他者に付与したとしても、このことは、彼自身が判決を下す権限を持っていないということは意味していなかった。この見解を採る際、モリスは、「国王自らは、反逆罪や重罪において裁判官になったり、判決を下すことはできない。なぜなら、彼は、その判決において当事者の一人だからである」(54)というウィリアム・スタンフォードの見解に反論しなければならなかった。モリスは、「法が何らかのときにおいて、主権的権威に何らかの不公平性を見出していた」とは考えていなかったので、この立場を拒絶した。さらに重要なことに、「自身が訴訟を裁き、決定する権限を持っていなくても、陛下が、彼の権威を別の誰かに委任し、託すことができる」とは推論できなかった。論理の問題として、彼は、自身が有していない権限を委任することはできなかった。よって、「私には、陛下は、彼の裁判官達とともに王座裁判所と呼ばれる裁判所にいて、その判決を宣言しているように見える」(55)。したがって、モリスの立場は曖昧であった。彼は、国王を正義＝裁判の源泉と見なし、国王が、たんなる船首像ではなく、法過程の参加者でありうることを認めていたからである。しかしながら、彼の中世の先駆者達と同様、彼は、国王が彼の裁判官達を通じてか、彼らとともに仕事をすることを期待した。

たしかに、モリスの裁判官についての議論全体は、法の支配へのコミットメントを反映していた。例えば、裁判官職が創設される方法は、法によって決められた。「国王は、彼の権威を他者に派生させる方法を変えてはいけない」と彼は記したが、このことは、不規則な委任の下で、司法権を行使することは誰もできないということを意味していた。[56] モリスは続けて、裁判官に必要とされる性質について論じたが、そのなかで最も重要だったのが学識と賢慮であった。というのも、「もし知識の修得と分別ある統治が欠けているならば、裁判官は法にしたがって、正しく正義と衡平を実行するように、どのように賢明に君主に助言することができるのだろうか」[57]。実際、国王は、法学識のある者を裁判官として任命する権限のみを有していた。「したがって、ほかの学問は深く学んでいるけれども、王国の法を学んだことのないものに特権を与え、それにより、いずれかの裁判所で裁判官になる権限を授与するならば、この人は、国王の大権により合法的に命じられた十分に資格のある裁判官ではない」[58]。モリスはとくに、国王が主教を裁判官に任命できないことを指摘するのに熱心であった。なぜなら、「裁判官の職は継続的な研究、勤め、勤勉を要求するので、神の教会にいて、神聖な人としての役目のため、すべての彼らの研究と努力を費やさなければならないような人には、誠実には遂行されえない」からである。[59]

他の法の注釈者達は、国王が正義・裁判の源泉であるとしても、その正義が司法的方法によって行使されなければならないということでは一致していた。その一方で、国王自身が裁判官になれるという考えは拒絶した。アシュリーにとって、国王は、法学識ある裁判官を通して行為しなければならなかった。「古来の時代においては、国王と彼の評議会は、エクイティの裁判官で」「自然の衡平と理性にしたがって」問題を裁いていたが、国王は後に、種々の裁判所に問題を分配した。[60] フォーテスキューを引用して、アシュリーは、国王は、正義・裁判のすべての流れの源泉ではあるが、判決を執行する権限を裁判官に委ねたため、国王自身によって下された判決は、無効であろうと論じた。[61]

アシュリーはまた、人は、合法的な審理を経てのみ、刑を宣告されうると論じた。たとえ国王自身が、ある人が謀殺を犯すのを見たとしても、国王が審理なしで絞首刑を宣告するのは、マグナ・カルタに反することになるだろう。その命令を執行したシェリフか、他の役人は、制定法を破るだけでなく、謀殺で有罪となるだろう。十五世紀初頭の首席裁判官のギャスコインによる見解を引用し、彼は、裁判官は、事件について知ることができた「裁判上の知識」に基づいてのみ行為できるのであり、何らかの個人的な知識に基づいては行為できないと論じた。[62] アシュリーは、だれも正式起訴状や告発状なしには答弁に付され、罰されるべきではないということを示すために、マグナ・カルタの確認されたものの二つに言及した。事件を審理するには裁判所の作法がなければならなかった。クックも、国王の事件を審理する権限を否定した。彼の見解では、「国王は、司法に関する彼のすべての権限をいくつかの裁判所に委ね、分配したので、判決は、裁判所で検討されたもの *ideo consideratum est per curiam* でなければならない」。[63] このことは、もし誰かが国王の判決に服したとしても、「このような言い渡しは無効である」ということを意味していた。[64]

第四節　コモン・ローと大権裁判所

エリザベス期とジェームズ一世期の法律家達が知っていたように、国王自身が実際に自分で事件に判決を下そうとするような可能性はほとんどなかった。ずっとより差し迫った問題は、国王自身が、判決を宣言する彼の権限に基づいて、コモン・ロー裁判所と彼の「大権」裁判所の間の紛争を解決することができるか否かということだった。

これらの管轄権をめぐる「陣地」争いにおいて、十七世紀はじめの多くのコモン・ロイヤー達は、コモン・ロー裁判所の他のすべての裁判所への優位を主張しようとしていた。このことは、コモン・ローの「通常」裁判所の権限と、国王の「絶対的」権力から権威を導いている「大権」裁判所との間の関係について、重要な問題を生ぜしめた。

クックのようなひとは、コモン・ローの優位性を執拗に論じていたが、他の多くの法曹は、「通常の」王権、そして「絶対的な」王権という二重の王権を認めていたので、その立場はより曖昧なままであった。[65] 裁判における王権の、これらの異なった側面に関しては、モリスの同時代人のウィリアム・ランバードによって論じられた。『アルケ

イオン *Archeion*』において、ランバードは、マグナ・カルタは、「一般の紛争における通常裁判管轄権」を回復するものとしてみられるべきであるが、「絶対的な権威の抑制」を生ぜしめるものとしてはみられるべきではないと論じた。(66) 彼は、中世の後期においては、彼らの苦情に対して法において他の救済を見つけることができなかった多くの人々は、国王自身のところに行ったと論じた。「そして、彼もまた、彼自身の王国においては、自身が神の首席裁判官であり、代理であることを知っていて、彼の手によることが要求されているときはいつでも、彼自身、判断と正義を申し渡す義務があると考えていた」。このような場合に、国王はたしかに、彼の王としての役目により、訴訟を決する権限を有していた。ランバードは、正規のコモン・ロー訴訟手続、そしてマグナ・カルタの優位性を再主張し続ける中世の一連の試みを論述しながらも、それにもかかわらず、当事者達が国王の評議会から救済を得ようとし続けたことを描きだしたのである。ランバードは明白に、「不規則でコントロールできない権威」よりもむしろ、「規則的な法と境界のある裁判管轄権」によって、事件が決定されることの重要性を感じていた。(67) しかしながら、彼はまた、「ひとびとの裁判官になることが、国王の職務に、不可分に付属して」いたとも感じていた。彼は、その二つを、「二つの極端なもの」のあいだの、穏健な道を見つけることによって両立させようとした。そして、それは、「コモン〔・ロー〕裁判所の通常の管轄権が、この無制限の権威によって妨害されないけれども、……彼らが訴訟を得るための令状がないか、彼らの正当な手続の期間が妨害されたか、あるいは最も高い段階で審理されるのに値するようなことがらの場合か、……あるいは、ほかの何らかのまれで、特別で重い考慮が同じことを奨めるようなところ」で見出されるべきであった。(68)

大法官裁判所の管轄権がどのようにマグナ・カルタと調和するかについてもまた、ロバート・スナッグの一五八〇年の制定法講義において論じられた。そのなかで彼は、大法官の権限が、「征服者たちが主張した絶対的な権威から生じ」たのか、そして「いわば法の上の国王大権によるものとして、法、その憲章〔マグナ・カルタ〕の規定、そして議会に反してまで継続」してきたのかと考えた。(69) 多くの点で、大法官は、法によって支配されていないようであった。なぜなら、彼は、コモン・ロー裁判官がそうであったようには審理の形式に縛られることなく、彼が望むように証人を審問できたし、彼は宣誓と命令により、彼の良心にしたがって審問することができたからである。そして、彼は、もし当事者が大法官の命令に背けば、収監することができた。しかしながら、熟考の末、彼は、大法官の司法権は、マグナ・カルタに反し得ないと判断した。なぜなら、当該制定法〔マグナ・カルタ〕は、すべては國法によってなされなければならないと定めているが、大法官を任命した国王は、戴冠式の宣誓で、国法を支持することを誓ったからである。大法官の司法権それ自体は、裁判官が一般的な根拠や法のルールによっては、法による十分な救済を与えられなかった場合に、良心と衡平にしたがった解決を提供するよう、コモン・ローから導かれたものであった。どんな法システムも、そのルールがすべての事例を正しくカバーできるほどには完璧ではないため、このことが必要であるとスナッグは説明した。[70]

スナッグは続いて、大法官の司法権に目を向ける前に、令状の発給方法など、大法官の権限がさまざまな方法で法によって定義され、規定されていることを示した。大法官の権限が法によって定義され、制限されており、彼は例えば、制定法に反した判決を下せなかったとしても、彼は、彼の絶対的な権威を行使している際は、統制に服せしめられ得なかった。一度、大法官が、神の導きに従い、彼の判決を下したならば、たとえ、他の人々が、その判決に反対したとしても、彼は従われなければならなかった。このようにしてスナッグは、大法官の自由裁量の権限と、それが法の産物であることを両立させようとした。以下のように、結論付けることができるのである。

閣下の職務と権威は國法によるものであって、それ〔國法〕を傷つけるものではなく、一般的なルールに制約されている裁判官が救済できないようなことを補うために、法作成者達によって定められたものであり、コモン・ローの侵害となるようなことはなにもなされない。[71]

ここに含意されているのは、国王裁判権の代行者によって行使される絶対的な権限にも限界があるが、それらに課された限界は、コモン・ロー裁判所によって見張られるという法的なものではなくて、正義をなすという国王の戴冠宣誓に由来する道徳的なものであった。

第五節　国家理由のための投獄

マグナ・カルタの第二十九章を検討する際、法学者達が論じようとした王権の最後の側面は、国王自身が国家理由 for reasons of state によって投獄するという、王権による投獄問題に集中した。国王が、強制貸付金を支払うのを拒否したことで五人の騎士を投獄し、翌年の権利請願を導くこととなった一六二七—二八年の憲法上の危機の背後にあったのがこの問題であった。この文書〔権利請願〕は、一六二七年に国王が侵害したとコモン・ロイヤー達が考えたマグナ・カルタ第二十九章の権威を再構築することを目的としていた。権利請願をめぐる論争は、国王が彼自身の特別な命令で拘留する権限について議論する最初の機会ではなかった。エリザベスやジェームズ一世の治世の間に多くの法学者達が、中世の先例を引用することで、国王自身が法の適正手続に従う義務があると論じていた。マグナ・カルタを援用し、ニコラス・フラーは、以下のように論じた。

> この臣民の自由は、マーカム〔判事〕に、……普通の人々はともかく、国王は重罪の嫌疑で臣民を拘束できないと宣言させた。なぜなら、〔一般の〕ひとに対する不法監禁訴訟はあるが、国王に対する訴訟はないからである。そして、だれが臣民を監獄に拘束するとしても、そのひとが保釈可能であった場合は、〔ウェストミンスタ〕第一法律第十五章により過酷な罰金が科せられるだろうからである。[72]（傍点は原文）

フラーが最初に参照したのは、法廷年報の一四八五年の事例であったが、そこで首席裁判官のハッシーは、国王は決して訴えられ得ないため――国王はいかなる不法もなしえないというのが、格率なので――、彼は逮捕する権限をもっていないと判示されたと説明している彼の前任者マーカムを引用していた。[73] フラーの二番目の参照は、ウェストミンスタ第一法律の十五章で、[74] 不法にひとを監獄に拘束したものに刑罰を科していた。

しかしながら、王権による拘留問題は、議論のあるもので、フラーの先例の意味は相当に議論された。一六二八年に国王の支持者達は、このような投獄があった八つもの事例を引用することができたが、[75] 一六一六年の事例で、国王が彼の特別な命令により拘禁することができるということにクック自身が賛同した事例を含んでいた。サー・サミュエル・ソルトンストール事件で、クックは、「評議会は何の理由を示すこともなく、ひとを拘禁できる」と述べていた。[76] この主張を支えるために、彼は、一五九二年のすべての裁判官の決議を引用した。[77]

王権のあいまいな性格は、モリスとアシュリー双方によっても気づかれていた。モリスは彼の聴講者に次のように話している。「エド〔ワード〕四世に与えられたジョン・マーカムの意見は、ほとんど維持できないものである。……なぜなら、（国家共同体の管理と保護が委ねられている）国王が、邪悪な行為で、忌むべき違反行為で有罪であると疑われるようなことをしたものを拘束し逮捕することをできなくするどのような理由があるのか。また、それをなし、執行することがすべての臣民にとって合法的である司法の運用を行おうとする国王の行為が不法な行為と説明されることはないだろう」。[78] モリスも、ウェストミンスタ第一法律の十五章を引用したが、異なった趣旨においてであった。この制定法は、「君主は、彼の国王大権によってあらゆる臣民を逮捕し、投獄するよう命じることができ、そして、これらの場合、囚人は監禁され続け、保釈不能なままである」ことを示していた。したがって彼は、「なぜ国王が、彼の絶対的な権威で重罪や反逆罪の嫌疑で、王国のいかなる臣民も逮捕し、投獄できないのか、同様に、陛下のみに知られている理由で、そうできないのか」理解できなかったからである。モリスの分析では、囚人の拘禁の理由が裁判官達に知られている場合――その場合には、国王は「裁判の運用の通常の権限」を行使しているのであり――、囚人は保釈され得たのである。対照的に、拘禁が、「何らかの秘密の理由で、国王陛下の絶対的な権威から生じる」際は、囚人は、収監され続けたのである。モリスはたしかに、国王は「正義により、適切な時期にそのような拘禁の理由を公開し、宣言するよう義務づけられており」、そして、囚人を「イングランドの大憲章により臣民の自由として確認されているので、王国の法と慣習にしたがって」審理することとなるのであって、「このような場合における監獄は、破滅させるのではなく拘束するのであり、厳しく罰するのではなく安全に監視する役目を果たすのである」と指摘していた。しかし、モリスは、このことがどれだけ国王自身の裁量によるのか、あるいは、裁判官によって強制されうるのかは論じなかった。(80)

王権による投獄問題についての同様のアンビヴァレンスは、フランシス・アシュリーの一六一六年の制定法講義でもみられる。第二部において、彼は「当該制定法〔マグナ・カルタ〕においてどのようなものが逮捕、あるいは投獄と称されるべきなのか」について論じた。そこで彼は、合法的な有罪決定がなければ、自由を奪うことはできないという点を繰り返し、囚人は審理なしには拘禁できず、「保釈可能である」という事実を例証するいくつかのよく知られている引用を示した。(81) しかしながら彼は、国王は、「一般的な慣習」によっては、自由な臣民の逮捕や投獄を正当化できないけれども、「特別な慣習か直接の命令で、国王自身、あるいは彼の評議会は、審理や判決なしに、合法的に投獄できる」と論じていた。(82) このことは、もし国王が、あるひとが逮捕されるべきであると命令するならば、逮捕をしたひとは、違法な行為をなしたとは見なされないだろうということを意味していた。(83) アシュリーは、枢密院によって逮捕されたひとは、国王の命令によって *per mandatum rege* のみ保釈されうることを示すいくつかの典拠を示した。(84) 彼はまた、国王は不法侵害や重罪の理由で逮捕することができないことに関してマーカム判事が述べたことについてのハッシーの法廷報告に注意を向けたが、彼は、もし国王が自身の絶対的な権威によって逮捕したならば、法は、正義の源泉である国王が不法をなしたというよりも、それがよい理由によると想定するだろうと述べることで、その点を留保した。

アシュリーはまた、一六二八年の四月に、臣民の自由に関する貴族院と庶民院の協議会において、王権による投獄についての議論を貴族院で述べた。このスピーチにおいて彼は、一六一六年の制定法講義で述べられた見解を繰り返すことを譲らなかった。マグナ・カルタによって「適正手続、告発、正式起訴」によらなければ、だれも投獄され得ないとした庶民院の議論に対して彼は、法違反者が令状なしに逮捕されうる多くの状況を挙げた。國法 *lex terrae* は、コモン・ローにすぎないわけではない。それは、教会法、海法、軍法、そして重要なことに「国家の法 the law of state」を含んでいた。[85] このときのアシュリーの結論は、「国家統治の秘密を暴露するにいたるような場合は」、国王は理由なしに投獄しうるというものであった。最終的には、彼は当該の問題は、法ではなく、妥協によって解決されるべきであると感じていたのではあるが。[86]

中世のこれらの文書の意味は、(王権による拘留に異議申し立てがなされたダーネル事件におけるのと同様に)、一六二八年における論争で、相当に議論された。

しかしながら、結局、ダーネル事件の裁判官達は、もし投獄の理由が示されていなければ、それは、国家問題——絶対権たる王権——の問題であるとみなされ、「それについてわたしたちは触れることができない」ということに同意していた。[87] これはおそらく、国王は人々を審理に付すように義務付けられてはいるが、しかし、裁判官によってそうするようには強制され得ないというモリスの制定法講義で示唆された立場をとることであった。最終的に、いかなる臣民であれ、理由が示されることなく投獄することから「身を引く」とする権利請願を国王に受容させたのは政治的な圧力であった。しかしながら、権利請願は、マグナ・カルタとその確認によって確立されていたイングランド人の自由の単なるリステートメントではなかった。既にみたように、一六二八年以前の数十年にわたり、国王大権の性質について分析していたコモン・ロイヤー達は、多くの点で国王がコモン・ローに拘束されていないことを認める用意ができていた。しかし、裁判所のチェックなしにではあるが、国王自ら、法の支配を体現し、解釈し、それを遵守するように期待されていた。曖昧な国王大権のいくつかを統御することが要求されるなかで、一六二八年までには国王が価値ある助言 *Digna vox* に喜んで従うであろうという信頼は、薄れていってしまった。よって、二〇二八年に、もう一つの記念日を祝うことが必要かもしれない。

（1）包括的な議論については以下を参照。Sir John Baker, *The Reinvention of Magna Carta 1216–1616* (Cambridge, 2017)

（2）彼はこの理論を、彼の『判例集』の序文や彼の『イングランド法提要 *Institutes of the Laws of England*』の第二巻を開始したマグナ・カルタについての長い章で示した。特に、以下を参照、the preface to his second volume of reports, in Steve Sheppard ed., *The Selected Writings of Sir Edward Coke* (Liberty Fund 2003) vol. I, p. 40, and the preface to the eighth volume, pp. 243–247. また、次の議論も参照、J. G. A. Pocock, *The Ancient Constitution and the Feudal Law: A Study of English Historical Thought in the Seventeenth Century, A Reissue with a Retrospect* (Cambridge, 1987) pp. 30–69, and Allen D. Boyer, *Sir Edward Coke and the Elizabethan Age* (Stanford, 2003) pp. 136–155, Christopher W. Brooks, *Law, Politics and Society in Early Modern England* (Cambridge, 2008), David Chan Smith, *Sir Edward Coke and the Reformation of the Laws: Religion, Politics and Jurisprudence, 1578-1616* (Cambridge, 2014) and Ian Williams, 'Edward Coke' in D. J. Galligan ed., *Constitutions and the Classics: Patterns of Constitutional Thought from Fortescue to Bentham* (Oxford, 2014) pp. 86–107.

（3）コンラード・ラッセルが書いているように、「これら全てを結合している法の支配の理念に対する脅威によって、これらの自由が総体として危機にさらされた事態が初めて顕れたのが」、一六二八年の議会であった。*Parliament and English Politics, 1621–29* (Oxford, 1979), p. 343.

（4）Robert C. Johnson, Mary Frear Keeler, Maija Jansson Cole and William B. Bidwell ed., *Commons Debates 1628*, vol. 3 (New Haven, 1977) p. 495.

（5）エドワード・クックは、この制定法講義のコピーを持っていた。Brooks, *Law, Politics and Society*, p. 119.

（6）British Library（以下 BL）Add Ms 16169, ff. 245–249. Robert Snagge, *The Antiquity and Original of the Court of Chancery, and Authority of the Lord Chancellor of England* (London 1654). さらに以下を参照。Baker, *The Reinvention of Magna Carta*, pp.

251-255.

(7) その内容は、様々なトピックについての叙述で構成されており、ロー・フレンチで書かれ、法要録の形に整理された。彼の「区分」は、以下のようなトピックを含んでいた。「この制定法の下では、誰が自由人なのか」「その制定法の下では、何が逮捕、あるいは拘禁と見なされるのか」「その制定法の下では、誰を同輩と理解すべきで、どのようなものが同輩による裁判になるのか」。これらは、第一、第二、そして第八の区分であった。BL Ms Harley 4841. さらに、以下も参照。Baker, *The Reinvention of Magna Carta*, pp. 427-435.

(8) 新暦によると、一二二五年である。Ferdinando Pulton, *A Kalender, or Table comprehending the effect of all the statutes that have been made and put in print beginning with Magna Charta* (London, 1612) f. 1. を参照。

(9) Coke, *The Second Part of the Institutes of the Laws of England* (London, 1642) proeme.

(10) それ故、一二一五年のオリジナルではなく、一二二五年の再発布のものにしたがい、マグナ・カルタの条項の番号が付けられている。一二二五年の再発布のものの有名な二十九章は、一二一五年版の三十九条と四十条を合わせたものである。

(11) BL, MS Egerton 3376, f 9v.

(12) BL, MS Egerton 3376, f 17v. 彼、モリスが説明したように、政治体の長として、そして、「威厳ある権利によって飾られ、装飾された統合体そして公的なもの」である国王自身として、彼は、そのような特権を彼の人々に付与する権限を有しており、人々は、それらを「獲得し、受け取り、享受するに十分な能力の法的主体としての力を与えられる」

(13) マグナ・カルタを、「国王の言葉」による、「この王国の人々の、ノルマンの苦役からの解放の最初の文面」と記述したウィリアム・ランバードの記述と比較せよ。*Archeion, or a discourse upon the High Courts of Justice in England* (London, 1635, composed before 1591) p. 108.

(14) BL, MS Egerton 3376, f 19v. モリスについては、Baker, *The Reinvention of Magna Carta*, p. 257. を参照。

(15) これは、一四五〇年頃に、法曹学院でなされた制定法講義で採られた見解であった。その講師によると、マグナ・カルタは、人々にとって有益であったすべての以前の法を含み、導入され、人々の危害につながった法を廃止した制定法であった。G. O. Sayles, 'A Fifteenth Century Reading in English,' 96 *Law Quarterly Review* (1980) pp. 569-580 at 571.

(16) 一五三六―一六一八。一五五九年にリンカーンズ・インに入ることが認められ、(カトリックではあったが)、一六〇九年に資格を付与された。*ODNB*.

（17）彼は以下のように書いている。「人が管理しているすべてのものは、その時々において、始まり、栄華、完成、そして変化を有しているが、政府の方式や形、そしてそれらを確立するために創られる法もそうである」。*Kalender*, preface.

（18）Snagge, *The Antiquity and Original of the Court of Chancery*, pp. 11-12.

（19）BL, MS Harley 4841, ff. 2v-3v.

（20）アシュリーは、マグナ・カルタ（と他の古来の制定法）は、「イングランドのコモン・ローそのものであり、いわばテクストそのもの」であったという、『判例集』の第八巻の序文における議論を引用した。Coke, *Selected Writings*, vol. I, p. 249.

（21）28 Ed 3 c 3 (*Statutes of the Realm* 1: 345). さらに、以下も参照。Faith Thompson, *Magna Carta: its role in the making of the English Constitution, 1300-1629* (University of Minnesota Press, Minneapolis 1948) pp. 89-92.

（22）42 Ed 3 c 1 (1368) (*Statutes of the Realm* 1: 388)

（23）実に、それらはまた、「マグナ・カルタに反するようなすべての制定法の解釈を無効に」もした。*The argument of Master Nicholas Fuller, in the Case of Thomas Lad and Richard Maunsell* (1602) pp. 5, 29.

（24）M. Lobban, *A History of the Philosophy of Law in the Common Law World* (Dordrecht 2007) p. 46を参照。

（25）Johnson, Keeler, Cole and Bidwell ed. *Commons Debates 1628*, vol. 3, p. 439. セルデンはまた、議会制定法により、「九時より前に起きることが、死罪とされるかもしれない」と論じた。Quoted in Russell, *Parliaments and English Politics*, p. 352.

（26）BL MS Harley 4841, f. 3v. この主張を擁護して、彼は、*Anderson* v. *Warde* (1554) 1 Dyer 104 a. を引用した。

（27）*Sir John Dodderidge's Treatise about the King's Prerogative*. British Library MS Harl. 5220, f. 4v, quoting Yelverton JKB in YB Mich 8 Edw 4, f. 12b, pl. 9（一四六八：金銭債務についての訴訟）

（28）3 Edw 1 c 50 (*Statutes of the Realm* 1: 39)：「これらのことを神の名誉と神聖な教会に基づき、国のため、そして深く悲しませるようなものへの救済のため命じるのであるから、いかなる時も、彼は彼自身、あるいは彼の王座に不利になることは命じず、彼に属するような権利は、すべての点において守られなければならない」

（29）その制定法講義には、二つの草稿がある。BL MS Egerton 3376（最初の三つの部分の、はっきりとしたコピー）そして、BL Add MS 36081（第二部を完成させることなく終わっている、不完全な修正された草稿の下書き）。彼の制定法講義は、国王大権の様々な側面を検討する一四部で構成されていた。これらのうち、最初の三つの部分だけが残っている。最初の部分は、国王の立法権について考察し、二番目は、法を執行する際の国王大権について注視している。三番目は教会と関係していた。

（30）この肉体上の比喩は、ピューリタンの法律家達には人気があった。ニコラス・フラーは、以下のように論じている。「国家の法は、肉体の筋肉のようなものである。頭の指令に基づき、その筋肉により、手、足、そして肉体の他の諸部分は、確かに動く。しかし、もし、手や足に筋肉の力以上のものが加えられると、それにより、その部分の機能が取られてしまうか、弱いか動かない部位にされてしまう。同じように、もし法が国家のいかなる部分でも、正しく自然な力以上で引っ張るならば、その部位を弱くするか動けなくする」。*Argument*, p. 14.

（31）BL MS Egerton 3376, f 4. 引用は、『学説彙纂 *Digest*』一・四・一（'what pleases the prince has the force of a law'）からである。

（32）モリスは、'*Bracton on the Laws and Customs of England*, ed., S. E. Thorne and G. E. Woodbine（Cambridge, Mass, 1968–77）, vol. 2, p. 306. のこの文章「Nihil tam proprium est imperii quam legibus vivere」をテオドシウスのものであるとして、その原典をC.1.14.1（'Digna vox'）とした。クックはこれを、マグナ・カルタについての注釈において、たんにコモン・ローの格率の一つとしていた。*Second Institute*, p. 63. しかし、*Third Institutes*（London, 1644）では、恩赦についての第一〇五章で、ブラクトンのものとしている。

（33）BL MS Egerton 3376, f. 13v–14.

（34）BL MS Egerton 3376, f. 15.

（35）BL MS Egerton 3376, f. 21. 彼は、YB Hil 19 Edw 4, f 6b, pl 6（1480）を、人民だけでは宣戦布告できないという命題のために引用している。

（36）BL MS Egerton 3376, f. 21v.

（37）BL MS Egerton 3376, f. 21v.

（38）BL MS Egerton 3376, f. 23. Cf *Oaths*, p. 37. 参照されているのは、YB 1 Mich Edw 3（1327）, f. 25b, pl 24 で、そこでスクループ判事は、もし国王が彼の令状により、法の範囲外のことをさせるとしても、裁判所はそれをしないだろうと述べていた。

（39）いかなる制定法にもかかわらず。

（40）2 Ed 3 c 2（*Statutes of the Realm*, vol. 1, p. 257）

（41）BL MS Egerton 3376, f. 16v.

（42）例えば、スタンフォードの『国王の訴訟 *Pleas of the Crown*』の恩赦についての章は、（国王は法の下にあると述べている）『ブラクトン』の一節からの長い引用から始まっているが、そこで、その著作の作者であるスタンフォードは続けて、国王の正義・裁判は、慈悲によって調整されなければならず、この慈悲が、「無差別な適用」によっていかに価値を落とすのか、記していた。スタンフォードは、国王の権限を制限するいくつかの制定法を挙げていたが、彼はまた、なぜ恩赦が与えられるべきなのかの理由について決定するのは国王なので、国王が、法律適用特別免除許可によって、それらの適用を免除できるとも記していた。W. Stanford, *Les Plees del Coron*（London, 1574）f.101.

(43) BL MS Egerton 3376, f 18, quoting YB Hil 8 Hen 6, f. 19a, pl. 6.

(44) 'metwand' あるいは 'measure' のこと。

(45) *The Argument*, p. 18.　彼はまた（一四頁で）、彼の憲章により、国王は、人々から相続財産を取り上げることができないという YB Hil 8 Hen 4, f 19a, pl. 3 におけるギャスコイン判事の注釈も引用した。

(46) Coke, *Fourth Institute*（London, 1644）p. 41.

(47) *Second Institute*, p. 63.　出典は、*Willion* v. *Berkley*（1562）1 Plowd. 223 at 236; cf Fuller, *Argument*, p. 14.

(48) *Third Institutes*, pp. 233-236.

(49) *The Case of Non Obstante*, 12 Co Rep. 18.

(50) Russell, *Parliaments and English Politics*, p. 365.

(51) Sir John Fortescue, *De Laudibus Legum Anglie*, ed. and trans., S. B. Chrimes（Cambridge, 1942）p. 23.

(52) BL MS Egerton 3376, f. 25.

(53) 同じくフォーテスキューを引用したドッドリッヂは、君主が、「相互的な裁判の認識と決定、そして違反行為の非難と刑罰に関係する配分的な裁判の部分を、使いやすく適切な裁判官たちに」委任し、「そこから裁判所の起源が生じた」と記した。British Library MS Harl. 5220, f10v.

(54) Stanford, *Plees*, f. 54b.

(55) BL MS Egerton 3376, f. 26.

(56) BL Add Ms 36081, f 265.

(57) BL MS Egerton 3376, f. 30.

(58) BL MS Egerton 3376, f. 30v.　彼は、国王の書記としての権利の付与が、「その付与された人が、その職務について完全に無知であったため」無効とされたウィンター Vynter の事例に触れた。モリスは、YB Pasch 9 Edw 4, f 5a, pl 20（1469）の議論について触れている。その事例自体は、Mich. 7 Edw. 4, pl. 26, fol. 22b（1467）であって、また、R. Brooke, *La Secounde Part du Grande*

Abridgement (London, 1586) f. 110a, tit Office 48. である。

(59) BL, MS Egerton 3376, f. 32.

(60) アシュリーは、ジョン・シャードロウの、朕の面前 *coram nobis* には三つの意味があるとの見解を引用した。〔1〕彼の評議会、あるいは彼の裁判官室に国王がいる裁判所、〔2〕どこであれ、彼がいたところ、〔3〕そして、大法官府である。In Robert Brook, *Le Livre des Assizes* (London, 1679, p. 155 [28 *Liber Assisorum* 52]). BL Ms Harley 4841, f. 53. 言及されているのは、星室裁判所、王座裁判所と大法官府裁判所である。以下を参照。Coke, *Fourth Institutes*, p. 60.

(61) BL Ms Harley 4841, f. 52v.

(62) BL Ms Harley 4841, f. 51, in Thompson, *Magna Carta*, p. 291.

(63) *Fourth Institute*, p. 70. 'It is considered by the court'.

(64) Johnson, Keeler, Cole and Bidwell ed., *Commons Debates 1628*, vol. 2, p. 192; Fortescue ch 8 (*nullus rex Angliae proprio ore*) を引用。

(65) ジェームズ・モリスは、国王が二つの種類の権限——絶対的なものと通常のものを有していることを認めていた。そして、「救われるよう意図された臣民間の訴訟において／関して国王がどのような大権を有しているか」に関する第一三部の彼の議論に言及した。しかし、この資料は残っていない。

(66) Lambard, *Archeion*, p. 109.

(67) Lambard, *Archeion*, p. 117.

(68) Lambard, *Archeion*, p. 121.

(69) Snagge, *The Antiquity and Original of the Court of Chancery*, p. 31.

(70) Snagge, *The Antiquity and Original of the Court of Chancery*, pp. 42–43.

(71) Snagge, *The Antiquity and Original of the Court of Chancery*, pp. 76–77.

(72) Fuller, *An Argument*, p. 6. 彼は、R. Brooke, *La Secounde Part du Grande Abridgement*, tit Prerogative, pl. 139 (f. 145) を参照していたが、そこでは、YB Mich 1 Hen 7, f 4b, pl. 5 が引用されていた。

(73) *Sir Thomas Tresham's Case*, YB Mich 1 Hen 7, f 4b, pl. 5.

(74) *Statutes of the Realm*, vol. 1, p. 30.

（75）ジョン・セルデンは、Johnson, Keeler, Cole and Bidwell ed., *Commons Debates 1628*, vol. 3, p. 351で、各々の例に反論しようとした。

（76）*Salkinstowe's Case*（1616）1 Rolle 219.

（77）Stanford, *Plees*, f. 72.

（78）BL Ms Egerton 3376, f. 26-v.

（79）BL Ms Egerton 3376, f. 27.

（80）以下における議論を参照。Brooks, *Law, Society and Politics*, p. 96.

（81）それらは、以下のものを含んでいた。the Statute of Merton（20 H 3 c 3, *Statutes of the Realm*, vol. 1, p. 2), William Rastell, *Les Termes de la Ley*, tit 'Mainprise', 433, と38 Ass p 22（in Brooke, *Abridgement*, for 27, pl 100）

（82）BL Ms Harley 4841, f. 9, transcribed in Thompson, *Magna Carta*, p. 289.

（83）彼は、国王の命令によって逮捕されたひとが保釈され得ないという、Willliam Lambarde, *Eirenarcha*（London, 1582）pp. 252 ff. を引用した。

（84）BL Ms Harley 4841, f. 9 citing YB Mich 24 Ed 3 f 33a-b, pl. 25（1350）

（85）Johnson, Keeler, Cole and Bidwell ed., *Commons Debates 1628*, vol. 5, p. 283.

（86）Johnson, Keeler, Cole and Bidwell ed., *Commons Debates 1628*, vol. 5, p. 284.

（87）Brooks, *Law, Society and Politics*, p. 171. に引用されている。

第3章

マグナ・カルタとブラックストン

ブラックストンのマグナ・カルタ理解とそのアメリカ合衆国への影響

小室　輝久

はじめに

アメリカ合衆国憲法修正第五条及び第十四条は、いかなる者も「法の適正手続 due process of law によらずに、生命、自由または財産を奪われることはない」と規定する。これは、生命、自由、財産の剥奪において、法の適正な手続と内容を要求するものであり、アメリカ合衆国における基本的人権の保障の根幹となる重要な概念である。

この法の適正手続条項は、アメリカ憲法学の一般的な説明によれば、「イギリスのマグナ・カルタの国法 law of the land 規定に由来し、国王の恣意的な権利行使に対する保障として、正規の裁判所手続の保障、とりわけ陪審による起訴手続と陪審裁判を意味して」いると解されている。(1)

アメリカ合衆国の法学教科書においても、基本的人権の保障に関わるこの法の適正手続条項が、一二一五年のマグナ・カルタに結びつけて説明されることがある。例えば、アメリカ法のある概説書は、この条項の起源を次のように説明している。(2)

これらの条項〔合衆国憲法修正第五条および第十四条〕は、一二一五年にさかのぼるアングロ・アメリカ法史のなかに深く刻み込まれている。同年六月、イングランドの封建家臣たちは、ジョン王の行動が恣意的であり彼らの権利を侵害していると判断した。彼らは、国王に対する保護をマグナ・カルタに求めた。マグナ・カルタは、国王の権限を制限する六十三条からなる憲章であった。マグナ・カルタ第三十九条は、アメリカの法の適正手続条項の先祖である。〔中略〕封建家臣たちは兵を集め、国王に対峙し、マグナ・カルタへの同意を国王に強いた。歴代の君主たちは、その後二世紀以上にわたって何度もマグナ・カルタを再発行した。〔中略〕マグナ・カルタのアメリカへの影響は明白であり、メリーランド州とノース・カロライナ州の一七七六年の憲法は、マグナ・カルタから引用された法の適正手続の用語を文字通りに含んでいる。法の適正手続条項は、一七九一年にアメリカ合衆国憲法第五修正のなかに含められた。

アメリカ合衆国では、一二一五年のマグナ・カルタが、同国における基本的人権の保障の根幹の一つとして理解されている。二〇一五年に、一二一五年のマグナ・カルタの発布八〇〇周年がアメリカ合衆国において盛大に祝われたことも、(3)一二一五年のマグナ・カルタが現代のアメリカ社会において価値のあるものであるという考え方を反映しているということができる。

それでは、一二一五年のマグナ・カルタと現代のアメリカ合衆国における基本的人権の保障とを結びつける考え方は、どのようにして生まれたのであろうか。マグナ・カルタは、英国における権利の宣言の一つと考えられているが、一二一五年のマグナ・カルタそのものは、当時の諸侯及び教会と王との間の対立関係を背景にした封建的な内容をもつ文書であり、且つ同年六月の発布後まもなくローマ教皇インノケンチウス三世によって無効にされている。(4) したがって、一二一五年のマグナ・カルタの現代における価値は、マグナ・カルタの文書の封建的な内容や歴史的経緯そのものから生み出されたものではなく、後世の社会におけるマグナ・カルタの理解とりわけマグナ・カルタに対する象徴的な意味付けを通じてもたらされ、流布していったものと考えることができる。

本章では、十八世紀の英国の法律家サー・ウィリアム・ブラックストンによるマグナ・カルタの解釈と、ブラックストンの主著『イングランド法釈義』の英国およびアメリカ合衆国における影響を考察し、基本的人権の保障の根幹の一つとしてのマグナ・カルタという、マグナ・カルタに対する象徴的な意味付けに、ブラックストンが及ぼした役割を明らかにしようと試みる。

以下、第一節では、十八世紀の英国の政治社会におけるマグナ・カルタの援用の例を通じて、同時期の英国社会におけるマグナ・カルタの理解について検討する。第二節では、ブラックストンによるマグナ・カルタ研究、特に一二一五年のマグナ・カルタの解釈と評価について分析する。第三節では、アメリカ合衆国におけるマグナ・カルタの理解とそこでのブラックストンの影響について考察する。

第一節　十八世紀の英国におけるマグナ・カルタ

(1) 一二一五年版マグナ・カルタと一二二五／一二九七年版マグナ・カルタ

十八世紀前半までの英国において、「マグナ・カルタ」として一般に知られていたのは、一二一五年のジョン王のマグナ・カルタではなく、ヘンリ三世治世期の一二二五年に再発行され、その後数度にわたり確認され、エドワード一世治世の一二九七年に『制定法録 *Statute Roll*』に収録された、制定法としてのマグナ・カルタであった。

英国において一二一五年マグナ・カルタが再び注目されることになる一つの出来事として、一七三一年の火災によるマグナ・カルタの焼損を挙げることができる。一二一五年のマグナ・カルタは、当時複数の写しが作成され、各地の諸侯や教会に授与されていた。これらの写しのうち、現在大英図書館 British Library に所蔵されている二通は、サー・ロバート・コットン Sir Robert Cotton（一五七一―一六三一）のコレクションとなったのち、一七〇二年に国に寄贈され、一七五三年に大英博物館 British Museum に収蔵された。[5] この間の一七三一年一〇月二三日に、コットン・コレクションが一時的に保管されていたロンドン・ウェストミンスターのアシュバナム・ハウス Ashburnham House において火災が発生し、一二一五年のマグナ・カルタのうち一通の一部が焼損した。一七三三年に印刷商ジョン・パイン John Pine は、この焼損した一二一五年マグナ・カルタの文言をほぼ正確に再現した銅版画を作成した。[6]

ブラックストンは、後述するように、この出来事をきっかけに一二一五年のマグナ・カルタに注目し、一七五九年に『大憲章と森林憲章』を公刊した。同書と、一七六五年から六九年にかけて公刊した『イングランド法釈義』を通じて、ブラックストンは、「人々が武器を手にとってジョン王から獲得したマグナ・カルタ」という、イングランド人の権利と自由の根拠としての一二一五年マグナ・カルタの象徴的な意義を強調した。

(2) 一二一五／一二九七年版マグナ・カルタに基づく個人の自由の主張

十八世紀の中葉の英国では、個人の自由に対する国王や議会による権利侵害がたびたび政治問題化していた。英国では、一六八八年の名誉革命以後、国王に対する議会の優位性が確立したが、他方で議会による個人への権利侵害という新たな問題が生じつつあった。また、一七六〇年に国王ジョージ三世が即位すると、曾祖父ジョージ一世、祖父ジョージ二世とは異なって、国王が積極的に政治に関与するという政治状況の変化が生じていた。こうした政治状況において、議会および国王に対する個人の自由、特に人身の自由の根拠として、しばしばマグナ・カルタが登場している。以下では、十八世紀中葉の英国の政治社会におけるマグナ・カルタの援用の例を二つ挙げる。

（a）アーサー・ビアドモア

ジャーナリストであり法律家であったアーサー・ビアドモア Arthur Beardmore は、一七六二年に王族に対する文書煽動罪の容疑で逮捕されたが、不当な逮捕について損害賠償請求を行い、一七六四年に勝訴した。ビアドモアは息子にマグナ・カルタの条文を教えている最中に逮捕されたと言われ、勝訴した後で、その場面を描いた版画が流布した。[7][8]

この版画のなかでビアドモアが手にしている書物のページには、「ヘンリ三世治世第九年 Anno nono Henrici III」「第二十九条 Cap XXIX」「誰も自由人は……投獄されない Nullus liber homo cap- ..... vel imprisionetur aut」の文字が書かれており、ここで引用されているのが（一二一五年のジョン王のマグナ・カルタではなく）一二二五年のマグナ・カルタであることがわかる。

（b）ジョン・ウィルクス

ジャーナリストであり庶民院議員であったジョン・ウィルクス John Wilkes は、一七六八年春の総選挙においてミドルセクス州選挙区で当選した。しかし庶民院は、ウィルクスの当選を認めず、二回の再選挙の後に、対立候補者であるラットトレル Luttrell を当選者とした。ウィルクスは同年六月に瀆神罪と文書煽動罪の廉で王座裁判所から有罪判決を受け、一千ポンドの罰金と二二カ月間の拘禁刑を受けていたというのが、その理由であった。ウィルクスは、これ以前にも、国王ジョージ三世の政策を自身の新聞『ノース・ブリトン *North Briton*』で攻撃したために一七六三年に文書煽動罪の廉で逮捕されていた。起訴されずに釈放されたものの一七六四年にはこの件で庶民院から除名されていた。ウィルクスは、さらにその後別の瀆神罪で有罪判決を下されたためヨーロッパ大陸に逃亡し、一七六八年の帰国後に収監された。上述の一七六八年の総選挙には獄中から立候補していた。(9)

ウィルクスは、政府と庶民院に対する個人の自由を訴えるなかで、マグナ・カルタを援用した。一七六八年一一月に王座裁判所の監獄から発した書簡では、次のように述べている。

> 世界で最も自由な国民の諸自由を、邪悪な大臣らによる攻撃から、さらに国王による侵害からも、保護し保障する計画を完全にするため、公務において常に諸兄らによる助言を得ることをわたくしは望んでいる。かかる保護は、イングランド人の生命、自由、財産の偉大な保護者であるマグナ・カルタを強固な基礎として制定された、最も健全な法と最も賢明な規則によってのみ確保される。(10)（傍点筆者）

また、一七六八年から一七七〇年の間に描かれた、大英博物館所蔵のウィルクスの肖像画には、「イングランドの自由 English Liberty」「J・ウィルクス、エスクワイヤー、ミドルセクス州選出の州騎士議員 J. Wilkes, Esqr. Knight of the Shire for the County of Middlesex」の文字とともに、「マグナ・カルタ Magna Charta」と「権利章典 Bill of Rights」の巻物が描かれている。(11)

ウィルクスの政治闘争のなかで言及されているマグナ・カルタも、多くの場合、一二二五年／一二九七年のマグナ・カルタであった。一七六九年に刊行された『ノース・ブリトン』合冊本の付録 Appendix には、ウィルクスの訴追に関わる文書が収録されているが、その冒頭で引用されているのは一二二五年／一二九七年のマグナ・カルタ二十九条である。(12) また、『ノース・ブリトン』の別の箇所でも、一二二五年／一二九七年のマグナ・カルタ二十九条への言及がある。(13)

他方で、『ノース・ブリトン』に掲載されている記事には、一二一五年のジョン王のマグナ・カルタと、ブラックストンのマグナ・カルタ研究に言及する箇所がある。ここで、この記述について紹介する。

ウィルクスの地位を回復する請願が数度にわたり失敗した後で、ブレクノック氏 Mr. Brecknock は、一七七〇年一一月三日付の記事で、一二一五年のジョン王のマグナ・カルタ六十一条を根拠に、ウィルクスへの権利侵害について国王に請願するため、二五名からなる委員会の設置を提案した。(14)

さらに、ブレクノック氏は、一七七〇年一一月の別の記事で、一二一五年のマグナ・カルタに基づく二五名の委員会の提案の正当性を王座裁判所判事となっていたブラックストンが支持し、ブラックストンを通じて国王ジョージ三世に伝えられる可能性を、次のように言及した。(15)

わたくしは、正しいか誤りかは世間の判断に委ねたいと思うが、次の見解に達した。ジョン王のマグナ・カルタの率直な、大部な、かつ解釈的でない歴史書を数年前に刊行し、新しい議会主義的な信条への支持のゆえに最近〔一七七〇年二月〕国王裁判所の判事に昇進したウィリアム・ブラックストン博士は、これまでに〔我々が〕提出した請願は「形式」の面で正式でなかったため、もし陛下がこれに好意的に対応して回答していたならば、憲章上の権利の侵害の際に国王に対して起草され提出される請願の古来の憲制にかなった標準的な方法を覆す先例となり、臣民に対する悪しき先例となることを、国王の耳にたぶん入れていたであろう。陛下はこの国法の賢明かつ上手な分析者の助言に基づいて、われらの請願の欠点と非公式性を愛国的な熱情さをもって知るようになるだろうと、わたくしはおのずと結論づけた。そこでわたくしは、この腐敗と無縁で人気のある判事が、大胆かつ不屈の闘志をもって陛下にただ真実のみを告げるとすぐに確信した。ブラックストン判事は、われわれの親愛なる英国生まれの君主に包み隠さず次のことを述べるであろう。もしイングランド王が自ら、または大臣もしくは裁判官を通じて、国民の憲章上の chartered 権利のいずれかを侵害したならば、自由人たちは、その権利侵害に関して、二五名の自由人からなる委員会を選任する憲制上の権利 constitutional right

を有する。そしてその二五名の委員は、所定の方式で、この不平の訴えを国王に行うための四名の代表者を任命する権限を有する、と。

一二一五年のマグナ・カルタ六十一条は、憲章上の権利の保障のために封建家臣達が二五名の代表者を選出し、彼らを通じて憲章上の権利と自由を確保しようとする規定であった。この条文は、後に再発行および確認された諸版のマグナ・カルタでは削除されており、ジョン王のマグナ・カルタのみに置かれていた。ブレクノック氏は、「ジョン王のマグナ・カルタの率直な、大部な、かつ解釈的でない歴史書」であるブラックストンの『大憲章と森林憲章』におけるマグナ・カルタ研究を念頭に置いて、一二一五年のマグナ・カルタ六十一条に基づく自らの主張を王座裁判所判事としてのブラックストンが受け入れるだろうと考えた。これは、(一二二五年/一二九七年のマグナ・カルタではなく)一二一五年のマグナ・カルタが、英国の政治言説のなかに再登場した、一つの例と言えるだろう。

しかしながら、十八世紀中葉の英国の政治社会において、個人の自由の保障の根拠として援用されるのは、もっぱら一二二五年/一二九七年の現行法としてのマグナ・カルタであった。この時期には、一二一五年のジョン王のマグナ・カルタを特に引用し、またジョン王のマグナ・カルタに特別の意味付けを与えて、ジョン王のマグナ・カルタを人権の保障の根幹とする主張は多くはみられなかった。

十八世紀中葉の英国において、一二一五年のジョン王のマグナ・カルタを「再発見」して、その内容と意義を改めて明らかにしたのが、ブラックストンであった。

第二節　ブラックストンのマグナ・カルタ理解

サー・ウィリアム・ブラックストンは、一七四六年に法廷弁護士となり、一七六一年に勅撰弁護士に選ばれた英国の法律家である。一七七〇年に王座裁判所の裁判官、一七七〇年から八〇年まで人民訴訟裁判所の裁判官を務めた。この間、それまでローマ法・教会法の講義のみが行われていた英国の大学において初めてイングランド法の講義を行った（一七五三―六六）。オクスフォード大学におけるその講義案が、『イングランド法釈義 *Commentaries on the Laws of England*』として出版された（一七六五―六九）。以下では、ブラックストンの主著である本書と、これに先立つ一七五九年に出版されたブラックストンのマグナ・カルタ研究である『大憲章と森林憲章』における、ブラックストンによるマグナ・カルタの理解と意味付けの仕方を検討する。

（1）『大憲章と森林憲章』（一七五九）

『大憲章と森林憲章』は、一二一五年のマグナ・カルタの草案と考えられている『バロンの要求事項 Articles of the Barons』（一二一五）から、国王エドワード一世によるマグナ・カルタの確認（一三〇〇）までの間の一四のマグナ・カルタ関係文書を収録し、且つブラックストンによるマグナ・カルタ研究を序論に収めたものである。

ブラックストンが一二一五年マグナ・カルタに注目した契機と、本書の刊行のきっかけは、上述したジョン・パインによる、コットン・コレクション所蔵の一二一五年マグナ・カルタの銅版画の刊行であった。[16] パインによるマグナ・カルタの銅版画は、美しく装丁されてはいたが、ラテン語の手稿文書のファクシミリ版であったため、一般の人々には内容の理解が困難なものであった。本書は、一二一五年マグナ・カルタを一般の人々が利用可能な活字印刷の書物のかたちで提示した初めてのものと位置付けることができる。

本書は、後述する『釈義』と異なって、研究史上あまり着目されない「注目されない作品 neglected work」[17]であったとされる。しかしながら、同時代および後世にマグナ・カルタが与えた影響に関して、本書は少なくとも次の三つの重要性があると考えられる。

第一に、『大憲章と森林憲章』は、一二一五年マグナ・カルタを含むマグナ・カルタの諸版の文言を原本に基づいて忠実に翻刻した。そして、一二一五年マグナ・カルタの文言が、『制定法録』に収録されている一二九七年版マグナ・カルタと異なっていることを示した。

第二に、『大憲章と森林憲章』は、マグナ・カルタの諸版に初めて条文番号を付した。[18] マグナ・カルタの原本は、一枚の羊皮紙に改行なしに文言が記載されており、条項の区別や条文番号の記載がなかった。ブラックストンは、一二一五年のマグナ・カルタを含むマグナ・カルタの諸版を翻刻した際に、現在も一般に使用されている条文番号を欄外に付している。

第三に、ブラックストンは、『大憲章と森林憲章』の序論のなかで、マグナ・カルタの歴史を一二一五年のジョン王を起点に論じている。すなわち、後述の『イングランド法釈義』のなかでも述べられているように、ブラックストンは、マグナ・カルタがジョン王から武器を手に取って獲得されたという、歴史的な事実――それが封建的な内容の文書であり、且つジョン王のマグナ・カルタがその後まもなく無効にされた経緯と合わせると、象徴的な意味づけ――を、マグナ・カルタの理解において重要と考えた。

ブラックストンは、『大憲章と森林憲章』の刊行を通じて、それ以前の時代には閑却されていた、一二一五年のジョン王のマグナ・カルタに人々の関心を向けさせるとともに、自らも、英国における人権の根拠として一二一五年マグナ・カルタを援用するようになった。プレストによれば、『大憲章と森林憲章』が刊行された一七五九年以降、オクスフォード大学におけるブラックストンの講義ノートにおいて、マグナ・カルタに依拠した人権の記述がより詳細になっていることが確認できるという。[19]

(2)『イングランド法釈義』(一七六五—六九)

ブラックストンの『イングランド法釈義』は、オクスフォード大学におけるイングランド法の講義案である。ブラックストン自身による改訂版が第九版まで刊行され、その後も英国、アイルランド、アメリカにおいて数多くの版が刊行されている。

『釈義』には、諸所でマグナ・カルタに関する言及がみられる。『釈義』におけるマグナ・カルタの引用の特徴は、現行法としてのマグナ・カルタを一二九七年法に基づいて引用する一方で、イングランド人の権利と自由を、一二一五年版マグナ・カルタに由来するものとして述べていることである。その例を以下に二つ挙げる。

上述の〔権利と自由に関する〕基本的条項の第一が、国王ジョンから、武器を手に取って獲得された大憲章であり、これはその後、幾つかの変更が加えられて、ジョンの息ヘンリ三世によって議会において確認された。この憲章は、新たな〔権利の〕譲与をほとんど含んでいなかったが、サー・エドワード・クックが述べるとおり、その大部分がイングランドの基本法の主要な土台を宣言するものであった。[20]（傍点筆者）

ブラックストンは、この箇所で、イングランド人の権利と自由の第一の根拠を、一二一五年のジョン王のマグナ・カルタに置いている。マグナ・カルタの条文とその重要性そのものは、上記の引用中にもみられるように、サー・エドワード・クックの『イングランド法提要 *Institutes of the Laws of England*』(4. vols, 1628-44) を通じて、ブラックストンの当時にも広く認識されていた。ブラックストンのマグナ・カルタ理解の特徴は、マグナ・カルタがイングランドの基本法であることを確認しただけでなく、さらに、一二一五年のジョン王に関わる歴史的な事実をもとに、「武器を手に取って獲得された大憲章」であることを強調することにより、マグナ・カルタに象徴的な意味付けを加えたことにあるということができる。

もう一つの例として、ブラックストンが一六七九年の身柄提出令状法（人身保護法）Habeas Corpus Act（チャールズ二世治世第三十一年法律第十二号）を「第二のマグナ・カルタ」と称して、イングランド人の自由の保障のための基本的な法と位置付けた箇所を挙げる。

> というのは、その〔チャールズ二世の〕治世に、外国支配のしるしである隷属的保有条件が、その全ての圧制的付加物とともに臣民の不動産権に対する負担から除去されただけでなく、投獄に対する臣民の身体の安全もまた、身柄提出令状法というわが憲制の大いなる砦によってその上にさらに獲得されたからである。これら二つの制定法は、我々の財産権および身体に関して、ラニミードでのマグナ・カルタと同様に便宜で効果的な、第二のマグナ・カルタを形成している。[21]（傍点筆者）

身柄提出令状は、被拘禁者の身柄を裁判所に提出させるために、裁判所により古くから用いられていた令状であった。しかし、いくつかの欠陥があったため、一六七九年の身柄提出令状法（人身保護法）は、有罪決定されていない被拘禁者による令状の請求権、身柄提出令状により釈放された者を同一犯罪で再び拘禁することの禁止、イングランド国外への移動拘禁の禁止などを定めた。この法律は、人身の自由の保障のために重要な機能を果たし、英国において後に適用範囲が広げられている。また、アメリカ合衆国では、後述のように、憲法上の権利として保障されている。

この一六七九年身柄提出令状法について、ブラックストンは、「第二のマグナ・カルタ」と位置付けているが、加えて「ラニミードでのマグナ・カルタと同様に」と述べることで、一二一五年に国王から獲得したマグナ・カルタに比肩するものであることを特に強調している。

他方で、陪審審理の保障に関して、ブラックストンは『釈義』第三巻においてマグナ・カルタによる陪審審理の保障を指摘しているが、[22] この箇所ではジョン王のマグナ・カルタではなく、現行法である一二二五年／一二九七年のマグナ・カルタの第二十九条を典拠にしており、且つ陪審審理がマグナ・カルタ以前から既に古い歴史を持っていることを強調している。

以上のことから、ブラックストンは、マグナ・カルタの理解に関して、一二二五年／一二九七年のマグナ・カルタが現行法であり、且つ、マグナ・カルタに定められた諸権利の多くは一二一五年以前から認められ行われているものと考えているが、一二一五年に国王ジョンから武器を手に取ってマグナ・カルタが獲得されたことと、それにより古来の権利が再確認されたことに、より大きな重要性を見出している、ということができる。

（3）同時代の英国におけるブラックストンのマグナ・カルタ理解に対する評価

ブラックストンは、一二一五年のマグナ・カルタがジョン王から「武器を手に取って」獲得されたものであると述べることで、一二一五年のマグナ・カルタの意義を説き、マグナ・カルタに象徴的な意味付けを与えた。現代においても同様に、一二一五年のジョン王のマグナ・カルタは基本的人権の歴史的な淵源として重要視されている。しかしながら、ブラックストンと同時代の英国では、マグナ・カルタが武器を手に取って勝ち取られたことよりも、マグナ・カルタによって英国の古来の自由が再確認されたことを重視するほうが、有力な見解であったとみられる。したがって、一二一五年のマグナ・カルタが基本的人権の歴史的な淵源であるという見方は、ブラックストンと同時代の英国では、未だ一般的ではなかったと考えられる。

イングランドは古から自由を享受しており、マグナ・カルタも名誉革命も古来の自由の再確認にすぎないという見解の代表的な例として、エドマンド・バーク（一七二九―九七）を挙げることができる。バークは『フランス革命の省察』（一七九〇）において、啓蒙思想の抽象的な理性信仰に基づくフランス的な自由に対して、英国の歴史と伝統に基づく自由論を展開した。そのなかで、ブラックストンの『大憲章と森林憲章』を引用して、英国の古来の自由を、ジョン王のマグナ・カルタとヘンリ一世の大憲章に基づかせている。

我が国最古の改革はマグナ・カルタのそれです。かの偉大な我が国法の告知者サー・エドワード・コーク、及びブラックストーンに至るまで、コークに従う実にすべての偉大な人々が、孜々として我々の自由の系譜の証明に勤めているということは、貴方にもお判り戴けるでしょう。ジョン王のマグナ・カルタなる古い憲章は、もう一つの、ヘンリー一世以来実際に存在した憲章に接続しており、しかもその両者いずれもが、それより更に古い、この王国に不変な法の再確認以上のものではない、ということを証明すべく彼らは努力しているのです。[23]

実際のところ、ブラックストン自身が上述の引用箇所（注（20））において述べていることも、一二一五年のマグナ・カルタが「国王ジョンから、武器を手に取って獲得された大憲章」である一方で、そこには新たな権利の譲与をほとんど含んでおらず、その内容は古来の権利の確認であったということである。このこと自体は歴史的な事実に即しており、且つ英国の歴史と伝統に基づく自由論と軌を一にするものであると言うことができる。

いずれにせよ、ブラックストンは、一二一五年のジョン王のマグナ・カルタを「再発見」することにより、マグナ・カルタに象徴的な意味付けを加えた。ブラックストンの『釈義』の影響力は、ベンサムによる批判もあり、英国国内では限定的であったが、[24]他方で、マグナ・カルタに基づくブラックストンの人権論は、独立前夜のアメリカ植民地においてより強い影響力をもちえた。これについて次に検討する。

第三節　アメリカ合衆国におけるマグナ・カルタとブラックストン

（1）アメリカ植民地におけるマグナ・カルタ

アメリカ植民地における法の適用に関しては、一七二二年の枢密院決定に基づいて、もしイングランド臣民によって人の住んでいない土地が発見され植民されたならば、全てのイングランド法が直ちにその地において効力を持つとされた。(25) アメリカ東海岸の英国植民地は、人の住んでいない土地をイングランド臣民が発見し植民したものとされ、イングランド法が適用された。これらの植民地のうちのいくつかでは、マグナ・カルタをその植民地の法とすることが宣言された。

例えば、メリーランド植民地では、一六三八年に植民地の自由人による法制定議会が、マグナ・カルタを植民地の法とする決議案を可決した。ローズ・アイランド植民地は、一六四七年に民事・刑事法典を制定し、その前文で恣意的な逮捕と処罰を禁止するマグナ・カルタ二十九条を確認し、且つ同条中の国土の法 lex terrae をイングランド法ではなく植民地議会の法であると宣言した。(26) また、ニュー・ヨーク植民地の議会が一六八三年に定めた自由憲章 Charters of Liberties の規定には、マグナ・カルタ、権利請願、身柄提出令状法から引用した条項が含まれていた。(27)

また、マグナ・カルタの出版も早い時期から行われた。英国本国でのクエーカー教徒に対する迫害を逃れ、一六八一年にペンシルベニアを建設したウィリアム・ペン William Penn は、一六八七年に、マグナ・カルタを含む『イングランドの自由人の生来の権利である自由と財産に関する卓越した特権 *Excellent priviledge of liberty and property being the birth-right of the free-born subjects of England*』を出版した。これは、一六八〇年に英国で出版されたヘンリ・ケア Henry Care の『イングランド人の自由、自由な臣民の伝統 *English Liberties or the Freeborn subject's inheritance*』の内容を複写したものであった。ケアの著作も、一七二一年と一七七四年にアメリカで出版されている。

このように、アメリカ植民地では、早くも十七世紀には、マグナ・カルタが出版され、自由と権利の重要な根拠として援用されていた。

独立後のアメリカ合衆国においては、マグナ・カルタ二十九条の趣旨を含む規定が、本章冒頭に挙げた連邦憲法（権利章典）修正第五条の他、ヴァジニア州権利章典やマサチューセッツ州憲法において定められている。

ヴァジニア州権利章典第八条（一七七六）

全ての死刑を科し得る罪又はその他の犯罪の訴追において、何人も、訴追の理由と性質を要求し、訴追者及び証人と対峙し、随意に証拠を請求し、近隣の一二名により構成される公平な陪審による迅速な審理を求め、陪審の全員一致の同意なしに有罪決定されない権利を有する。何人も自己に不利な証拠の提出を強制されない。何人も国の法または同輩による裁判によらずに except by the law of the land or the judgment of his peers、自由を奪われることはない。

マサチューセッツ州憲法第一部第十二条（一七八〇）

何人も、同輩による裁判または国の法によらずに but by the judgment of his peers, or the law of the land、逮捕され、拘禁され、財産、免責若しくは特権を剝奪され、法の保護の外に置かれ、国外追放され、又は生命、自由又は財産を奪われることはない。

合衆国憲法修正第五条（一七九一）

何人も、大陪審による告発または正式起訴によるのでなければ、死刑を科しうる罪その他の破廉恥罪につき公訴を提起されることは無い。但し、陸海軍内で発生した事件、または、戦争もしくは公共の危機に際し現に軍務に従事する民兵団の中で発生した事件については、この限りでない。何人も、同一の犯罪について、重ねて生命または身体の危険にさらされることはない。何人も、刑事事件において、自己に不利な証人となることを強制されない。何人も、法の適正手続によらずに without due process of law、生命、自由または財産を奪われることはない。何人も、正当な補償なしに、私有財産を公共の用のために収用されることはない。

（2）『イングランド法釈義』のアメリカにおける影響

マグナ・カルタは、植民地時代のアメリカにおいて既に自由と権利の重要な根拠として援用され、特に一二二五年／一二九七年のマグナ・カルタ二十九条は、独立後の連邦およびいくつかの州憲法の規定に取り込まれた。それでは、アメリカにおけるマグナ・カルタの受容と浸透に対して、ブラックストンはいかなる影響を及ぼしたと言えるだろうか。

ブラックストンの『釈義』は、現在のアメリカ合衆国の法実務においてもしばしば参照、引用されており、ジェシー・アレンによれば、合衆国最高裁判所の判決におけるブラックストンの引用回数は、一九九〇年代以降急増しているという。[28]『釈義』は、十八世紀中葉の出版後まもなく、アメリカで広く読まれるようになった。それ以前のアメリカ植民地では、法律関係者の間ではエドワード・クックの『イングランド法提要』が主に参照されていたが、ブラックストンの『大憲章』と『釈義』の出版後は、理解の容易なブラックストンがより参照されるようになったとされる。[29]アメリカ国内では、一八〇三年にセント・ジョージ・タッカー St. George Tucker によりアメリカ版の『釈義』が刊行されるなど、英国本国以上に多くの『釈義』の版が刊行され流通している。[30]

ブラックストンは、十八世紀のアメリカの法律家と、そこから輩出した建国の父達にとって福音書 gospel であった。[31]このことは、ブラックストンの著作、特に『釈義』が、アメリカの法律家にとって入手しやすく且つ読みやすかったことに加えて、建国期のアメリカにおける新しい法秩序を構築しようとする人々にとって、利用しやすいロジックを提供していたことを意味している。

他方で、『釈義』におけるブラックストンのマグナ・カルタ理解が、独立前後のアメリカの法学に与えた影響力を正確に測ることは容易ではない。例えば、合衆国憲法の批准を推進するための論文集である『ザ・フェデラリスト』全八五号のなかで、マグナ・カルタに言及されている箇所は二カ所に過ぎない。[32] このことから、『釈義』が『ザ・フェデラリスト』の著者達に参照されていたということはできる一方で、『釈義』の影響力は限定的であったということもできる。しかも、『釈義』におけるブラックストンの主張は、英国本国の議会の立法権はアメリカ植民地にも及び、且つ植民地の立法権に優越するという、議会主権の立場に立脚するものであったから、この点では、アメリカにおいてはとうてい受け入れられない考え方であった。[33]

このことについて、アメリカ法形成期において『釈義』がアメリカ法に対して果たした意義を検討した大内孝は、「アメリカへのイギリス法の継受は、ブラックストン『釈義』に負うところが大である」という言明が、未だ学問的に実証的に論証されておらず、その歴史的意義に関する考察が必要であるとする。[34]

ブラックストンの『釈義』におけるマグナ・カルタ理解、とりわけ一二一五年のマグナ・カルタがジョン王から武器を手に取って獲得されたことを強調する理解が、アメリカ社会にいかなる仕方で、どの程度の影響を与えたかについて、現時点で述べることができることは、次の二点である。第一に、マグナ・カルタに基づく陪審審理の保障、「第二のマグナ・カルタ」とする人身保護令状による人身の自由の保障、国王から武器を手に勝ち取った自由と権利というマグナ・カルタの象徴的な理解からなるブラックストンの人権論は、建国期のアメリカにおいて親和的な、受け入れられやすい考え方であったことである。第二に、アメリカにおいて数多くの版を重ねた『釈義』は、上述のブラックストンの人権論とマグナ・カルタ理解の「普及媒体」[35]としての役割を担った可能性があるということである。

加えて、もし『釈義』がブラックストンの人権論とマグナ・カルタ理解の「普及媒体」であったならば、その影響力はアメリカのみならず、諸外国例えば明治時代の日本にも及んだ可能性がある。この点で、ブラックストンの『釈義』の世界史的意義についての考察が有意義であると考える。

おわりに

本章では、サー・ウィリアム・ブラックストンによるマグナ・カルタの解釈と、ブラックストンの主著『イングランド法釈義』の英国およびアメリカ合衆国における影響を考察して、基本的人権の保障の根幹の一つとしてのマグナ・カルタという、マグナ・カルタに対する象徴的な意味付けに、ブラックストンが及ぼした役割を検討した。

ブラックストンは、『大憲章と森林憲章』と『イングランド法釈義』を通じて、一二一五年にジョン王から武器を手に勝ち取ったマグナ・カルタの象徴的な意義を強調した。また、陪審審理の保障の根拠としてのマグナ・カルタ二十九条を強調し、身柄提出令状（人身保護令状）法を第二のマグナ・カルタと称するなど、マグナ・カルタを人権論の象徴的な根拠とする議論を展開した。

十八世紀中葉の英国では、アーサー・ビアドモアやジョン・ウィルクスの例にみられたように、個人の人身の自由を政府や議会に対して主張する文脈で一二二五年／一二九七年マグナ・カルタ二九条の条文が繰り返し援用されていた。ウィルクスの支持者ブレクノックの文章にみられるように、ブラックストンのマグナ・カルタ研究を念頭に、一二一五年マグナ・カルタの規定を引用する例もみられたが、一二一五年マグナ・カルタの意義を強調するブラックストンのマグナ・カルタ理解の影響力は、同時代の英国では限定的であった。

他方で、マグナ・カルタを植民地の法にしようとする試みや、マグナ・カルタの出版が早い時期から行われていたアメリカ植民地では、ブラックストンの『釈義』は広く読まれ、法律関係者の間で参照された。ブラックストンがその意義を強調したマグナ・カルタ二十九条に基づく陪審審理の保障は、連邦およびいくつかの州の憲法に取り込まれた。また、合衆国憲法上の人身保護令状の権利に関しても、『ザ・フェデラリスト』の議論のなかで、ブラックストンを直接に引用して人身保護令状の意義を論ずる例がみられた。

ブラックストンの『釈義』におけるマグナ・カルタ理解が、アメリカ社会に与えた影響に関して、次の二点を結論として述べることができる。第一に、ブラックストンのマグナ・カルタ理解とそれに基づく人権論は、建国期のアメリカにおいて親和的な、受け入れられやすい考え方であったことである。第二に、アメリカにおいて数多くの版を重ねた『釈義』は、ブラックストンの人権論とマグナ・カルタ理解の「普及媒体」としての役割を担った可能性があったことである。さらに付言すれば、『釈義』の間接的な影響力はアメリカのみならず、諸外国に及んだ可能性があり、ブラックストンの『釈義』の世界史的意義を考察することが有意義であろう。

---

(1) 松井茂記『アメリカ憲法入門〔第八版〕』(有斐閣、二〇一八)三六九頁。

(2) Frank August Schubert, *Introduction to Law and Legal System*, 11th ed. (Wadsworth Publishing, 2013) p. 23.

(3) 例えば、アメリカ議会図書館において開催された展覧会*Magna Carta: Muse and Mentor*では、一二一五年版マグナ・カルタの展示が行われた(二〇一四年一一月六日〜二〇一五年一月一九日)。(https://loc.gov/exhibits/magna-carta-muse-and-mentor/ 二〇一八年八月二日取得)。アメリカ国立公文書館では、一二九七年版マグナ・カルタと一七八九年にデラウェア州で批准された権利章典が展示されるとともに、一二一五年のマグナ・カルタがジョン王から発布された六月一五日に、パネルディスカッションや各種イベントが開催された(https://www.archives.gov/press/press-releases/2015/nr15-88.html 二〇一八年八月二日取得)

(4) 小山貞夫「マグナ・カルタ(一二一五年)の歴史的意義」、同『イングランド法の形成と近代的変容』(創文社、一九八三)所収。

(5) Christina Duffy, Revealing the secrets of the burnt Magna Carta, 13 Mar 2015 (https://www.bl.uk/magna-carta/articles/revealing-the-secrets-of-the-burnt-magna-carta#authorBlock1 二〇一八年八月二日取得)

(6) この版画の下部には、コットン・コレクションの副保管責任者であるデビット・カスレー David Casley による次の注記が付されている。「コットン・ライブラリにはイングランドの自由に関するジョン王のマグナ・カルタの原本が二通ある。〔中略〕〔火災により〕

マグナ・カルタの両端は萎み、印章のろうは溶けたため、今や判別困難になっている。〔中略〕この〔マグナ・カルタの〕文言を後世に伝えるため、同じ形式と字体でこの謄写版は作成されている。この原本の羊皮紙に開いた二つの穴により欠けている一九字のみ、もう一つの原本から補っている。」このことから、この版画に再現されているマグナ・カルタの文言は、ほぼ原本に忠実なものであると判断することができる。

（7）British Museum Collection, Museum Number 1902,1011.6373（http://www.britishmuseum.org/research/collection_online/collection_object_details.aspx?objectId=1655683&partId=1　二〇一八年八月二日取得）

（8）Anne Pallister, *Magna Carta, The Heritage of Liberty*（Oxford University Press, 1971）p. 60, n. 3.

（9）*Ibid.*, pp. 59–61.

（10）John Wilkes, An address to the Gentlemen, Clergy, and Freeholders of the County of Middlesex, in *The North Briton*, vol. I, part I（W. Bingley, 1769）Appendix, pp. lvi–lviii.

（11）British Museum Collection, Museum Number 1855,1208.288（http://www.britishmuseum.org/research/collection_online/collection_object_details/collection_image_gallery.aspx?assetId=1613127711&objectId=3723055&partId=1　二〇一八年八月二日取得）

（12）*The North Briton*, vol. I, part I, Appendix, p. i.

（13）例えば、*The North Briton*, vol. I, part II, No.75（1768）p. 452.

（14）*The North Briton*, vol. II, No. 188（1770）p. 548.

（15）*Ibid*., p. 554.

（16）Wilfrid Prest, Blackstone's Magna Carta, *North Carolina Law Review* 94（2016）p. 1497.

（17）Linda Colley, Empires of Writing: Britain, America and Constitutions, 1776–1848, *Law and History Review* 32（2014）p. 242.

（18）Ralph V. Turner, *Magna Carta: Through the Ages*（Pearson Longman, 2003）pp. 167–168, 173.

（19）Wilfrid Prest, Blackstone's Magna Carta, pp. 1511–1519.

（20）William Blackstone, *Commentaries on the Laws of England*, vol. 1, p. 123.

（21）*Commentaries on the Laws of England*, vol. 4, p. 431.

（22）*Commentaries on the Laws of England*, vol. 3, p. 350.

（23）エドマンド・バーク著／半沢孝麿訳『フランス革命の省察』（みすず書房、一九九七）四二一―四二三頁。

（24）Wilfrid Prest, Blackstone's Commentaries, Modernisation and the British Diaspora, in Philip Payton ed., *Emigrants and Historians: Essays in honor of Eric Richards*（Wakefield Press, 2017）pp. 80–81.

（25）*Commentaries on the Laws of England*, vol. 1, pp. 104–105.

（26）Helen M. Cam, *Magna Carta—Event or Document?*, Selden Society Lecture（London Bernard Quaritch, 1965）p. 25.

（27）Charter of Liberties and Privileges, 1683, from *Charles Z. Lincoln, The Constitutional History of New York from the Beginning of the Colonial Period to the Year 1905, showing the Origin, Development, and Judicial Construction of the Constitution*（https://www.nycourts.gov/history/legal-history-new-york/documents/Publications_1683-Charter-Liberties-transcript.pdf　二〇一八年八月二日取得）

（28）Jessie Allen, Reading Blackstone in the Twenty-First Century and the Twenty-First Century through Blackstone, in Wilfrid Prest ed., *Re-Interpreting Blackstone's Commentaries: A Seminal Text in National and International Contexts*（Hart Publishing, 2014）p. 215.

（29）例えば、G. Alan Tarr, American State Constitution and the Three Faces of Magna Carta, in *Muse and Mentor*, p. 123. Anthony Arlidge and Igor Judge, *Magna Carta Uncovered*（Hart Publishing, 2014）, p. 156.

（30）プレストによれば、一七六五年から二〇一五年までの間に、アメリカで刊行された『釈義』の版は一三九（イギリスとアイルランドでは五八）にのぼるという。Wilfrid Prest, Blackstone's Commentaries, Modernisation and the British Diaspora, in Philip Payton (ed.), *Emigrants and Historians: Essays in honor of Eric Richards*（Wakefield Press, 2017）, p. 78.

（31）Susan Reyborn, Magna Carta in America, From the World's Fair to World War, in *Muse and Mentor*, p. 24.

（32）うち一カ所では、アレクサンダー・ハミルトンが、ブラックストンの『釈義』四巻四三一頁を引用して、人身保護令状を「わが憲制の大いなる砦」と説明している。*The Federalist Papers*, No.84（http://avalon.law.yale.edu/18th_century/fed84.asp　二〇一八年八月二日取得）もう一カ所は、議会制度に関して「イングランドの憲制のこの部門の歴史は、マグナ・カルタより古い時代にさかのぼるため、非常にあいまいで説明が難しい」と述べている箇所である。*The Federalist Papers*, No.52（http://avalon.law.yale.edu/18th_century/fed52.asp　二〇一八年八月二日取得）

（33）A. E. Dick Howard, Magna Carta's American Journey, in *Magna Carta: Muse and Mentor*, p. 107.

(34) 大内孝「ブラックストンと「アメリカ法形成期」考——序——」『法学』七二巻三号（二〇〇八）三八、六三、六八頁。
(35) 同右、六〇頁。

第4章

マグナ・カルタと明治憲法

日本におけるマグナ・カルタ受容の一齣

小野　博司

はじめに(1)

本章では、日本におけるマグナ・カルタ受容事例のうち、明治二二年二月制定の大日本帝国憲法（以下、「明治憲法」）に対する影響を取り上げる。はじめに、このことを論じる意義を簡単に述べておきたい。

徳川幕府を打倒した明治政府は、新国家建設のために、また、幕末に主に西洋諸国との間で締結された「不平等」条約を改正するために、条約締結国を中心に外国法の継受に努め、近代法に基づく法典の編纂に取り組んだ。この明治政府による継受は、伝統的に中国法の影響を受けていた日本法の西洋化をもたらすものであっただけでなく、西洋社会の法（思想）であった近代法が、世界的な法（思想）へと発展するきっかけとなった出来事でもあった（近代法の世界化）(2)。

明治政府による外国法（近代法）の継受は、混合継受の形をとった。条約締結国を中心に、複数の国の法が常に参照されたためである。このことを念頭に置いて、穂積陳重は、明治民法を「比較法学の産物 fruit of comparative jurisprudence」[3]と評したが、この言葉は、明治民法に限らず、他の法典に対しても当てはまるものであった。

継受の方法について、こうした特徴がみられることが知られているにもかかわらず、明治憲法に対しては、「プロイセン的立憲君主制憲法をモデルとし、それを日本化したもの」[4]という評価が未だに根強い。この点に関して、稲田正次は、半世紀以上前に、「従来一般にはプロイセン憲法が範とされたとか、ドイツ憲法を採ったとかいわれていたが、この表現は正確ではない。主としてドイツ主義を採り、ドイツ系の諸憲法を参考にしたというならば、大体正しいといえるであろう」[5]と述べているが、この指摘が顧みられることは、あまりなかったようである。

明治憲法に対して、こうした見方がなされる一因になったのが、明治十四年の政変への「過大評価」である。この政変により、イギリス型の議院内閣制の不採用が決定し、その後の憲法制定作業に、大権内閣制を支持する井上毅が深く関与することになったことは、明治憲法がプロイセン憲法をもとに作られたという評価の根拠とされてきた。確かに井上は、政府と議会との関係に関しては、プロイセン型の大権内閣制を支持していたかもしれない。しかし、だからといって井上をはじめとする起草関係者は、プロイセン憲法のみを参照すればよいと考えていたわけではなかった。このことを雄弁に語るのが、井上の旧蔵文書である『梧陰文庫』、また、同じく重要な起草関係者であった伊東巳代治の旧蔵文書（『伊東巳代治関係文書』）に数多く収められている、憲法制定時に参照されたとみられる諸外国の憲法に関する資料である。

伊藤正己は、「イギリス憲法ないし憲法史については、当時において信頼するに値する著書の多くが邦訳されている。（中略）もっとも、大日本帝国憲法のなかに、このようなイギリス憲法研究の成果はほとんどとりいれられなかった」[6]と述べているが、果たしてそうであろうか。この点に関して、筆者は、「イギリス憲法は近代的立憲制を創始し他の欧米各国憲法に直接又は間接に大なる影響を与えており、（中略）伊藤、井上らもイギリス憲法を軽視はしなかった。彼国の成文不文の諸原則が、ブラックストン、トッド、メイ、グナイスト等々（中略）の著書を通じある程度参照されたことは事実であった」[7]という稲田正次の見解を支持したい。

イギリス憲法の影響の一つといえるのが、マグナ・カルタの受容である。マグナ・カルタについては、十九世紀後半には、かなり正確な紹介が行われており、また、全訳も複数存在していた。『梧陰文庫』や『伊東巳代治関係文書』にも邦訳が収められていることから、他の外国憲法同様に、起草時に参照されたと推測できるのであるが、より詳細に分析してみると、「人身の自由」を定めた、一二二五年にヘンリ三世の治世下で再発給されたマグナ・カルタ（以下、「一二二五年版」）第二十九章（「今後、いかなる自由人も、彼の同輩の合法的裁判により、あるいは国法によるのでなければ、逮捕され、あるいは彼の投獄され、あるいは彼のいかなる自由保有財産も特権も自由な慣習的権利も侵奪され、あるいは法益剥奪に付され、あるいは流刑に処され、あるいは他のいかなる方法でも傷害を受けることがなく、しかして、朕が彼を［兵力をもって］襲うことも、また、彼へ向かって［兵力を］派遣することもないであろう。」[8]）が、第二十三条（「日本臣民ハ法律ニ依ルニ非スシテ逮捕監禁審問処罰ヲ受クルコトナシ」）の起草にあたり参照されたこと、そして他に参照された外国憲法と比べて、特に重要なものと評価されていたことがわかるのである。

これまで、マグナ・カルタの明治憲法への影響があまり指摘されてこなかったのは、前述のように、明治憲法がプロイセン憲法をもとに作られたと評価されてきたためである。それ故、このことを指摘することは、日本におけるマグナ・カルタ受容（マグナ・カルタの世界化）の重要な一齣を明らかにするとともに、「比較法学の産物」としての明治憲法の姿を示すことにもなるだろう。そのために本章では、第一節において、マグナ・カルタの初期の紹介と翻訳の事例を示す。そして第二節において、明治憲法（第二十三条）に対するマグナ・カルタ（一二二五年版第二十九章）の影響について論じる。

第一節　マグナ・カルタの受容

（1）初期の紹介

マグナ・カルタの本格的な紹介は、十九世紀後半に行われたが、それ以前の文献中にも、これに言及したものが散見される。例えば、文政八年の吉雄忠次郎訳『諳厄利亜人性情志』の高橋景保「序」には、「中古改革このかた、政刑法典皆一国の議り立つ所にして、王も背く能はず。乃政法は国の政法なり、王の政法に非ず」[9]との一節がみられる。また、ドイツ人ヒュプナー J. Hübner の著書（オランダ語訳）の翻訳書である、青地林宗訳選『輿地志畧』[10]（文政九年）中の、「諳厄利亜」（イギリス）の「政治」を紹介した箇所には、以下のような記述が存在する。

貎利太泥亜国政ハ伊斯把你亜拂郎察等ノ諸王国ト同一ナラズト雖モ亦一自立王国ノ政トス雅谷貎第一世王始テ国王ノ常典ヲ建テ此ヲ破ル時ハ王自ラ位ヲ遜ルベク政府大臣常ニ之ヲ監守スルヲ任トス故ニ威権王家ト政府ニ分レ此ニ令スル所モ彼ノ許ス所ニ非レバ行レズ王ト政府ト相合スレバ庶政順ヒ相合セザレバ動モスレハ管内ニ干戈ヲ動スニ至ル[11]

浅井清は、この一節に含まれる「国王ノ常典」が何を意味するのかについて、以下のように述べている。浅井によれば、これは、「ジョン王の「大憲章 Magna Carta」の制定（一二一五）」を指すという。

ここに「雅谷貎第一世王」とあるはジェームス一世であるが、同王が「始テ国王ノ常典ヲ建テ」というのはいうのは何をいうか。同王の治世（一六〇三年－一六二五年）には「始テ国王ノ常典ヲ建テ」に該当するような事績はないようである。しいていえば、一六〇四年に下院が提出した「陳情書」（A form of apology and satisfaction to be delivered to his Majesty）であるが、おそらくこれはジョン王の「大憲章」（Magna Carta）の制定（一二一五年）を誤り伝えたものではなかろうか。[12]

マグナ・カルタの本格的な紹介が行われるようになったのは、十九世紀後半のことである。その代表的な著作が、当時の西洋理解に大きな影響を与えた、慶應二年刊行の福沢諭吉『西洋事情』である。マグナ・カルタについての記述は、同書初編の「英国」中の「史記」でみられる。以下のとおり、マグナ・カルタは、「「トラエイエル、バイ、ジュリー」ノ法」および「下院ノ議事官国内収税ノ権柄ヲ執ルノ法」の起源として紹介されている。

千二百十五年ジヨン王在位ノトキニ至テ「マグナ、チャルタ」《大法ノ意》ト云ヘル法律ヲ定メリ此法律ノ趣旨ハ国王ノ特権ヲ恣ニスル悪弊ヲ防クモノニテ其大意ハ二ヶ条アリ第一ヶ条ハ凡ソ国民ニ罪アルトキハ必ス支配ノ主人ニテ其罪ヲ吟味シ裁判ニテ然ル後之ヲ罰スヘシトノコトナリ此ノ条令、後世ニ伝ヘテ時代ニ従ヒ事宜ニ応シ次第ニ変革シテ今日英国ニ行ハルル「トラエイエル、バイ、ジュリー」ノ法トナレリ（中略）第二ヶ条ハ国会ノ大議ニテ免許スルニ非サレハ国民ヨリ軍役ノ代トシテ金ヲ収ム可ラストノコトナリ此条項ハ唯世禄ノ土地ヲ領セル貴族等ノタメニ益アルノミニテ国王私家ノタメニハ不便利ナリ後世ニ至テ下院ノ議事官国内収税ノ権柄ヲ執ルノ法ハ此条令ニ基ツキタルコトナリ[13]（傍線は原文）

さらに、明治三年に刊行された同書第二編の、「人間ノ通義」中の「英国人民ノ自由」でも、マグナ・カルタへの言及がみられる。ここでも、福沢のマグナ・カルタに対するまなざしに変化はなく、イギリス憲政史を「英国人民ノ自由」獲得の歴史と捉え、その「第一着」として、「自由ノ大法」マグナ・カルタ（「マグナチャルタ」）を高く評価している。

英国人民ノ自由ヲ得シ所以ヲ尋ルニ第一着ハ千二百十五年ジヨン王ノ時ニ当リ自由ノ大法「マグナチャルタ」ヲ云ヲ立テ其子第三世ヘヌリ王ノトキニ至リ議事院ニ於テ尚又之ヲ増補正定シ次テ「コンフヒルマシヲ・カルタロム」ト云ヘル法令ヲ下タシ「マグナチャルタ」ノ大法ヲ以テ国中一般ノ常法ト定メ従来此大法ノ趣旨ニ戻レル裁判ノ諸法ヲ廃止セリ其後第一世エドワルト王千二百七十二年即位ノ代ヨリ第四世ヘヌリ王千三百九十九年即位ノ代ニ至ルマテ種々ノ法律ヲ立テシナレトモ皆従来行ハルル所ノ国民自由ヲ固クスルモノナリ又下テ第一世チヤーレス王千六百二十五年即位ノ初メニ当リ議事院ニテ「ペチション・ヲフ・ライト」ト云ヘル法令ヲ布告セリ是亦国民自由ノ趣旨ヲ主張シタルモノナリ第二世チヤーレス王千六百六十年即位ノ代ニ至リ「ハビース・コルプス」ト云ヘル法令ヲ定メ第三世ヰルレム王千六百八十八年即位ノ代ニハ「ビル・ヲフ・ライト」ト云ヘル法ヲ定メ其後千七百年代ノ初ヰルレム王ノ崩後ニハ「アクト・ヲフ・セツトルメント」ト云ヘル法ヲ定メタリ是等ノ諸法ハ皆年代ノ沿革ニ随テ決定セシモノニシテ其趣意ハ国民ノ自由ヲ維持固保スルモノナリ(14)（傍線は原文）

安西敏三氏によれば、この部分は、ブラックストン W. Blackstone(15)『イギリス法釈義 *Commentaries on the Laws of England*』（一七五六―六九）を翻訳紹介したものである。安西氏は、文久遣欧使節団の一員であった福沢が、四分冊の同書を購入することは考えられないこと、当時の福沢が必要としたのは、詳細な註釈ではなく概論であったこと、さらに、氏所蔵の学生版と福沢の翻訳箇所とがほぼ同一であることを挙げて、福沢が参照したのは、簡約版乃至学生版であったと推測されている。(16)

（2）最初の全訳——尾崎三良『英国成文憲法纂要』

マグナ・カルタの全訳を最初にものにしたのは、後年、法制局長官も務めた尾崎三良（当時、左院四等議官）である。[17]尾崎は、イギリス留学から帰国した後、明治六年一一月に太政官七等出仕に補され、制度取調御用掛として国憲編纂に関わった。翌年二月に左院に異動したが、同年五月に国憲編纂作業が同院に移されると、国憲編纂掛として、再び国憲編纂作業に参与した。尾崎が、マグナ・カルタの翻訳に取り組んだのは、一応この頃とみられるが、[18]その理由については、明治七年八月に、左院議長の伊地知正治に呈した文章の中で、以下のように述べている。

英国ハ建国以来既ニ八百余年ノ星霜ヲ経テ其国体依然タリ而シテ其国憲ヲ論スルニ至テハ尚其以前ニ溯リ殆ト千有余年前サクソン王ノ世ニ其権輿ヲ得ルト云爾後類ニ触レ事ニ臨ミ国王人民屢之ヲ改正スルノ約ヲ為スモ唯其古憲ニ復シ又ハ之ヲ明晰拡充スルト云ノミ敢テ其基礎ヲ変更スルニアラス一姓伝統ノ王位ト共ニ万世不変ノモノトナレリ各国ガ企望シテ敢テ及ハストスルモノ蓋シ、偶然ニ非ル（中略）各国中英国ノ体制我国ニ近キモノアリ今其国人ノ最モ尊崇シテ以テ国憲ノ基礎ト為ス所ノ成文定書ヲ撮訳シ題シテ英国成文憲法纂要ト云間々註釈ヲ加ヘ以テ国憲編纂ノ参考ニ備ント欲ス[19]（傍線は原文）

尾崎は、イギリスは他国と比べても安定した「体制」を誇ると評価し、それを支えているのが、「一姓伝統ノ王位」と「国憲」であるとみた。それ故、明治政府が「安定」した国家を形成するうえでの重要な事業である国憲編纂作業において、マグナ・カルタをはじめとするイギリス憲法を参考にすることの重要性を主張したのである。

尾崎のイギリス憲法への注目は、留学時代に遡る。仁和寺宮諸大夫を父に持つ尾崎は、三条実美の家臣として幕末を過ごし、慶應四年、三条の世子公恭の従者として渡英した。渡英後は、モリソン W. M. Morrison 宅に下宿して、「刻苦勉励英語英書を勤学し、英書歴史等の多くを習得した」[20]という。マグナ・カルタ訳の「註釈」に、「余嘗テ英国ノヲックスフォードニ在リシ時幸ニ其文ヲ得佳師ニ就テ之ヲ解釈スルコトヲ得タリ」[21]（傍線は原文）と記されていることから、尾崎がマグナ・カルタと出会ったのは、オックスフォード大学で一年程学んでいた一八七〇年頃であったと考えられる。[22]なお、深尾裕造氏によれば、マグナ・カルタ以外に、「両証書の確認」（「堅固条約書」）、権利請願（「自由権利之願書」）、人身保護法（「出獄票之定書」）、権利章典（「自由権利之定書」）、王位継承法（「帝統之定」）を訳出した尾崎の『英国成文憲法纂要』（明治八年一月）の原型となったのは、クリースィ E. S. Creasy の著作である。[23]同書は、マグナ・カルタの全貌を日本に伝えた重要な文献であるといえよう。

尾崎が翻訳したのは、一二一五年のジョン王のマグナ・カルタ（以下、「一二一五年版」）である。尾崎は、そのなかの、「人心の自由」に関する第三十九条を、以下のように翻訳している（括弧内は、マッケクニの著作中に示された禿氏好文氏の邦訳）。

凡良民ハ国ノ法律ニ拠リ同列ノ裁判ニ非レハ決シテ繋獄セラルベカラス捕縛セラルヘカラス其領地ヲ褫奪セラルヘカラス法外刑《アウトロウ》ニ処セラルヘカラス国外流罪ニ処セラルヘカラス其身損害セラルヘカラス裁判セラルヘカラス[24]
（いかなる自由人も、彼の同輩の合法的裁判により、あるいは〈また〉国法によるのでなければ、逮捕され、あるいは〈そして〉投獄され、［あるいは侵奪され、］あるいは法益剝奪に付され、あるいは流罪に付され、あるいはいかなる方法でも傷害を受けることがなく、しかして、朕が彼を［兵力をもって］襲うことも、また彼へ向かって［兵力を］派遣することもないであろう。[25]）（角括弧内、山括弧内は、禿氏氏が挿入された語句）

尾崎は、同条は「英国法律中ノ精神」であり、「若シ此一ヶ条無クンハ万巻ノ法律憲法モ敢テ論スルニ足ル無シ」

とまで言い切っているが、[26] こうした考えは、後年に至っても変わることはなかったようである。例えば、明治二四年五月に起きた大津事件の処理をめぐり、外国皇太子への犯罪に対する規定を欠く旧刑法の下で、被疑者を死刑に処するための法的根拠として緊急勅令を持ち出そうとする声に対し、法制局第一部長を務めていた尾崎は、「緊急勅令ヲ発シ之ヲ以テ直ニ既往ノ犯人ヲ罰セントスルコトハ苟モ憲法ヲ実施スル国家ニ於テハ決シテ為スヘカラサルノ事ナリ（中略）犯人ヲ縛シ然ル後法律ヲ作リ之ヲ以テ其囚人ヲ罰スルコトヲ得ト為セハ凡ソ人民ノ拠テ以テ生命財産ヲ托シテ安心スル所ノモノアルナシ法律ノ保証《ガランチー》又アルコトナシ暴政焉ヨリ甚シキモノアラジ」[27]（ルビは原文）と訴え、その非を説いている。

（3）その後の翻訳状況

著者の調査によれば、十九世紀の文献中に、一〇の邦訳（抄訳を含む）が確認できた。表4―1では、その状況をまとめるとともに、それぞれにおいて、「人身の自由」がいかに翻訳されているのかをあわせて示しておいた。

このうち、「英国憲法」[28] と古屋宗作纂訳『憲法彙纂』[29] には、尾崎の邦訳と（ほぼ）同じものが収録されている。また、尾崎同様に一二一五年版の邦訳を掲載したものとしては、坪谷善四郎編著『万国憲法』[30]、内田築次郎編著『国会法理論』[31]、須永金三郎『英国史』[32]、衆議院事務局『参考叢書第五　英国憲法』[33] があるが、内田と須永の著書に掲載されている邦訳は、坪谷のものと（ほぼ）同じである。

ちなみに、坪谷、内田、須永の三名は、ほぼ同時期に東京専門学校に在籍していたが（内田は明治一九年に邦語法律科を得業、坪谷と須永は明治二一年に邦語政治科を得業）[34]、当時同校では、講師の高田早苗により、イギリス憲法の講義が行われていた。[35] その講義録とみられる『英国憲法史』（明治一九年九月）には、マグナ・カルタを「貴族ノ発意ニ由リ全国ノ自由民一大運動ヲ為セルノ結果ニシテ貴族ト人民ト互ニ協同ノ利益ヲ計ルニ出テタルニ外ナラス」[36]

表 4-1　19 世紀におけるマグナ・カルタの翻訳状況

翻訳者	書籍（資料）	成立・出版	対象	「人身の自由」の翻訳
尾崎三良	『英国成文憲法纂要』	明治 7 年 8 月	1215 年版（全訳）	凡良民ハ国ノ法律ニ拠リ同列ノ裁判ニ非レハ決シテ繋獄セラルベカラス捕縛セラルヘカラス其領地ヲ褫奪セラルヘカラス法外刑ニ処セラルヘカラス国外流罪ニ処セラルヘカラス其身損害セラルヘラス裁判セラルヘカラス
	「英国憲法」	不明（太政官罫紙）	1215 年版（全訳）	尾崎訳と同一
高田早苗	『英国憲法史』	明治 19 年 9 月	1215 年版（抄訳）	自由民ハ同輩ノ裁判若クハ国王ノ法律ニ依ルニアラスンハ逮捕禁錮及剥奪セラルヘカラス法律ノ保護ヲ解カルヘカラス国境ノ外ニ放逐セラルヘカラス如何ナル方法ニヨルモ決シテ毀損セラルヘカラス且ツ王ハ恣マニ之ヲ犯シ之ヲ致サル可シ
古屋宗作	『憲法彙纂』	明治 20 年 11 月	1215 年版（全訳）	尾崎訳とほぼ同じ（「凡→凡ソ」、「ヘ（べ）カラス→可ラス」、「其領地→領地」、「其身損害→其身体ヲ損害」）
	「憲法参照（第一）」	明治 21 年 2～6 月	1225 年版（抄訳）	一ノ良民モ国ノ法律ニ拠リ同列ノ正当ナル裁判ニ依ルニ非ザレバ逮捕繋獄セラレ、又ハ財産ヲ褫奪セラレ、法律ノ保護ヲ剥奪スルノ刑ニ処セラレ、又ハ国外ニ追放セラレ、又ハ其ノ他ノ侵害ヲ受ケ及侵害セシメラルベカラズ
坪谷善四郎	『万国憲法』	明治 21 年 9 月	1215 年版（全訳）	良民ハ同列ノ裁判同階級ノ良民即ハチ陪審ヲ用ルノ濫觴若クハ其地ノ法律ニ非レバ決シテ捕縛セラレザルベシ亦繋獄セラレザルベシ其領地ヲ没収セラレザルベシ被保護権褫奪刑ニ処セラレザルベシ追放セラレザルベシ死罪ニ処セラレザルベシ朕モ亦之ヲ認許セザルベシ
内田榮次郎	『国会法理論』	明治 22 年 4 月	1215 年版（全訳）	坪谷訳と同一
井上毅	「意見第一」	明治 22 年 9 月	1225 年版（抄訳）	臣民ハ同列ノ適法ナル審断又ハ斯国ノ法律ニ依ルニ非スンハ逮捕禁錮セラレ又ハ所有地及自由若クハ自由ノ慣習ヲ没取セラレ又ハ法外ニ措カレ又ハ追放セラレ及何等ノ方法ニ依ルモ死刑ニ処セラルルコトナカルヘク朕亦之ヲ認許セサルヘシ
須永金三郎	『英国史』	明治 23 年 5 月	1215 年版（全訳）	坪谷訳とほぼ同じ（「同階級ノ良民即ハチ陪審ヲ用ルノ濫觴」を削除）
衆議院事務局	『英国憲法』	明治 28 年 9 月	1215 年版（全訳）	同列（Peers）ノ適法ナル判決ニ基クカ将タ国法ニ依ルノ外自由民ハ妄リニ拘禁繋獄セラレ又ハ強奪セラレ又ハ法外ニ置カレ追放セラレ其ノ他何等ノ方法ニ出ツルヲ問ハス苟モ毀損セラルルコトナシ又右ノ方法ニ依ルニアラサレハ朕ハ自由民ノ地ニ履ミ入リ又ハ其ノ地ニ軍勢ヲ送ルコトナシ

と評価する高田による、一二一五年版の抄訳も収められている。

こうした状況を見ると、十九世紀後半には、現在においてもよく見られる、「マグナ・カルタ（一二一五）」という理解が[37]、既に定着していたのではないかと推測される。翻訳者の多くも、第一節で紹介した福沢諭吉同様に、「英国人民ノ自由」獲得の歴史の「第一着」である「自由ノ大法」として、マグナ・カルタを見ていたのであり、それ故、「最初」のマグナ・カルタである一二一五年版に注目したと推測することができる。

こうしたなかで興味深いのは、一二二五年版に注目している井上毅である。井上が一二二五年版に最初に言及したのは、明治七年八月の『治罪法備考』において、「英国人身保護令」について説明した箇所である。大石眞氏によれば、この箇所は、ブロック M. Block 編『国政事典 *Dictionnarie general de la politique*』（一八六三―六四）中の、ゴタール Louis Gottard が執筆した「Habeas corpus」の項の抄訳であるが、その中で、一二二五年版の第二十九章が、以下のように「翻訳」されているのである。[38]

自由ニシテ且ツ正理ニ、及法章ニ依タル同等人陪審ヲ云ノ裁判ノ力ニ依ルニ非レバ、何人モ拿捕シ、獄ニ拘シ、其ノ財産、及自由、及生命ヲ奪ハルルコトヲ得ズ[39]

一二二五年版第二十九章の邦訳といえるものは、『梧陰文庫』収録の井上毅「参照　第一」[40]中に確認することができる。これは、憲法の各条項に対して、「参照」外国憲法を示したものであり、憲法制定にあたり、いかなる外国法が参照されたのかを知る手がかりにもなるものである。また、『伊東巳代治関係文書』収録の井上毅の意見書（「命令ニ刑条ヲ付スルヲ得ル乎否カニ関スル井上毅意見　第一、第二、第三意見」[41]）でも、一二二五年版第二十九章が訳出されている。一二一五年版は、無効とされたものであり、一二二五年版が、「エドワード一世が確認し制定法録に登録した現行法としてのマグナ・カルタ」[42]であった。井上の周辺においてのみ一二二五年版の邦訳がみられるのは、上記のような理由とともに、翻訳の素材として、法令集が用いられた可能性も考えられる。

第二節　マグナ・カルタと明治憲法

(1) 外国憲法の参照状況

「はじめに」で述べたように、プロイセン憲法をもとに起草されたと一般的には思われている明治憲法であるが、実は、他の法典同様に、多くの外国法を参照して起草されたものである。表4―2は、前章で紹介した「憲法参照」を使用して、憲法第二章「臣民権利義務」中の権利規定（第二十二条～第三十条）の「参照」外国憲法をまとめたものである。例えば、「居住移転の自由」を定めた第二十二条（「日本臣民ハ法律ノ範囲内ニ於テ居住及移転ノ自由ヲ有ス」）の場合、フランス共和国憲法第三条[43]、プロイセン憲法第十一条[44]、オーストリア「憲法」第四条、第六条、第七条が[45]「参照」に挙げられている。第二章に関していえば、「参照」に挙げられた回数が多いのは、プロイセン憲法（八回）、ベルギー憲法、オランダ憲法（七回）である。

明治憲法の全条項中で、マグナ・カルタが「参照」に挙げられたのは一カ所のみであり、それが、「人身の自由」を定めた第二十三条であった。「参照」に挙げられたのは、一二二五年版の第二十九章である。[46]

第二十三条
日本臣民ハ法律ニ依ルニ非スシテ逮捕監禁審問処罰ヲ受クルコトナシ

（参照）

表 4-2　明治憲法の権利規定に関する「参照」外国憲法

	22 条	23 条	24 条	25 条	26 条	27 条	28 条	29 条	30 条	参照回数
Magna Carta (1225)		29								1 回
US (1791)									修正 1	2 回
France (1791)		宣 7				宣 17		宣 11,1 編	1 編	4 回
France (1793)		宣 33,35								1 回
France (1795)									364	1 回
France (1814)							5	8		2 回
Württemberg (1819)			26							1 回
Portugal (1826)			145		145				145	3 回
Belgium (1831)		7		10	22	11,12	14	18,19,20	21	7 回
France (1848)	3									1 回
Holland (1848)		151,152	150	153	154	147	164,165	8,10, 151,152		7 回
Italy (1848)		26		27			1	28		4 回
Preussen (1850)	11	5	7	6		9	12,13,14	27,28,30	32	8 回
Denmark (1866)				81			76			2 回
Austria (1867)	4,6,7	8			10	5	14,15,16	12,13		6 回
Swiss (1874)									47	1 回
Spain (1876)									3	1 回

宣：フランス人権宣言（Déclaration des Droits de l'Homme et du Citoyen de 1789）

英　大条約書　第二十九条
一ノ良民モ国ノ法律ニ拠リ同列ノ正当ナル裁判ニ依ルニ非サレハ逮捕繋獄セラレ捕縛又ハ財産ヲ褫奪セラレ及法律外ノ保護ヲ剥奪スルノ刑ニ処セラルヘカラネレ又ハ国外流刑ニ処セニ追放セラレ及又ハ其ノ他ノ侵害ヲ受ケ及侵犯シ及侵犯セ害セシメラルヘカルズ

仏〔千七百九十一〕第七条
何人モ法律ニ定メタル場合ノ外又法律ニ指定シタル程式ニ依ルニ非サレハ之ヲ告訴シ之ヲ逮捕シ之ヲ囚禁スルコトヲ得ス又専横ノ命令ヲ要求シ之ヲ伝ヘ之ヲ行ヒ之ヲ行ハシムル者ハ処刑罰セラルヘシ但シ凡ソ国民ハ法律ノ効力ニ依テ召喚サレ或ハ差押ヘラルル時ハ十其ノ時之ニ服従スヘシ若之ヲ拒ムトキハ罪アリトス〔千八百十四七百九十三年以後ノ憲法以下ハ末段ヲ除キタリ〕

白　第七条
人身ノ自由ハ保証セラル
法律ニ掲ケタル場合ニ於テシ及法律ニ示ス所ノ規程ニ依ルニ非サレハ何人モ糾治ヲ受ルコトナシ現行犯ヲ除クノ外因由ヲ注明シタル法官ノ令状ニ拠ルニ非サレハ何人モ拿捕セラルルコトナシ其ノ令状ハ必ス拿捕ノ即時若ハ遅クトモ二十四時内ニ之ヲ宣示スヘシ

伊　第二十六条
人身ノ自由ハ保障セラル○何人モ法律ニ掲ケタル場合ニ於テシ及法律ニ指示シタル規程ニ拠ルニ非サレハ逮捕セラレ又ハ裁判所ニ勾引セラルルコトヲ得ズ

荷　第百五十一条
法律ニ定メタル場合ノ外ニ何人モ理由ヲ示明シタル法司ノ命令ニ由ルニ非サレハ逮捕スルコトヲ得ズ法司ノ命令ハ即時又ハ成ルヘキタケ速ニ逮捕セラレタル者ニ宣示スヘシ

法律ハ此ノ命令ノ規式及罪人ノ糾治ヲ受クヘキ期限ヲ定ム

同　第百五十二条

特別ノ場合ニ際シ政府ヨリ荷蘭国民ヲ逮捕セシメタルトキハ其ノ逮捕ヲ命令シタル者ヨリ即時ニ其ノ由ヲ地方ノ法司ニ通知シ且三日内ニ逮捕サレタル人ヲ送致スルコトヲ要スヘシ

刑事裁判所ハ各々其ノ所管内ニ於テ本条ノ厳密ナル施行ヲ監視スヘシ

普　第五条

人身ノ自由ハ保証セラル◯特ニ拿捕処分ニ属スル者ニ付テハ法律ニ於テ其ノ何等ノ規程何等ノ約束ヲ以テ人身自由ヲ制限シ得べキ歟ヲ定ム

墺　第一編第八条

人身ノ自由ハ保証セラル故ニ人身自由ニ関ル千八百六十二年十月二十七日ノ法律ハ此ノ根本法ノ一部ヲナス凡ソ法ニ違フテ命令シ又ハ淹久スル所ノ逮捕ハ其ノ損害ヲ被リタル者ニ対シ国家ヨリ賠償スヘシ

（取消し線は原文）

（以下略）

マグナ・カルタ以外に「参照」に挙げられたのは、フランス、ベルギー、イタリア、オランダ、プロイセン、オーストリアの憲法である。それでは、これら多くの外国憲法の中で、マグナ・カルタは、どのように評価されていたのであろうか。

（2）憲法起草関係者のマグナ・カルタ評価

この問題を解決する手がかりを与えてくれるのが、明治二三年法律第八十四号（「命令ノ条項違犯ニ関スル罰則ノ件」）の制定をめぐる、憲法起草関係者間の議論である。「命令ノ条項ニ違犯スル者ハ各其ノ命令ニ規定スル所ニ従ヒ二百円以内ノ罰金若ハ一年以下ノ懲役ニ処ス」ることを定める同法は、枢密院書記官長の伊東巳代治によって、実質的に起草されたものであるが、これに対して、法制局長官の井上毅が反対を唱え、伊東は、この井上の意見に反論を加えた。[47] ところで、既に小嶋和司が明らかにしているように、この「論争」でのやり取りから、井上と伊東の間でのマグナ・カルタに対する評価が、まったく異なっていることがわかるのである。

井上は、行政罰則に法律の委任を要しない「命令ノ条項違犯ニ関スル罰則ノ件」に反対したが、明治二三年八月に内閣（第一次山縣有朋内閣）がその制定を決定すると、九月に、伊藤博文や内閣諸大臣に対して意見書（「命令ニ刑条ヲ付スルヲ得ル乎否カニ関スル井上毅ノ意見　第一、第二、第三意見」）を提出した。[48] 井上が、マグナ・カルタに言及したのは、そのうち「第一意見」においてである。

議会ヲ召集シテ與ニ国是ヲ議ス独逸人ハ之ヲ国家ノ意思ト謂フ之ヲ立憲政体ト謂フ国是ノ議スヘキ者ハ何ソ曰予算ト法律是レナリ而シテ法律ノ重キ者ハ臣民ノ身体財産ニ係ル事件是レナリ各国ノ憲法歴史ヲ尋繹スルニ立憲ノ期原ハ其ノ一ハ会計ヲ公議スルト其ノ二ハ身体財産ノ保護ヲ望ムトノ両事ニ因由セサルハアラス殊ニ欧州ニ於テ立憲ノ祖国タル英国ノ有名ナル「マグナカルタ」ハ之ヲ憲法主義ノ一大原則トシテ宇内各国及各派学士ノ公同ニ是認スル所ナリ即チ其文ハ左ノ如シ

臣民ハ同列ノ適法ナル審断又ハ斯国ノ法律ニ依ルニ非スンハ逮捕禁錮セラレ又ハ所有地及自由若クハ自由ノ

慣習ヲ没取セラレ又ハ法外ニ措カレ又ハ追放セラレ及何等ノ方法ニ依ルモ死刑ニ処セラルルコトナカルヘク

朕亦之ヲ認許セサルヘシ

此ノ一条ハ学士諸家ノ倶ニ認メテ「マグナ、カルタ」訳シテ大憲章トナスノ脳髄骨子ト為ス所ナリ今其一二ヲ引証センニグナイスト英国行政法ニ曰ク大憲章中其関渉スル所最モ広大ニ最モ緊要ナルモノハ最モ記憶スヘキ第二十九条ニシテ身体及財産ノ安寧ヲ法護スルコトヲ明言シタルモノナリ云々

レーブ英法史ニ曰ク大憲章中最モ著目スヘキ点ハ司法制度ノ改良ニアリ其ノ一ハ一定ノ地ニ高等法衙ヲ設置シテ裁判ヲ司トラシムルコトニシテ他ノ一ハ第~~十三~~**十九**条是ナリ而シテ第~~十三~~**十九**条ノ緊要ナルコトハ前者ノ比ニ非ス臣民ノ身体及ヒ財産ノ安固ニ関スル此憲章ノ条款中第二十九条ホト后世子孫ノ注目ト尊敬トヲ引キタルモノヲ見ス同条ハ常ニ吾人自由ノ楯トナス所ナリ抑同条ハ不法ノ禁獄其他ノ処罰ヲ禁止シ且ツ彼人身保護律及ヒ陪審ノ制ノ如キモ明カニ此条文中ニ包含シ加之法律上ノ救済ヲシテ迅速ニ容易ニ且ツ公平ナラシメンコトヲ誓ヒタルモノニシテ実ニ後世重大ナル結果ヲ来シ自由ノ精神トシテ爾来殆ト五百年常ニ諍議ヲ決スル最終ノ法衙タリト

此ノ学士輩ノ論ヲ仮リ来リテ比較的ニ我カ憲法ヲ観察スルトキハ我カ憲法第二十三条ハ即チ憲法ノ最大緊要ニシテ臣民ヲ保護セラル一大恩典ノ精粋ナリ此ノ条ニシテ万一ニモ抹殺セラレ又ハ解釈或ハ他ノ法律ノ作用ニ依リテ其ノ実効ヲ撤棄スルコトアランニハ是レヲ呼ンテ憲法ノ大主義ヲ破壊スル者ト謂フモ可ナリ(49)

（傍点、傍丸、傍線、取消し線は原文。太文字は筆者）

井上は、「立憲ノ期原」は、「会計ヲ公議」し「身体財産ノ保護」を望むことであるとし、これを「憲法主義ノ一大原則」としたのが、「マグナカルタ」であると説明する。そして、その「脳髄骨子」として、「人身の自由」を定めた一二一五年第二十九章を訳出する。さらに井上は、「比較的ニ我カ憲法ヲ観察」し、憲法第二十三条は、マグナ・カルタの「脳髄骨子」を受け継いだ「憲法ノ最大緊要ニシテ臣民ヲ保護セラル一大恩典ノ精粋」であると述べる。それ

故、彼は、第二十三条を「抹殺」したり「其ノ実効ヲ撤棄」することは、「憲法ノ大主義ヲ破壊スル者」であると主張するのである。

ところで、この井上の意見書の、「レーブ英法史」で始まる段落のマグナ・カルタの条文番号（三つのうち前二つ）は、何者かによって「二」が消され、新たに「三」が書き加えられ、「二十九」が「三十九」に改められている。この修正を行ったのは、この意見書の旧蔵者である、伊東巳代治であると考えるのが自然であろう。さらに、このことを裏付ける一つの証拠が、伊東が井上の意見書に反論を加えた文書（「弁妄　第一」）である。伊東は、この反論文の中で、井上の「比較的」観察を「日本帝国憲法ヲ以テ日本帝国憲法ヲ解セス外国憲法ヲ以テ日本帝国憲法ヲ解セントスルノ過ニ陥ルモノ」と批判したのであるが、以下のように、わざわざ「論者ノ第廿九条ト云フノ誤ナリ」と断っているのである。

論者ハ命令罰則案ニ於テ勅令ノ条項ニ違反スル者ヲ処罰スルノ法律ヲ制定セントスルヲ難シテ曰、是レ立憲制度ノ淵源タル英国ニ在テ立憲制度ノ根本トスル大憲章《「マグナカルタ」》ノ骨子タル第三十九条論者ノ第廿九条ト云フハ誤ナリ以来各国憲法ノ最上原則トスル人身自由及財産ノ保護ニ背キ行政権ヲ以テ人ヲ処罰スルコトヲ許スモノナリ是レ憲法ノ大義ヲ破壊スルモノナリト（中略）論者ノ為セルカ如ク「マグナカルタ」ノ脳髄骨子ヲ引キ或ハ学者輩ノ論ヲ仮リ来リテ比較的ニ日本帝国憲法ヲ観察シテ第廿三条ニ重キヲ置カントスルハ日本帝国憲法ヲ以テ日本帝国憲法ヲ解セス外国憲法ヲ以テ日本帝国憲法ヲ解セントスルノ過ニ陥ルモノニ非サルヲ得ンヤ[50]（傍点は原文）

伊東が、井上の「比較的」観察を批判するのは、単に方法（「日本帝国憲法ヲ以テ日本帝国憲法ヲ解セス外国憲法ヲ以テ日本帝国憲法ヲ解セントスル」）の問題だけでなく、彼がマグナ・カルタに対して、井上とは異なる評価を与えていたからでもあった。伊東は、「英王ジヨンカ臣下ノ迫ル所トナリテ「マグナ、カルタ」約翰ヲ准許シ尚ホ昔日ノ威権ニ恋々トシテ終ニ臣下ノ為ニ弑セラレタル」（傍線は原文）ことは、「立憲主義ノ欧州諸邦ニ発達スルヤ其ノ間不祥忌ムヘキノ事蹟」の「最モ忌ムヘキ」ものであると見ていたのである。マグナ・カルタを君主（暗君）と臣下との対立に由来するものと捉えるがゆえに、伊東は、「「マグナ、カルタ~~大憲~~章」ニ由来スル~~欧州憲法~~ノ精神ヲ以テ日本帝国憲法ヲ推サントスルハ憚ラサルノ甚シキモノ」（取消し線は原文）であると、井上を批判したのであろう。

立憲主義ノ欧州諸邦ニ発達スルヤ其ノ間不祥忌ムヘキノ事蹟一ニシテ足ラストイヘトモ其ノ最モ忌ムヘキハ英王ジヨンカ臣下ノ迫ル所トナリテ「マグナ、カルタ」約翰ヲ准許シ尚ホ昔日ノ威権ニ恋々トシテ終ニ臣下ノ為ニ弑セラレタルノ一事在ニ在リトス、論者ノ「マグナ、カルタ~~大憲~~章」ニ由来スル~~欧州憲法~~ノ精神ヲ以テ日本帝国憲法ヲ推サントスルハ憚ラサルノ甚シキモノナラスヤ[51]（傍線、取消し線は原文）

井上と伊東は、参照するマグナ・カルタが異なるだけでなく、それに対する評価も異なっていた。井上が、前章で見た福沢や尾崎同様に、マグナ・カルタを肯定的に評価していたのに対し、伊東は、その成り立ちを「忌ムヘキ」ものと否定的に捉えていた。また、こうした評価は、伊東にとどまらず、憲法起草の責任者であった伊藤博文によっても示されている。当時枢密院議長であった伊藤が、明治二二年二月に行った演説の草稿には、以下のように、マグナ・カルタを「貴族ノ徒党ニ由テ得タル脅迫ノ約束」であると記されているのである。

当時英王ハ外、他国ニ対シテ無益ノ師ヲ起シ内、人民ノ負担ニ堪ヘサル重税ヲ賦課シ政綱麻ノ如ク紊レ愴声四方ニ充テリ而シテ人民独リ其権利ノ安固ナラサルヲ歎クノミナラス貴族モ亦王家ノ所為ヲ憤リテ更ニ服スル所ナカリキ情勢既ニ此ノ如クニシテ遂ニ貴族ハ相団結シテ「マグナカルタ」ノ承認ヲ請ヒタリト雖モ固ヨリ其要王権ヲ制限スルニアレハ王ハ容易ニ之ヲ承認セス為ニ貴族ハ兵ヲ以テ王ニ迫リ辛フシテ其鈴璽ヲ得タリ貴族中伯爵「ダンマル」ナル者アリテ之ヲ将トシ君主ニ抗スルノ故ヲ以テ其率スル所ノ兵ヲ称シテ神兵ト謂ヘリ蓋シ当時英王ノ暴威ヲ逞クシテ人民ヲ抑圧シタルハ明ナリト雖モ所謂「マグナカルタ」ハ貴族ノ徒党ニ由テ得タル脅迫ノ約束ナリ然ルニ我国民ハ上下和楽ノ間ニ貴重ナル憲法ヲ得繊毫モ彼レカ如キ不祥ノ蹟ナキ(52)（以下略）

この演説草稿は、枢密院罫紙に書かれており、『伊東巳代治関係文書』に収録されているため、伊東の手によるものであった可能性が高い（当時伊東は、枢密院書記官兼枢密院議長秘書官）。憲法起草関係者の間で、マグナ・カルタに対する評価が分かれていたことは、注目に値する点であろう。

（3）マグナ・カルタと明治憲法

それでは、前節までにおいて明らかにしえたことを前提に、明治憲法第二十三条の原案提供者について考察してみたい。これによって、同条に対する「参照」外国憲法のうち、マグナ・カルタが占める位置を明らかにすることができよう。

草案を遡ると、第二十三条の原型は、明治二〇年八月の夏島草案第五十四条（「日本臣民タル者ハ法律~~ト掲ケタル場合又ハ裁判ノ効力ト~~依ルノ外~~強制~~拿捕勾留ヲ受クルコトナシ」(53)（取消し線は原文、条文は取消し部分を含めたもの）に求めることができる。「法律ニ掲ケタル場合又ハ裁判ノ効力ニ依ルノ外」は、明治二〇年の一〇月草案（第二十六条）で「法律ニ依ルノ外」となり、明治二一年の二月草案で「法律ニ依ルニ非スシテ」（第二十三条）と改められた。また、「強制拿捕拘留」は、「拿捕拘留」（一〇月草案）、「拿捕監禁及糾治」（二月草案）となり、明治二一年六月から七月にかけての枢密院での審議を経て、「逮捕監禁審問処罰」と改められた。

伊藤博文、伊東巳代治、井上毅、金子堅太郎の会議により作成された夏島草案は、明治二〇年の四月から五月にかけての井上毅作成の草案（「甲案」「乙案」）、そして、明治二〇年四月にドイツ文で脱稿され、井上毅に提出後に翻訳されたロェスラー K. F. H. Roesler 作成の草案（「日本帝国憲法草案」）の、両方またはいずれかを採用したものが多く、「甲案乙案並にロェスレル案の何れにも類似していないものは少数」であるといわれる。第五十四条についていえば、ロェスラー作成の草案には、同条のもととなるような「人身の自由」に関する規定はみられない。一方、井上毅作成の草案には、「法律ニ掲ケタル場合又ハ裁判ノ効力ニ依ルノ外強制拿捕勾留ヲ受ケサ（乙案では「ザ」…筆者注）ルコト」（甲案第七条第四号、乙案第十一条第四号）との規定がみられる。このことから稲田正次は、第五十四条は「甲案乙案によつたもの」と述べている。

ただし、小嶋和司は、第二十三条の原案提供者として、モッセ A. Mosse の可能性を指摘している。小嶋が注目するのは、明治二〇年四月一六日付のモッセの答議（「根本権ニ関スル意見」）中の規定（「法律ニ掲ケタル場合ニ於テ其手続ニ従フニ非ザレハ何人ヲモ拘留スルヲ得ズ」）である。これは「人身の自由」を定めたものであるが、条文の文言が夏島草案（「日本臣民タル者ハ法律ニ掲ケタル場合又ハ裁判ノ効力ニ依ルノ外強制拿捕勾留ヲ受クルコトナシ」）により近いのは、井上案（「法律ニ掲ケタル場合又ハ裁判ノ効力ニ依ルノ外強制拿捕勾留ヲ受ケザルコト」）の方であろう。井上が、憲法本文に「人身の自由」を定めることの重要性をモッセから学んだのはその通りかもしれないが、第二十三条の直接的な原案提供者に関しては、井上毅であるという稲田正次の見解を支持したい。

第二十三条の原案提供者が井上だとすれば、同条は、マグナ・カルタ（一二二五年版第二十九章）を受容したものといっても、過言はないであろう。なぜならば、前述したように井上は、第二十三条をマグナ・カルタの「脳髄骨子」を引き継いだ、「憲法ノ最大緊要ニシテ臣民ヲ保護セラル一大恩典ノ精粋」と捉えていたからである。混合継受という方法がとられており、また、第二十三条にしか参照されていないものの、マグナ・カルタは、明治憲法に影響を与えた外国憲法の一つであると考えて間違いないだろう。

むすび

以上論じてきたように、マグナ・カルタは、十九世紀後半にはその内容が知られており、また、「人身の自由」を定めた規定（一二二五年版第二十九章）は、明治憲法（第二十三条）に受容された。マグナ・カルタの明治憲法への受容は、外国法の混合継受という、明治政府による法典編纂の方法からすれば決して不自然ではないが、「はじめに」でも述べたように、憲法編纂に関しては、プロイセン憲法の受容が非常に強調される傾向にあることから、これまではあまり指摘されてこなかった。

「はじめに」でも述べた通り、現在の世界の法状況（近代法の世界化）を生み出したのは、非西洋社会における近代法の受容の結果に他ならない。それ故、明治政府による近代法の継受は、日本法の歴史にとってだけでなく、実は、世界の法の歴史にとっても重要な転換点だったといえるのである。十九世紀後半の、明治政府による外国法継受などを通じて、近代法が「西洋社会の法」から「世界の法」へと発展を遂げようとしていたそのとき、その淵源の一つともいえるマグナ・カルタもまた、世界化への道を歩み始めたのである。

(1) 本章は、二〇一五年六月の法制史学会第六七回総会シンポジウム「マグナ・カルタの八〇〇年――マグナ・カルタ神話論を越えて」で行った報告（「十九世紀後半日本におけるマグナ・カルタの継受――《マグナ・カルタの世界化》の観点から」）の前半部分をもとに、報告後の調査も反映して執筆したものである。紙幅の関係上、報告の後半部分（「イギリス憲政史」の「日本憲政史」への影響）については、加筆のうえ別稿で公表したい。

（2）拙稿「東アジア近代法史のための小論」『神戸法学年報』第二九号（二〇一五）五―九頁。

（3）Nobushige Hozumi, *Lectures on the new Japanese civil code as material for the study of comparative jurisprudence*, 2nd & Revised ed. (Maruzen, 1912) p. 22.

（4）高田敏「おわりに――ドイツ憲法と日本」高田敏・初宿正典編訳『ドイツ憲法集〔第七版〕』（信山社、二〇一六）三一九頁。

（5）稲田正次『明治憲法成立史』下巻（有斐閣、一九六二）八九一頁。

（6）伊藤正己「イギリス法」同編『岩波講座　現代法一四　外国法と日本法』（岩波書店、一九六六）二六〇頁注（一）

（7）稲田・前掲『明治憲法成立史』下巻、八九四頁。

（8）邦訳は、W・S・マッケクニ著／禿氏好文訳『マグナ・カルタ――イギリス封建制度の法と歴史』（ミネルヴァ書房、一九九三）五五三頁による。角括弧内は、禿氏氏が挿入された語句。

（9）新村出監修『海表叢書』巻二（更生閣、一九二八）収録の高橋景保「諳厄利亜人性情志序」一頁（国立国会図書館デジタルコレクション。以下、同コレクション利用の場合は、「デジタルコレクション」と略す）

（10）前田勉氏は、本文で引用した部分は、青地以前に西洋知識を紹介した「（新井…筆者注）白石―（山村…筆者注）才助にはない視点で、特に注目に値する」と指摘されている（前田勉『江戸後期の思想空間』［ぺりかん社、二〇〇九］九〇頁）

（11）青地林宗訳選『輿地志畧　拂郎察　大貌利太泥亜』（一八二六）三九丁表（デジタルコレクション）。本章での引用にあたっては、旧字を新字に改めた。

（12）浅井清『明治立憲思想史におけるイギリス国会制度の影響』（有信堂、一九六九）五六頁。なお、旧版（『明治立憲思想史に於ける英国議会制度の影響』［巖松堂書店、一九三五］八四頁）での記述は、「恐らく之はジェームス一世の次のチャールス一世の時代に、権利請願書（Petition of Right）が制定せられたことを誤り伝へたものと思はれる。強いてジェームス一世時代のこととすれば千六百四年下院が提出した「陳情書」（中略）のことであらうか。或は又ジヨン王の時代の「大憲章」制定の誤か」となっている。

（13）福沢諭吉『西洋事情』初編巻之三（一八六六）八丁裏～九丁裏（慶應義塾大学メディアセンターデジタルコレクション「デジタルで読む福沢諭吉」）

（14）福沢諭吉『西洋事情』二編巻之一（一八七〇）八丁表～九丁表（同上「デジタルで読む福沢諭吉」）

（15）安西敏三「福沢諭吉における西欧政治思想の摂取とその展開とに関する一考察――普遍的人権の原理を中心に」『法学研究』第五三巻二号（一九八〇）六八頁。

(16) 同上、六九頁注（七）

(17) この点は、深尾裕造氏のご教示による。あわせて、深尾裕造「自由の憲章　マグナ・カルタの八〇〇年——法律文献の歴史を通して見る立憲主義の歴史」『時計台』第八六号（二〇一六）一五頁、同「クック「マグナ・カルタ註解」覚書」『法と政治』第六七巻一号（二〇一六）四六頁を参照。また、橋本誠一「明治初年の代言人と法学教育——静岡県最初の免許代言人前島豊太郎の場合」『静岡大学法政研究』第一三巻三・四号（二〇〇九）も、**【表七】**「明治初年の法学文献（翻訳書類）」（一二〇頁）において、尾崎による翻訳について指摘している。

(18) 明治政府の指導者では、木戸孝允が、マグナ・カルタの内容に関心を示していた。木戸がマグナ・カルタを知ったのは、岩倉使節団の一員として渡英した際に、留学中の青木周蔵より、「貴族等ハ（中略）第十三世紀ノ始メニ方リ奮然起テ国王ニ迫リ国王ヲシテ将来ハ一定ノ規矩準縄ニ依テ国政ヲ行ヒ且法規ニ拠ルニ非レハ租税ヲ徴収セストノ事ヲ特ニ公約セシメタ」「英国「コンスチツーシヨン」ノ起原」との説明を受けたときであろう（「筆記自第一回至第六回」国立国会図書館憲政資料室所蔵『青木周蔵関係文書（ＭＦ）』）。一方、尾崎は、その少し前に木戸と面識を得、明治六年一〇月に「予を抜擢せん」（尾崎三良『尾崎三良自叙略伝』上巻［中央公論社、一九七六］一三四頁）とする木戸の求めに応じて帰国した。あるいは、マグナ・カルタの翻訳については、「欧米以来懇意」（同、一四〇頁）となった木戸の求めにより、左院において国憲編纂作業に取り組む以前から、行っていたのかもしれない。なお、木戸と青木、尾崎との関係については、深尾裕造氏のご教示による。

(19) 尾崎三良訳『英国成文憲法纂要　乾』（汎愛堂、一八七五）「緒言」二丁裏～三丁表（デジタルコレクション）

(20) 尾崎三良『尾崎三良自叙伝略伝』上巻（中央公論社、一九七六）一〇六頁。

(21) 尾崎・前掲『英国成文憲法纂要　乾』巻一、二丁表。

(22) 西川誠「年譜」伊藤隆・尾崎春盛編『尾崎三良日記』下巻（中央公論社、一九九二）五五三頁。ただし、刑部芳則『三条実美——孤独の宰相とその一族』（吉川弘文館、二〇一六）一六二頁には、「(三条…筆者注) 公恭は語学力を身につけると、尾崎三良とともにユニヴァーシティ・カレッジ（ロンドン大学）に入学している。同校の在籍期間は明治三年から四年と短く、また詳しい勉学状況についてもわからない」との記述がみられる。

(23) 深尾・前掲「自由の憲章　マグナ・カルタの八〇〇年」一五頁。

(24) 尾崎・前掲『英国成文憲法纂要　乾』巻一、一八丁表～裏。

(25) マッケクニ著／禿氏訳・前掲『マグナ・カルタ』四〇〇頁。

(26) 尾崎・前掲『英国成文憲法纂要　乾』巻一、一八丁裏。

(27) 「尾崎三良意見（明治二十四年五月十五日）」大久保達正監修『松方正義関係文書第十一巻　伝記資料篇（二）』（大東文化大学東洋研究所、一九九〇）三〇七頁。尾崎の反対意見については、新井勉『大津事件――司法権独立の虚構』（批評社、二〇一四）九九―一〇一頁、同「大津事件における立憲制の危機」『日本法学』第七九巻四号（二〇一四）二六―二七頁を参照。

(28) 国立国会図書館憲政資料室所蔵『伊東巳代治関係文書』書類の部八六―一。

(29) 古屋は、大阪交詢社に所属し民権運動に参加した後（北崎豊二「明治前期における大阪の民衆運動」同『近代大阪と部落問題』、部落解放研究所［一九九七］七五頁第一表）、京都日日新聞編集長を務め（「雑報」『朝日新聞』一八八〇年三月一四日付）、一八八七年一二月には大阪府議会議員に当選した（「大阪府公文●告示第百六拾四号」『朝日新聞』一八八七年一二月一〇日付）。同書は、バジョット Walter Bagehot の著書等を参考にして、「英吉利、仏蘭西、独逸、普魯西、墺地理、伊太利、荷蘭、西班牙、葡萄牙、瑞典、瑞士、白耳義、丁抹、魯西亜、北米合衆国、布哇、以上各国の憲法を纂輯適訳せしもの」である（古屋宗作纂訳『憲法彙纂』［一八八七］「例言」（デジタルコレクション））。

(30) 同書は、坪谷が「東京専門学校ニ在ルノ日其憲法科ニ於テ数年間許多ノ諸学士ヨリ講授セラレタル各国ノ憲法ヲ骨子トナシ且ツ当時参考トシテ渉猟セル諸書ノ中ヨリ纂輯セルモノヲ之ニ附記シタル」ものである（坪谷善四郎編著『万国憲法』［博文館、一八八八］「凡例」五頁（デジタルコレクション））。

(31) 同書は、「余カ曩ニ学校ニ在リテ法理学科ヲ修ムルノ際諸学士ヨリ教授セラレタルホルランド、オースチン、メヰン、テリー、ベンサム、ブラックストーン、ホツベス、ロツク、ギゾー、諸家ノ法理論ニ依リテ論断」したものである（内田榮次郎編著『国会法理論』［文選樓、一八八九年四月］内田榮次郎「例言」三頁（デジタルコレクション））。

(32) 「本書ノ事実ハ、主トシテ具うどりつち氏ノ英国史ニ憑拠シ、傍ラ比ゆーむ、斯みす、査んばー三氏ノ英国史ヲ参照ス、而シテ其政治、文学、技術、宗教、風俗、商工等ノ沿革ニ就テハ、此等諸書ノ外、更ラニ太づうえるらんにみーど氏ノ英国憲法史、斯いんとん氏ノ万国史、同氏ノ英文学、査んバー氏ノ服式論、名そん氏ノ商業教育論ヲ狩猟セリ」（須永金三郎『英国史』［博文館、一八九〇］「例言」九―一〇頁（デジタルコレクション））。

(33) 同書には、マグナ・カルタ以外に、権利請願、権利法典、王位継承法の翻訳が収録されている。

(34) 田中唯一郎編『大正四年十一月調　早稲田大学校友会会員名簿』（早稲田大学校友会、一九一五）一六―一七頁、九八頁（デジタルコレクション）。

(35) 高田早苗は、明治一五年に東京大学文学部を卒業後、立憲改進党に入党し、また、同年一〇月に開校された東京専門学校の講師に就任した（真辺将之編「高田早苗年譜」早稲田大学大学史資料センター編『高田早苗の総合的研究』［二〇〇二］三頁）

(36) 『英国憲法史』（一八八六）八五頁。著者名は記されていないが、高田早苗講述『英国憲法史』（東京専門学校、一八九四年推定）との比較から、同書が高田の著作であることは明らかである。ただし、後者には、マグナ・カルタの抄訳は掲載されていない。

(37) 深尾・前掲「クック「マグナ・カルタ註解」覚書」四六頁。なお、この点に関して、小山貞夫氏は、かつて以下のように指摘されている。「マグナ・カルタという異国のしかも七五〇年以上昔の文書の存在そのものは、例えばほぼ同じ頃にわが国で成立した御成敗式目（一二三二）などよりも日本人にとってもずっと身近に感じられているのに、しかしそのマグナ・カルタが、一二一五年のうちに正式に無効宣言され、法的には存在しなかったことになっていること、次いで一二一六年、一二一七年、一二二五年の三回にわたり一二一五年のものとはもちろん、それぞれの間でも異なったマグナ・カルタが発行されたこと、後世法学上マグナ・カルタと呼ばれているものはこれらのうちの最後のものに当る一二二五年のものであること、この一二二五年のマグナ・カルタは一二一五年のものとは内容のみならず条文番号も大幅に異なっていること（条文に分けたこと自体が後世のものである）等の事実は、高等教育を受けた日本人にとっても必ずしも周知のことではない。時には専門家の中にすら、この辺の事情を無視した議論が散見できるほどである（傍点は原文）」（「マグナ・カルタ神話の創造」『イングランド法の形成と近代的変容』［創文社、一九八三］二八五—二八六頁）

(38) 大石眞「隠れた政府顧問「ブロック氏」」同『憲法史と憲法解釈』（信山社、二〇〇〇）四四—四五頁。

(39) 井上毅『治罪法備考　上編　第一』（司法省検事局、一八七四）三八丁裏（デジタルコレクション）

(40) 国学院大学圖書館所蔵『梧陰文庫』A九三。

(41) 『伊東巳代治関係文書』書類の部五八。

(42) 深尾・前掲「クック「マグナ・カルタ註解」覚書」四五頁。

(43) 「フランス領土（中略）に居住するすべての人の住居は不可侵である。法律により定められた手続きによらなければ且つ法律に定められた場合でなければ、人の住居に立ち入ることは許されない。」（中村義孝編訳『フランス憲法史集成』［法律文化社、二〇〇三］一四四頁）

(44) 「国外移住の自由は、兵役義務との関連でのみ、国によって制限される。国外移住税は徴収されてはならない。」（倉田原志・初宿正典訳「プロイセン憲法（一八五〇年一月三一日）」高田・初宿編訳・前掲『ドイツ憲法集』五七頁）

(45) 第四条「①国家領域の内部における人及び物資の通行の自由は、いかなる制限にも服さない。」、第六条「①全ての国民は、国家領域のあらゆる場所に滞在及び居住し、あらゆる種類の不動産を取得し、これを自由に使用し、並に法律の定める条件の下であらゆる種類の営業を行うことができる。」、第七条「全ての臣従団体及び隷属団体は、永久に廃止される。不動産の分割された所有権を権原とする全ての債務又は給付は、これを解除することができ、将来、いかなる不動産も同種の解除できない給付による負担を含むものであってはならない。」（渡辺亙訳「帝国議会に議席を有する王国及び州のための国民の一般的権利に関する一八六七年一二月二一日の国家基本法」『各国憲法集（三）オーストリア憲法』［国会図書館調査及び立法考査局、二〇一二］一一六―一一七頁）
(46) 伊藤博文文書研究会監修『伊藤博文文書』第七八巻（ゆまに書房、二〇一三）一四三―一四九頁。
(47) 小嶋和司「明治二三年法律第八四号の制定をめぐって――井上毅と伊東巳代治」同『明治典憲体制の成立』（木鐸社、一九八八）
(48) 同上、四三一頁。
(49)「命令ニ刑条ヲ付スルヲ得ル乎否カニ関スル井上毅ノ意見　第一、第二、第三意見」『伊東巳代治関係文書』書類の部五八―一。
(50)「弁妄　第二」『伊東巳代治関係文書』書類の部一六八―一。
(51) 同上。
(52)「大津共楽亭ニ於テノ演説筆記」『伊東巳代治関係文書』書類の部一〇九―一。
(53) 稲田・前掲『明治憲法成立史』下巻、二〇二頁。引用は、「夏島草案」『伊東巳代治関係文書』書類の部八より行った。
(54) 稲田・同上、一〇五頁。小嶋和司「ロエスレル「日本帝国憲法草案」について」（小嶋・前掲『明治典憲体制の成立』四〇頁）は、「素訳が誰によってなされたかは判らない。けれども全条項の素訳が一人の手でなされたと考えるよりも、二人以上で手わけしてなされたと推定すべきであろう」と指摘している。この翻訳者（達）の問題については、拙稿「近代法の翻訳者（一）――山脇玄と守屋善兵衛」『法政策研究』第一六集（二〇一五）一七―一八頁を参照。
(55) 稲田・同上、二一三頁。
(56) 同上、七一頁。引用は、井上毅「乙案試草」伊藤博文文書研究会監修『伊藤博文文書』第七六巻（ゆまに書房、二〇一二）七八頁、および井上毅「甲案試草正文」伊藤博文文書研究会監修『伊藤博文文書』第七七巻（ゆまに書房、二〇一二）三二頁より行った。
(57) 稲田・同上、二〇九頁。
(58) 小嶋・前掲「明治二三年法律第八四号の制定をめぐって――井上毅と伊東巳代治」三九九頁。
(59) 井上毅「甲案試草　附ロエスレル、モッスセ〔モッセ〕両氏答議」伊藤博文文書研究会監修『伊藤博文文書』第七五巻（ゆまに書房、二〇一二）一六一頁。

(60) 井上は、草案作成以前、「基本権の規定にはあまり重点をおいておらなかつた」（稲田・前掲『明治憲法成立史』下巻、一四頁）が、答議を通じて、ロェスラー、モッセ両者から誤りをただされた。モッセは、外国に対して日本が法治国となったことを表明することは大きな価値を有し、また、憲法上での権利の保障を欠くときは、国内の不平と激論を招くという「政事上の理由」と、各人の権利は命令をもっては制限できないことを明らかにするという「法律上の理由」から、「憲法を制定する以上はその中に根本権利及び根本義務を掲ぐる必要あり」と主張した（同、一九頁）

(61) 第一章第二節で紹介したように、マグナ・カルタを最初に翻訳した尾崎三良は、明治二四年の大津事件の際に、緊急勅令の発布に反対したが、憲法第二十三条の原案提供者として、明治憲法へのマグナ・カルタの受容の立役者となった井上もまた、尾崎と同様の立場を取った。井上は、松方正義首相への意見書において、「憲法第二十三条ニ日本臣民ハ法律ニ依ルニ非スシテ処罰ヲ受クルコトナシトアリ若法律ニ依ラザル処罰ノ例ヲ啓カハ是レ政府ハ違憲ノ責ヲ免ルヘカラズ」と主張した（「井上毅意見（明治二十四年五月十八日）」大久保監修・前掲『松方正義関係文書第十一巻』三一一頁）

第5章

マグナ・カルタと憲法学

法の支配の聖典か権利の保障の古典か

柳井健一

はじめに

二〇一五年、マグナ・カルタは最初の制定、公布から八〇〇年を迎えた、当事国であるイギリスはもちろん、国家成立の淵源を同国にもつオーストラリア、ニュージーランド、あるいは基本的な法制度の由来を負うアメリカ合衆国においてさまざまなシンポジウムが行われた他、各種の記念イベントも開催された。加えて、日本においても法制史学会が総会シンポジウムとして「マグナ・カルタの八〇〇年—マグナ・カルタ神話を越えて—」を開催したことからも、(1) 同法の法的あるいは歴史的重要性については、世界規模で衆目の一致するところであろう。(2)

だがしかし、マグナ・カルタの存在が現代に続く遺産であって、その重要性自体については疑いを差し挟む余地がない程に自明であったとして、その実体的な意義、とりわけ憲法学にとってのその制定の八〇〇年を祝うことの意味とは何だろうか。イギリスを準拠国としながら、日本で憲法学を専攻する筆者が本章において塞ぐべき責めとは、かの国での同時代的な憲法学の議論乃至現実の憲法状況のなかでのマグナ・カルタを引照しつつ、比較憲法的な観点あるいはもう少し広く憲法学一般からのせめてもの知見を提示してみるということであろうか。

幸い、マグナ・カルタの八〇〇年を寿ぐ二〇一五年には、とりわけ英語圏においては同法を考察の対象とする複数の研究成果が刊行されており、その中には憲法学の観点からの論及も含まれている。以下の考察では、先ず、イギリスの憲法学会をリードしてきたオリバー Dawn Oliver の論稿を考察しつつ、一般に近代憲法の重要な祖型の一つであると理解されているマグナ・カルタが、イギリスにおいては所謂基本的人権を法的に保障するという機能を持つ一般名詞としての権利章典としての役割よりも、国家権力とりわけ行政権乃至執行権の恣意的な行使を掣肘するという機能、すなわち法の支配の歴史的淵源としての位置付けゆえに重要であるという議論を紹介する。

その後、比較的近時のイギリスにおいて、マグナ・カルタが中心的とまでは言えないが重要な論点となった一連の訴訟であるバンクール Bancoult 諸事件の中での同法をめぐる判決文中の言説を紹介、検討する。その目的は、近時のイギリスにおいて憲法的重要性のきわめて高い判決であると一般に評価されている同訴訟の中で、これらに携わった裁判官達が、どのような視点からマグナ・カルタに言及しているのかを確認するためである。イギリスの現行実定憲法におけるマグナ・カルタの位置付けについて良き支配としての法の支配という観点と権利の保障の基礎乃至根拠という観点のいずれが重要であるのかを再確認することを試みる。そのうえで、日本の憲法学におけるマグナ・カルタに関する理解を整理することで、改めて同法に対する評価可能性を検討し、最後に日本においてマグナ・カルタの八〇〇年に思いを致すことの意義について考えてみることとしたい。

第一節　マグナ・カルタ――権利の保障か法の支配か

イギリスを代表する憲法教科書において、マグナ・カルタについて言及されているのはわずかに二カ所である（二〇一八年改訂の一七版でも同様）。共に第一部「法源、構造及び諸原理」の中で、先ず第一章「憲法――その意味と法源」の箇所で憲法的重要性を有する立法の劈頭でその制定経緯や内容についての概説が行われている。(3) もう一カ所は、第四章「法の支配」について説明の中で、以下のように述べられている。「マグナ・カルタおよびその後の確認は、法に従った正義というものが、統治者にとってだけでなく封建的ヒエラルキーの諸階層双方に必要であることを表明している。十六世紀における再生及び再構成が普遍的自然法という理念を弱めたときには、国家の主権の一局面としての法の機能へと強調点が移行した」(4)。なお、同書第一五版（二〇一一）までは存在していた旅行の自由について説明する箇所での同法への言及は、当該テーマの削除とともに消滅している。この点について少々穿った理由の探求を試みるとすれば、今日のイギリスにおいては、権利保障という局面でのマグナ・カルタが有する象徴的意義や役割というものは相対的に高くないということなのかもしれない。例えば、一般的に残余の自由すなわち人は法によって禁じられていないことについて行動の自由を有するという市民的自由として理解されている伝統的なイギリスの権利保障のあり方ゆえに、この局面でのマグナ・カルタの意義は元来相対的に高くないかもしれないし、あるいはヨーロッパ人権条約の批准乃至同法を国内法化した一九九八年人権法の制定が有している今日的重要性という要因を考え合わせたときには権利保障との関連で従来多少なりとも存在していた同法の意義が減少している、ということなのかもしれない。

さて、オリバーはマグナ・カルタの八〇〇年に際して執筆した論考の中で、同法について以下のような考察を展開している。元来国王と諸侯の政治的対立にその成立の端緒を有していたマグナ・カルタが、(5) その制定によって第一に司法制度、裁判手続そして罪刑方針についての重大な改革をもたらしたとの見立ての上で、その成果を「法の支配 the rule of law」として評価している。[6] そして第二に、大部分が財産権である市民的諸自由及び諸権利が保障され、租税等によるその制約については「王国の一般的同意」が必要とされることが確認されたことで、後の議会の発展につながっていることが指摘されている。併せて、商行為に関する内容、教会や都市についての諸規定が存在していることも指摘されている。[7]

そのうえで、マグナ・カルタが一二一五年時に捺印された際には「制定法 statute」ではなかったことを指摘するとともに、[8] 同法が国王に対する法としての強制力を有しないことはもちろん、その規定の漠然性のゆえに例えば同法の下での権利を巡る貴族間の訴訟でも法的実効性はほとんど有していなかったことを指摘している。[9] 他方、同法の規定のうちの多くが国王、すなわち現代的に言えば執行権を法に従わせるものとなっており、同時代のブラクトンの有名な一節「国王は何人の下にあってはならないが、神と法の下になければならない。なぜなら法が彼をして国王たらしめるからである」を引きながら、それに加えて、国王に対する制約を規定している諸条項を挙げつつ、マグナ・カルタの真髄が「法の支配」にあることを指摘する。[10] オリバーが言及するのは国王権力に対する憲章の法外的な強制手段の存在である。彼女がとりわけ強調するのは、第六十一条において、国王及びその関係者による遵守違反等が認定された場合には、国王の動産・不動産等の差し押さえ等といった苛烈な対抗手段が認められていることである。[11]

このような屈辱的な条項は、一二一六年の再公布の際には除去されたものの、後に他の手段での憲章違反防止のための規定が設けられる。一二二五年、一二三七年そして一二五五年の各バージョンでは違反者に対する破門 excommunication の規定が導入されていることが紹介されている。[12]

それらを踏まえて、「これまでのマグナ・カルタについての議論から、その諸条項の多く（しかし、全てではない）は「基本的権利 fundamental rights」に関するものであったことが理解できる。しかしながら、イングランド法とりわけコモン・ローにおける発展の中心は、特別に保障された法的権利ではなく、市民的及び政治的諸自由の発展におかれていた。もし、「基本的諸権利」というものが特別の法的に保障される法的地位を意味するのだとすれば、まず神権に基礎をもつ国王の主権そして次に議会主権という概念と矛盾することとなる」[13]。

そして「今日、アメリカ型違憲審査制として知られるものを発展させる代わりに、コモン・ロー裁判所は法の支配とともに市民的及び政治的諸権利と諸自由の広範な保護を構築してきた。コモン・ロー裁判所は、国王の臣民の諸権利は布令にはよっては侵害されない、すなわち「国王は王国の法が国王に認めたものを除いて大権を持たない」という原理を発展させた。議会制定法が必要であり、この原理への違反に対する救済は裁判所において可能である。単なる君主や公益の主張に基づいて諸自由は制約されえない、すなわち諸自由への制約に際しては全て法的根拠が特定されなければならず、国王の大臣や官吏（国王自身ではなく）による違反に対しては裁判所が救済を与える。かくして、コモン・ローにおける諸自由は、固有のものであって君主や今日的言葉で執行権ましてや議会からの「付与 grant」に拠るものでなく救済可能性を備えたものである」[14]と指摘している。

さらに「この種のコモン・ローの発展の一方、もちろん法の支配の形成について議会が主要な役割を演じた。一六八八年の「名誉革命」〔中略〕の一端として、一六八九年権利章典によって至高の立法権は君主から議会へと移行された。すなわち、かくして君主、今日的言葉では執行権は、多くの権限を剝奪され、原則として法に従うこととされたのである」[15]と説明される。

また「法の制定もしくは変更過程についての手続的要件が、このように諸自由に干渉する諸権限への実体的限界にとって代わった」[16]との指摘がある。

「このように、イングランドにおけるマグナ・カルタ以来の法の発展に関する強力なテーマについては、「基本諸的権利」というより「法の支配」の発展にこそ要点がある。連合王国において、基本的権利という言葉は比較的最近になって展開をみたものである。マグナ・カルタは、イングランド及びウェールズにおいて、法の支配の発展における非常に初歩的な、あるいは最初の第一歩であると広く考えられてきた。〔中略〕マグナ・カルタは生き延びた。何故なら一つの根本的で重要な原理、すなわち法の支配を擁護していたからである」[17]。なお、この後結語の章においては、その後のマグナ・カルタの歴史的展開が簡潔に述べられているが、イギリスにおいては、「基本的諸権利」の保障に関して、その役割を担ったのはマグナ・カルタだけではなく、一六八九年権利章典や一九九八年人権法等を挙げつつ、強いて言えば権利保障におけるマグナ・カルタの相対的な非重要性が語られている[18]。そのうえで、「要するに、マグナ・カルタは最終的に、独立した司法、強い法の支配、市民的及び政治的諸自由と「基本的諸権利」の司法による保障そしてイングランド及び連合王国において広範に代表民主主義制度を作り出した長くそして平坦ではない過程の始まりであった。ポロックとメイトランドはマグナ・カルタについて、「イングランドがいまだかつて有したことのない「根本的制定法 fundamental statute」に最も近いものであり続けていると述べた。そうなった大きな理由は、マグナ・カルタの政治的及び文化的重要性とイギリス憲法の物語における普遍の地位ゆえである」」と結んでいる[19]。

以上に紹介したオリバーによるイギリス憲法学的観点からのマグナ・カルタについての概説は、実定憲法制度に鑑みれば、至ってオーソドックスなものであると評価できよう。一般名詞としての権利章典を一つの柱とする法的効力を強められた高次法乃至最高法規としての憲法典を有しないイギリスにおいて、所謂基本的人権を保障するための憲法制度乃至憲法原理としては、政治的主権者としての人民の意思によって民主的正統性を担保された法的主権者としての議会が制定法によって認めた場合にのみ市民的及び政治的諸権利は制約されうるのであり、これが私人の権利について裁判所が下してきた判断の集積として形成されたものと相俟って、法として通常裁判所による運用に服すると共に、国王、行政権その他の権力を有する者は、広範な、恣意的なあるいは裁量的な権限を有することを認められない。マグナ・カルタを契機としてオリバーによって書かれたこの論稿は、ダイシー A. V. Dicey によって説かれた「法の支配」についての言説ときれいに平仄が合っている。[20] この論文を読むに際して一定の配慮をするべきだと思われるのは、それ自体の実質的な結論部分とでも言うべき箇所のタイトルが「憲章は「基本的権利」のためのものか、あるいは「法の支配」のためのものか?」(A CHARTER 'OF FUNDAMENTAL RIGHTS' OR 'OF THE RULE OF LAW'?) と、一見したところ二者択一的かに解されるように提示されていることである。[21] 既に指摘したことを繰り返すことになるが、イギリス憲法制度内在的なマグナ・カルタの評価としては、権利の保障という側面よりも、第一次的には、実質的に市民的乃至政治的諸権利が保障されるための統治に関わる基本原理あるいはその仕組みへの影響を語るのは必然であろうことをここでは確認しておきたい。

他方、度重なる改正によって現在では大部分の条項を失ってしまったマグナ・カルタであるが、今なおほとんどの法令集の劈頭に置かれるれっきとした現行法である。残された条項の中には権利保障を目的としたものと理解することのできる規定も残っている。マグナ・カルタのイギリス憲法における歴史的重要性はともかく、現在において権利保障のための役割を果たすことはありうるのだろうか。そこで、次節では近時マグナ・カルタを根拠に具体的権利が争われた事例を検討することとしたい。その目的は、現行の実定憲法制度におけるマグナ・カルタのポテンシャルについて考えてみることにある。

第二節　バンクール Bancoult 事件

バンクール Bancoult 事件とは、以下のような歴史的・社会的経緯を背景として提起された一連の訴訟のことである。[22] 一九七〇年代にイギリス政府は、インド洋上の環礁島からなる島嶼地域を英領インド洋領 British Indian Ocean Territory（以下、基本的にBIOTと略記する）として一まとまりの海外領土を創設した。[23] その際、同領の主要な島であるディエゴ・ガルシア島などからなるチャゴス群島を合衆国に軍事基地として提供するために、同領域の住民を強制的に退去させるとともに立入を禁止するという措置をとった。これらの措置についての違法性を旧住民達が争って数次にわたる訴訟を提起することとなった。[24] 強制退去及び立入禁止の合法性が争われた訴訟において、原告側が根拠として主張した具体的な権利が、現行法上のマグナ・カルタの規定として残存している「国外追放をされない権利 right not to exile」である。なお、周辺的な事情について予め指摘しておく。旧チャゴス群島民達は、自らが居住していた、あるいは居住するべき地域から権力的に移住を強制され、しかも法的に立ち入ることが認められないという状況に置かれている。このように当事者の最も基本的な権利が根底から侵害されている状況が出来しているにもかかわらず、当該事態は旧植民地が独立する以前の地域で発生しており、その後に同地は海外領土とされているという事情等から、通常であれば個人の権利保障を主張するための根拠となるべき法規範の適用乃至管轄権の空隙に落ち込んでしまっている。[25] 訴訟当事者が拠るべき権利主張のための法的根拠が、マグナ・カルタを除いて探し出すことが困難であったという事情こそが、帝国としての残滓を今尚留める現在のイギリス法における人権保障システムが抱える欠陥を露呈するとともに、事態の深刻さを象徴的に示している。

既述の通り、いずれの訴訟においても、マグナ・カルタ二十九条「いかなる自由人も、〔中略〕国法によるのでなければ、逮捕あるいは投獄され、または所有物を奪われ、または追放され、〔中略〕てはならない」（一二一五年三十九、四十条、一二九七年二十九条）という規定のみが、原告にとって自身の故地に居住する権利と強制退去の違法性を主張する際の実体的権利の根拠とされている。

これに対して政府側は、マグナ・カルタは制定法 statute ではないこと、あるいは権利主張の根拠となりうる制定法であったとしても、対象となる植民地に対する適用が明示されているもの以外の議会制定法との抵触を理由としては植民地法の効力が否定されることのない旨を規定する一八六五年植民地法効力法（Colonial Laws Validity Act 1865）により、もしくは英領インド洋領は移住ではなく割譲された植民地 ceded, not a settled colony であるために、[26] 本件においてマグナ・カルタは適用されない旨を主張した。

要するにマグナ・カルタ第二十九条が本訴訟において原告側が実体的権利を主張する際の法的根拠とはならない、というのが政府側の主張の要点である。それでは、マグナ・カルタの法的性質乃至位置付けについてのこのような錯綜した法的論争について、訴訟を担当した各裁判官はどのような判断を示したのであろうか。[27]

（1）第一次訴訟

第一次訴訟において、二名の裁判官はマグナ・カルタに関連して以下に引用する通りに判示している。

私は、マグナ・カルタが特定できない何らかの従位法の範疇に属することを〔中略〕必然的に帰結する政府の主張を聞いて、狼狽したことを告白する。[28]

カナダ最高裁のある判決（Calder v AG of British Columbia（1973）34 DLR（3rd）145）で述べられているように、マグナ・カルタは全帝国を通じて法であると考えられてきた。イングランドが管轄権を行使するとみなされた新たに発見され取得された土地や領土において、国旗に随行する法であった。[29]

私の判断ではマグナ・カルタについての議論は所詮不毛なものとなる。もしこの憲章がＢＩＯＴまで『国旗に追随した』としても、ここでなされたことが、法に従ってなされたのであれば、そのことを非難するのに十分な効力をもたない。〔中略〕私の理解では、マグナ・カルタは、〔二十九条が国法による制約を予定する文言を含む以上〕立法者が自己にとって適切と考える立法を行うという主権を抑制するものではない。(30)

マグナ・カルタは、私の判断では、本件で原告に有利な解決をもたらす訳ではない。すなわち、〔移民〕布告第四条が「国法」に適うように制定されたか否かについての解答を導かない。だが、〔中略〕マグナ・カルタは、実際にわれわれの長きにわたる憲法体系や法の支配の原理の中で、最初の一般的宣言であることを銘記することが非常に重要である。〔中略〕本件での真の問題は、ここで行われた措置についてそれを正当化するような法的権威の形式と実体は何であるかであり、〔移民〕布告第四条はそれに該当するか否かである。これらの問題に関して、マグナ・カルタは解答をもたらさない。(31)

もしマグナ・カルタが原告のような人々に適用されるとしたなら、少なくとも〔移民〕布告の合法性に関して問題となった点についての解決のための手がかりを、私は二十九条に見出していただろう。しかしながら、〔中略〕私はＢＩＯＴは「移住された」植民地であるというよりは「割譲」された植民地であると考える。(32)〔中略〕このような深遠な区別により、本件では、マグナ・カルタに依拠することはできないという被告の主張を私は支持する。(33)

〔原告代理人の〕王冠は当該領域における島民の居住権を剝脱する権限を有しないという主張は、私の意見では極端に過ぎる。彼は二つの理由を挙げる。第一に、マグナ・カルタ二十九条を引用しながら居住権が基本的な憲法上の権利であることが主張される。〔中略、だが〕居住権とは法の産物である。法がそれを付与し、法はそれを奪い去ることができる。この文脈では、それを憲法上の権利と呼ぶ議論が支持されるとは思われない。〔中略〕

マグナ・カルタ二十九条は「国法による」制限を規定している。〔中略〕ＢＩＯＴ憲法命令第九条は当該権利の存在を否定している。〔中略〕当該規定の文言は極めて明確である。個人にとっての当該権利の重要性は、王冠が立法権限を行使するに際して配慮しなければならないものであるとしても、〔中略〕居住権がその性質において非常に基本的なものであるがゆえに王冠の立法権限がこの権利を制限することができないという主張は、私には根拠のないものに思われる。[34]

(2) 第二次訴訟[35]

第二次訴訟貴族院判決では法廷意見及び反対意見のいずれにおいてもマグナ・カルタについての示唆的な意見が述べられている。以下、各々をみてみよう。[36]

(a) 法廷意見

移住による植民地については、イングランドのコモン・ロー及び「当該領土の獲得以前にコモン・ローを確認して制定された法律は、同地において効力を有する」〔中略〕。それゆえ、もしモーリシャスが移住による植民地であったならば、マグナ・カルタが「国旗に随行」し同島およびそれに付属する島嶼において移住の時以来コモン・ローの一部となったはずであった。だが、モーリシャスは一八一四年にパリ条約の規定に従ってイギリス王冠に割譲されたものであり、〔中略〕それゆえ、一九六五年にチャゴス群島がモーリシャスから分離された際に、マグナ・カルタ二十九条はその制定法の一部とはなっていなかった。だが、一九八四年の枢密院令により、チャゴス諸島でもイングランド法が適用されることとなった。〔中略〕そこで、「国法によるのでなければ」追放されないとするマグナ・カルタ二十九条の適用があるとして、ＢＩＯＴ法は〔居住権と在留を禁止する〕憲法命令と移民命令を有しているので、何らかの理由によりこれらの枢密院令が無効であるとされなければ、マグナ・カルタ二十九条の見地から、当該枢密院令によるチャゴス群島民の追放を違法とする理由は何もない。[37]

〔原告代理人は、イングランドのコモン・ロー上の「基本原理に反する」枢密院令を制定する権限を国王は持たないが故に、当該枢密院令は無効であると主張する。だが、一八六五年植民地法効力法は、イングランド法やその根本原理違反による植民地法の無効という主張がもたらしうる植民地法の不安定性を解消するために制定されたものである。〕それゆえ、憲法命令九条および移民命令のいずれについても、住民は領土から追放されてはならず、それゆえそこに帰還する権利があるというイングランドのコモン・ロー上の「根本原理」に違反するという理由で、イングランドの裁判所において争われることはないと私は確信した。[38]

マグナ・カルタ二十九条がＢＩＯＴ法の一部をなすとしても、これら枢密院令の効力によるチャゴス諸島民の追放が違法とされることはない。[39]

(b) 反対意見

〔居住の〕権利は基本的であり、連合王国という文脈においてその言葉が用いられるときには必然的に非公式のものとなるにせよ憲法的なものである。マグナ・カルタ二十九条は国法によらなければ追放されないことを規定している。[40]

国王が海外領土を征服や割譲によって獲得した場合ですら国王とその臣民との関係は、連合王国において適用されるのと同様の公法上の諸原則に従うこととなる。〔中略〕ＢＩＯＴの住民は、〔中略〕国王の保護下に入り、臣民となったのであり〔中略〕コモン・ローが連合王国の市民に付与するのと同様に憲法的な居住権と国外追放からの免除を国王に対して獲得したのである。一九六五年以降、バンクール氏と他のチャゴス群島民の市民権と居住権を結びつけ得る唯一の構成単位はＢＩＯＴであった。(41)

（3）判決にみるマグナ・カルタの位置付け

以上見てきたように、チャゴス群島民の強制退去を合法・違法のいずれと見なすかという法的な判断とは別に、各判決に現れた実定法としてのマグナ・カルタへの評価には、いくつかのバリエーションを読み取ることができる。当該論点が集中的に論じられた第一次訴訟及び第二次訴訟貴族院判決での議論に鑑みると、以下の三タイプに整理することができるものと考えられる。

第一の見方として、第一次訴訟での政府側の主張にみられたように、マグナ・カルタの法規範性を否定する見解が存在する。だが、このような見解は同法について論じた裁判官全てに受け入れられるものではなかった。何となれば、マグナ・カルタが度重なる改正を経つつ、現在残存しているのはごく一部の条文のみであるとはいえ、それが現行法であること自体は疑い得ない事実だからである。そうであるとすれば、これは多分に同法の裁判規範性を極力否定的に解したいという被告である政府側の立場からのレトリックの問題に過ぎなかったのかもしれない。

第二の見方として、現行の制定法ではあることを当然としながら、少なくともその実定法としての法的効力については、特別の位置付けを与えないという評価が存在する。具体的には第一次訴訟の判決におけるギブス Gibbs 判事の説示、そして第二次訴訟におけるホフマン Hoffmann 卿およびロジャー Rodger 卿らの立場である。前者については、チャゴス群島が割譲により取得された植民地であることからマグナ・カルタが適用されないと判断している。後二者も、同法における権利の保障規定が「国法によらなければ」制限されないこと、すなわち法形式的に有効裡に制限を加えられている場合には当該制約は可能となることから、政府の強制移住乃至立入禁止措置を合法と判断している。特に、第二次訴訟において旧住民の権利を制約していたのは枢密院令であったことに鑑みれば、「国法による」制約とは当然に法形式の問題であるとの評価がなされていることがわかる。

第三の見方として、マグナ・カルタに対して、何らかの意味で通常の制定法を超える憲法的位置付けを与える評価である。これに該当するのが、第一次訴訟でのローズ Laws 卿の説示、そして第二次訴訟でのマンス Mance 卿の立場である。ただし、前者は「法の支配」との関係でその重要性を指摘するものの、実際の判断では特別な法的効果を認めていないという点を強調するのであれば、少なくとも法的効力という点に関しては限りなく第二の見方に近づくものであろう。それに対して、後者はマグナ・カルタによって保障される「居住権」の憲法的重要性への評価が枢密院令の違法性判断に際しての大きな要素とされている点で異色であると評価しうる。

以上、既述の通りバンクール事件は近時のイギリス公法上興味深い論点の尽きない訴訟であるが、現行法としてのマグナ・カルタの位置付け如何という点に限って簡単に整理しておこう。「現代の訴訟を解決するに際して、マグナ・カルタが実際にどのような役割を演じることができるのかという問題は、バンクール事件後においても、失望を禁じ得ないほどに不鮮明である」[42]、との第一次訴訟に対するコメントは、第二次訴訟を踏まえても依然として有効と考えられる。とはいえ、上に整理したとおり朧げではあるが概略的な整理は可能であろう。要するに、第一節でオリバーの行論を紹介したが、それと径庭のない理解である。より焦点を絞って論ずるとすれば、現行法としてのマグナ・カルタ、とりわけ残存する規定の中で唯一権利保障的な規定を有する第二十九条といえども、それのみによって裁判上争われた権利救済の根拠となりうる余地はほとんど無いということである。

むしろ、マグナ・カルタとの関係で筆者にとって印象的だった点は別にある。判決文中で、主導的判断をしてホフマン Hoffmann 卿は次のように述べている。「原告らの居住の権利は、前述の通り純粋に象徴的なものである。もしこの権利が島々にキャンプを張るというような形で行使されたとしたら、それは政府に対する圧力をかけることを目的とした象徴、身振りであろう。この訴訟全体も、〔中略〕「他の手段をもってする抵抗の継続」なのである」(43)。

マグナ・カルタ発祥の地であるイギリスにおいて、今日なお、合衆国への軍事基地提供のために住民を権力的に強制退去させるという政府の専断的統治に対して抵抗するための法的根拠としてマグナ・カルタが依拠されているという事実を目の当たりにしたとき、筆者は貴族院判決とは些か異なる感慨を覚える。マグナ・カルタすなわちこの事件での居住権の主張は抵抗の象徴などではなく、良き統治を求めて専断的な権力行使に抵抗し続けることこそが、現代におけるマグナ・カルタの具象なのではないだろうか。

第三節　日本におけるマグナ・カルタの憲法的意義

ここまでは、イギリスにおけるマグナ・カルタに関する学説上の評価、そして近時の重要な憲法的訴訟における同法に対する裁判官の理解について順次みてきた。ついで、本節では日本の憲法学における同法の位置付け如何という問題について一瞥してみることとする。ここでの基本的な視点は、ここまでの考察を踏まえつつ、マグナ・カルタについて論じられた検討枠組を日本に当てはめてみることである。すなわち、日本において展開されてきた憲法学あるいは憲法史的な観点から見たとき、第一の視点である文書化された法乃至高次法による個人の基本的な権利の保障という考え方と、第二の視点であるいわばよき統治を表象する概念として、すなわち専断的な権力とりわけ王権や行政権による恣意的な統治に対する防波堤としての「法の支配」という考え方とが、あたかも二者択一的なものであるかのように論じられているのかという問題である。ここでは、それぞれ日本の憲法学における議論状況を踏まえつつ、簡単に検討することとしたい。

先ずは、第一の観点について見てみよう。例えば、戦後憲法学を代表する一人である奥平康弘はマグナ・カルタ以下の権利請願（Petition of Right, 1628）、権利章典（Bill of Rights, 1689）といった「イギリスに展開した権利宣言システムは、イギリス国土にはむかしから（記憶できないほど以前から）イギリス臣民にはある種の権利が認められていたという構成を前提とし、それらの権利を統治者に再確認させるというスタイルをとったのが特徴的である」[44]と指摘した後、独立以前にイギリスの植民地であったアメリカにおいては、「イギリス国土に固有のイギリス臣民の権利は、ただちに同時にアメリカ在住者の権利でもあると受けとめられた〔が、中略〕」[45]、「イギリス本国から独立し新しい政治社会を作ろうとしたアメリカ人たちは、イギリス臣民の権利という観念の枠組にとどまっているのに飽き足らないばかりでなく、それによって自分たちの政治行動を正当化するのは不十分だと感じ〔中略〕、市民社会における普遍的な原理としての「人間の権利 The Rights of Man」（人権）思想に裏づけられた権利宣言をみずからの手でおこなうことになるのである」[46]と指摘している。

同じく芦部信喜はマグナ・カルタの意義について代表的教科書の中で次のように述べている。「人権の思想が最も早く登場したのはイギリスであった。一二一五年のマグナ・カルタ、一六二八年の権利請願、一六八九年の権利章典は、近代人権宣言の前史において大きな意義を有する。もっとも、これらの文書において宣言された権利・自由は、イギリス人が歴史的にもっていた権利・自由であって、『人権』と言うよりは、『国民権』と言うべきものであった」[47]。当該文章が「基本的人権の原理」の章において「人権宣言の萌芽」として語られていることからも、日本の戦後憲法学においてのマグナ・カルタの重要な意義の一つが、基本権の文章化による法的保障にあると理解されていることが伺われるであろう。とはいえ、同じ著者によるより学術的な概説書においては、イギリスにおける憲法的法律を同じく列挙しながら、「近代的成文憲法の範型として知られる多くの憲法的文書を有する国である。そういう権利・自由の保障を定める多数の成文法の下で立憲制度が長年にわたって実際にも運営されてきた国である」との説明が行われており[48]、芦部自身はマグナ・カルタを単なる一般名詞としての権利章典の祖型のみとして捉えているわけではないことがわかる。

他方、第二の観点についてである。樋口陽一は、近代憲法の基本構造である領域的国民国家については主権の担い手としての集権的国家とアトム化された人権の主体となった個人の二極構造について語る文脈の中で、概要を以下のように述べている。すなわち、近代以降の国制的構造に先行する思想乃至理論の影響として「イギリスの場合は、自分たち自身の過去――マグナ・カルタを典型とする中世立憲主義の、「法の支配」の伝統――が引照された」[49]と述べる他、「マグナ・カルタや身分制議会に見られるような、中世立憲主義＝身分的特権の効果としての身分的自由は、そのような多元的権力構造のうえに成立していた」[50]、あるいは、「一二一五年のマグナ・カルタは、身分制的自由が国王と封建諸侯のあいだの権力の多元的並存という力関係のうえに成立していたことを、示している」[51]と述べる等、マグナ・カルタの同時代的な権利保障のあり方にも目を配りつつ、権力そのもの、あるいはそのコントロールのあり方に対する関心に力点を置いているように見受けられる[52]。

以上のような戦後憲法学を代表する、それぞれの碩学のマグナ・カルタについての言説は、例えば芦部の見解と樋口の見解が好対照をなしているように、中世立憲主義と近代立憲主義との間に順接的な発展関係があると見るのか、それとも両者の間には質的な断絶が存在するのかという、かたちを変え繰り返されてきた論点について各々異なった立場がとられていることを伺わせる[53]。そして、それはそれとして興味深い論点であることは間違いないが、現在の実定憲法学にとって両立場の相違がどれほど重要であるかは必ずしも判然とはしない。穿った見方をすれば、いかなる文脈でマグナ・カルタについて語るのか、すなわち権利保障の文脈か統治のあり方の文脈かによってその比重が異なっているに過ぎないとも理解できる。

実際のところ、当然と言えば当然のことであるが、日本においてマグナ・カルタは、「基本的権利」であるのみならず「法の支配」のためのものでもあるということを前提としたエピソードのひとこまとして語られている。硬性憲法である日本国憲法の下で、憲法上保障された権利を裁判所による違憲審査制の裏打ちを以って実現しようとする立場からすれば、基本的権利についての成文法による保障を重視する立場と良き統治を表象する概念としての法の支配を重視する立場とが対立する訳ではもちろんない。それどころか、これら二つの論点は成文化された高次法としての憲法典にとって共に欠くべからざる重要な課題である。むしろ、イギリス以外の後続の国家にとって、イギリス史上長い年月をかけて形成されてきた公権力に対する個人の法的権利保障と、公権力の恣意的行使を抑止するための統治の仕組とを、同時に実現するための営為の制度的帰結こそが、成文憲法という装置の発明だったということになるのであろう。

神権天皇制の下で、法律の留保を付されたわずかばかりの権利と天皇の名において裁判を行った司法権しか知らなかった日本で、戦後日本国憲法が制定された際には、実質をともなった市民的及び政治的権利の保障とそれを歴史的乃至制度的に担保してきた司法制度を世界に先駆けて実現してきたイギリス乃至イギリス憲法は、もちろん議会制などの民主主義に彩られた（と思われていた）統治機構とも相俟って輝く星のごとくであったに違いない。実際、以下に引用する伊藤正己の文章は、その当時にあって数少なかったイギリス公法学に通暁した者としての自負とともに極めて的確なマグナ・カルタ理解を提示している。

ヘンリの憲章からマグナ・カルタへと推移し、マグナ・カルタが、しばしば再確認されたあとを顧るならば、右に述べた国政の基礎にある観念（国王もまた、法律上なすことのできないものがあり、その権限には一定の制約がおかれ、しかも、国王がそれを遵守しないときは、貴族達は、その遵守を正当に主張できるとするもの）が、国王も法の下にあるという思想になり、「法の支配」の伝統の母体となったことを、明白に知ることができるであろう。その意味で、マグナ・カルタの歴史的重要性は、その規定した特定の条項にあるのではなくて、その基礎たる原則、すなわち、国王も政府も、国家の法に従わなければならないという原則を、憲法的形式をもって表現した点に求められる。マグナ・カルタが、世界的な文書としての高い地位を占めるのは、まさにこの原則にもとづくのである[(54)]。

他方、同じ書物の中で「一二一五年のマグナ・カルタ Magna Charta 以来七世紀余にわたって人権を育成してきたイギリス」との言説に註記として「もちろんマグナ・カルタそのものは主として封建領主の特権を擁護するための文書であった。しかし、周知のようにコークの解釈以来、それは、人権保障の最高の文書の地位に高められている」[(55)]との記述もあるように、日本の憲法学はマグナ・カルタの憲法史的意義を同法の成立当初の同時代的意義に加えてその後のイギリス憲法史の展開をも適確に踏まえて論じてきた。

このようにマグナ・カルタが憲法学において語られる際の内容には、当然のことながらそれが論じられる文脈によってであるが、相当な強調点の違いが存在する。その理由を、これまで綴ってきた文章を手掛かりにしつつ挙げるとすれば、イギリスでマグナ・カルタが語られる際には自国の歴史における政治的及び文化的重要性とイギリス憲法の物語に通底する普遍的価値としてそれが語られているのに対して、日本では硬性化された高次法としての憲法典とその中での権利保障のあり方、そしてそれを担保するための制度としての違憲審査制という立憲主義の物語の一こまとして[(56)]、マグナ・カルタは語られる傾向が強い。

結語

「マグナ・カルタは、イギリスの歴史に一貫して共鳴している一つの根本的原理を含んでいた。すなわち、政府は法に従わなければならないという原理である」[57]。このようなイギリス憲法内在的な観点からすると、先に参照したボグダナー Vernon Bogdanor もその論文中で指摘していたように、一九九七年以降の所謂憲法改革以後の憲法動向は革命的と評してもあながち間違いではない状況であった[58]。とりわけ、行政権乃至執行権の地位は一定の長期的視点から見たときにはかなり強化されるに至っており、例えばイギリス法制史の泰斗は、おそらくは首相周辺の独断によって大法官職が実質的に廃止されたことを契機として、以下のような憲法の成文化を主張するに至っている。「イギリス不文憲法は合意によって堅持されてきたが、過去三世紀にわたる合意は最終的に終わりを告げたように見える。この国の権力が再び抑制の効かないものとならないかという問題を、歴史の教訓が告げているように私には思える」[59]。ここで云う三世紀が一六八九年の権利章典以来のことを指すとすれば、たびたび指摘してきたようにそれに至る長い歴史の起点は当然一二一五年のマグナ・カルタである。他にも、イギリスという国家を取り巻く国内的・国際的な政治的枠組みの流動性や人権保障の脆弱性についての指摘を踏まえ、マグナ・カルタの伝統に根ざした成文憲法典の導入を主張する政治および現代史専攻者等[60]、従来のイギリス憲法のあり方を根本的に問い直そうとする立場は枚挙に暇がない。

他方、日本はどうだろうか。マグナ・カルタの公布八〇〇年を記念する論文集の中で、その世界史的な憲法史的意義を論ずる文脈において「マグナ・カルタが世界中に影響を与え続けてきたことに思いをめぐらせることは簡単であるが、いかなる意味で影響を与えてきたかを正確に指摘することははるかに困難である」[61]との指摘がある。そして結局のところ「マグナ・カルタの影響力というのは、主として象徴的なものである」とのことであるが[62]、先に検討したとおり、日本においては、マグナ・カルタは近代憲法というプロジェクトを神権的憲法に代わって地肉化するための象徴であったのだろう。不十分ながらも日英両国の憲法的議論状況それぞれに照らしながらマグナ・カルタの意義を論じてきたわけであるが、筆者の当面の願い及び目標はイギリスが従来型の不文憲法を堅持するための努力を見守り続けることと、日本における近代立憲主義のプロジェクトが目の前で瓦解するのを見ずにすむように精一杯の悪あがきを続けることである。

（1）法制史学会第六七回総会シンポジウム（於：関西学院大学）二〇一五年六月一三日。

（2）マグナ・カルタは「世界規模で憲法思想に影響を与えてきた。それはフランス、ドイツ、日本、合衆国そしてインドのみならず多くのコモンウェルス構成国を含み、そしてラテン・アメリカとアフリカ中いたるところにである」。Robert Worcester, 'Why Commemorate 800 Years?' Magna Charta Today（2013）. http://magnacarta800th.com/magna-carta-today/objectives-of-the-magna-carta-800th-committee/; see, paragraph 3.

（3）A. W. Bradley , K. D. Ewing and Christopher Knight, *Constitutional and Administrative Law*, 16th ed.,（Pearson, 2015）p. 12.

（4）*Ibid.*, p. 77.

（5）Dawn Oliver, 'The United Kingdom: From Magna Carta 1215 to the Rule of Law,' in Markku Suksi et al eds, *First Fundamental Rights Document in Europe: Commemorating 800 Years of Magna Charta*（Intersentia 2015）p. 13.

（6）*Ibid.*, pp. 14–15.

（7）*Ibid.*, pp. 15–18.

（8）*Ibid.*, p. 18.

（9）*Ibid.*, pp. 18–19.

（10）*Ibid.*, pp. 19–20.

（11）*Ibid.*, p. 20.

（12）*Ibid.*, pp. 20–21.

（13）*Ibid.*, p. 21.

（14）*Ibid.*, pp. 21–22.

（15）*Ibid.*, p. 22.

(16) *Ibid.*

(17) *Ibid.*, p. 22.

(18) *Ibid.*, p. 23.

(19) *Ibid.*, p. 24.

(20) さしあたり、以下を参照。A・V・ダイシー著／伊藤正己・田島裕訳『憲法序説』（学陽書房、一九八三）一七九頁以下。A. V. Dicey, *Introduction to the Study of the Law of the Constitution*, Liberty Fund, 1982, pp. 110 ff.

(21) Dawn Oliver, *op. cit.*, pp. 21 ff.

(22) 通常、第一次訴訟と呼ばれているものが、*R. v. Secretary of State for the Foreign and Commonwealth Office, ex p. Bancoult* (*No.1*) [2001] 2 W.L.R.1219. 他方、第二次訴訟として知られているものが、それぞれ以下の通りである。第一審、*R* (*Bancoult*) *v Secretary of State for Foreign and Commonwealth Affairs* (*No 2*) [2006] EWHC 1038 (Admin). 第二審、*R* (*Bancoult*) *v Secretary of State for Foreign and Commonwealth Affairs* (*No 2*) [2007] EWCA Civ 498. 上告審が、*R* (*Bancoult*) *v Secretary of State for Foreign and Commonwealth Affairs* (*No.2*) [2009] UKHL 61. 以下では、判決文中、マグナ・カルタについて言及がなされている部分のみを引用する。

(23) ＢＩＯＴの統治のため一九六五年一一月八日英領インド洋枢密院令（British Indian Ocean Territory Order 1965 (S.I.1965 No. 1920, revoked and replaced by the British Indian Ocean Territory Order 1976 (S.I.1976 No. 893)))が制定され、同令の下で（根拠条項は長官に対して付与される「Ｂｉｏｔの平和、秩序及び良き統治」のための立法権）制定された一九七一年移民布告（Immigration Ordinance 1971）第四条「何人も領域内に立ち入ることができない」により、当該強制移住及び立入禁止措置が実施された。

(24) 一連のバンクール（Bancoult）事件の歴史的乃至政治的背景、訴訟の展開等についての詳細は以下の拙稿において詳細に紹介している。参照、「英領インド洋領からの住民の強制移住とイギリス国制 ――Bancoult 訴訟が民主主義憲法制度に提起するもの」、錦田愛子編『人の移動と政治的・社会的シチズンシップ』（明石書店、近刊）。判決におけるマグナ・カルタへの各裁判官の言及について一部重複があるが、以下の考察では、これらの言及について二つの観点からの整理・分析を行う。

(25) 後に参照する第二次訴訟貴族院判決は、同地にヨーロッパ人権条約乃至一九九八年人権法の適用がなされないことを明言している。

(26) イギリス法上、植民地はその取得形態の別（征服、併合、割譲、移住）により当該領域での法適用に差異が生じるとされている。

この場合、移住植民地であればイギリス法が適用されるのに対して、割譲であれば、割譲の際の条件次第ではあるが、廃止もしくは変更を加えられるまで現地法が効力をもつと考えられている。See, Calvin's Case (1608) 7 Co. Rep. 1a, at 17b.

(27) 本章では、バンクール Bancoult 事件において直接的及び間接的にマグナ・カルタがどのように論じられたのかという点のみを極めて表層的に検討しているのみだが　同訴訟は、国王大権（本件では枢密院令）に対する司法審査のあり方如何等イギリス公法上の重要な論点に彩られた極めて重要な訴訟である。

(28) [2000] 2 W. L. R. para. 32 (Lord Justice Laws). 以下の引用に際しては、判決のパラグラフ番号と当該判示を行った裁判官名を掲げる。

(29) [2000] 2 W. L. R. para. 33 (Lord Justice Laws)

(30) [2000] 2 W. L. R. para. 34 (Lord Justice Laws)

(31) [2000] 2 W. L. R. para. 36 (Lord Justice Laws)

(32) 前注（26）参照。

(33) [2000] 2 W. L. R. para. 68 (Mr Justice Gibbs)

(34) [2000] 2 W. L. R. paras. 42-45 (Lord Hoffmann)

(35) なお、第二次訴訟の開始に先立つ二〇〇四年六月一〇日に、枢密院は二〇〇四年英領インド洋（憲法）命令（British Indian Ocean Territories（Constitution）Order 2004）を制定した。同九条一項は「本領域が、連合王国政府とアメリカ合衆国政府との防衛目的に資するよう構成され、設置されたことに鑑み、何人も領域内に居住する権利を有しない」とし、同二項は「したがって、本命令その他領域で適用される法によって、又はそれらに基づき許可された場合を除いて、何人も領域内に立ち入り又は在留することはできない」と規定している。

(36) なお、第二次訴訟の一審、二審の判決を読む限り、マグナ・カルタが論じられた形跡はない。

(37) [2009] UKHL 61. paras. 83-86 (Lord Rodger of Earlsferry)

(38) [2009] UKHL 61. para. 102 (Lord Rodger of Earlsferry)

(39) [2009] UKHL 61. para. 117 (Lord Rodger of Earlsferry)

(40) [2009] UKHL 61. para. 151 (Lord Mance)

(41) [2009] UKHL 61. para. 155 (Lord Mance)

(42) Tomkins, 'Magna Carta, Crown and Colonies,' *PL* (2001) p. 581.
(43) [2009] UKHL 61. para. 53 (Lord Hoffmann)
(44) 奥平康弘『憲法Ⅲ　憲法が保障する権利《有斐閣法学叢書》』（有斐閣、一九九三）九頁。
(45) 同右。
(46) 同右、九―一〇頁。
(47) 芦部信喜・高橋和之補訂『憲法　第六版』（岩波書店、二〇一五）七六頁。
(48) 芦部信喜『憲法学Ⅱ　人権総論』（有斐閣、一九九四）二一頁。
(49) 樋口陽一『憲法Ⅰ《現代法律学全集二》』（青林書院、一九九八）五一頁。
(50) 同右、七二頁。
(51) 同右、一四三頁。
(52) 樋口のこのようなマグナ・カルタへの言及の前提には、中世の社会的属性に由来する身分的自由と、近代以降における個人の尊厳を備えた人一般としての自由との間に、決定的な質的断絶を見出す立場が存在する。
(53) C・H・マックルワイン著／森岡敬一郎訳『立憲主義――その成立過程』（慶応通信、一九六六）、ティアニー著／鷲見誠一訳『立憲思想――始源と展開　一一五〇―一六五〇』（慶応通信、一九八六）を参照。
(54) 伊藤正己『法の支配』（有斐閣、一九五四）一七頁。なお、引用に際しては旧漢字等を改めた。
(55) 伊藤、同右、一三五頁及び一三六頁。
(56) ここで言う立憲主義として、阪口正二郎『立憲主義と民主主義』（日本評論社、二〇〇一）二八九―二九〇頁を参照。
(57) Vernon Bogdanor, 'Magna Carta, the Rule of Law and the Reform of the Constitution,' in Robert Hazell and James Melton eds, *Magna Carta and Its Modern Legacy* (Cambridge University Press, 2015) p. 23. なお、ボグダナーは、イギリスが憲法典を有さずにいることについて、歴史的及び原理的二つの理由があると述べている。「イギリスの統治制度は、十七世紀の内戦の時期を除いて際立った断絶を経験せず、発展と適応によって特徴づけられている」と述べている（p. 29）。「少なくとも最近まで、イギリスが認識していた唯一の憲法原理は議会が主権的であるということのみであった。そして、この主権的議会を憲法慣習と呼ばれる非法的ルールが拘束してきたことを指摘している（pp. 29-30）。他方、このようなイギリスの憲法的特徴に関しては、EU加盟による議会の立法権への制約や地域分権によるスコットランド、ウェールズ、北アイルランドに関する一定事項についてのウェストミンスター議会の立法権限の喪失、一九九八年人権法の導入による同法の高次法的機能等を挙げつつ、「これらの変化によってイギリス憲法は根本的に変更された」（p. 30）と述べるとともに、この憲法的激動時に、「目指すべき更なる憲法改革は、多大なるマグナ・カルタの精神の方向に進むであろう」と論稿を結んでいる。

（58）これらの状況については、松井幸夫編著『変化するイギリス憲法』（敬文堂、二〇〇五）および松井幸夫他編著『憲法の「現代化」——ウェストミンスター型憲法の変動』（敬文堂、二〇一六）を参照。

（59）J. H. Baker, 'Our Unwritten Constitution,' [Maccabean Lecture on Jurisprudence]（2011）. Privately printed in 2010 as a separate pamphlet, with the same pagination. Reprinted as 'The Unwritten Constitution of the United Kingdom'（2013）15 EccLJ.

（60）Andrew Blick, *Beyond Magna Carta A Constitution for the United Kingdom*（Bloomsbury, 2005）

（61）James Melton and Robert Hazell, 'Magna Carta…Holy Grail?' in *op.cit.*, p. 8.

（62）James Melton and Robert Hazell, *op. cit.*, p. 18.

あとがき

二〇一五年のマグナ・カルタ八〇〇周年から三年余り経とうとしている。時宜をえた出版という意味では、遅くなりすぎたのかもしれない。しかし、研究は、時事性を追いかける新聞報道ではない。昨今では、新聞報道すら、時事性という面では、薄っぺらなネット配信ニュースに追いつかない。

もっとも、政治史的には、二〇一五年の八〇〇周年が重要なのであろうが、法制史的には一二二五年からの八〇〇周年としての二〇二五年が、議会史的には二〇九七年が画期なのだといえなくもないのだが、少し弁解がましいかもしれない。

実のところ、出版の遅れは、八〇〇周年で活発化する海外の研究動向を可能な限り踏まえて研究をまとめたいと願う編者の思いと、もう一つ、シンポジウムでは十分取り扱えなかった、ブラックストン以降の現代世界に生きるマグナ・カルタを世界人権宣言との関連で紹介すること、さらに、ジョンのマグナ・カルタ研究についても、既に邦訳されているホゥルト第二版で終わったわけではなく、第三版序文で第二版以降の新たな議論が総括されており、これらの議論の基礎となったバルドウィンやヘルムホウルツの論文を翻訳することで八〇〇周年シンポジウムの穴を塞ぐことを目指したからであった。

したがって、当初の出版計画では、第二部として、Robin Griffith-Jones & Mark Hill QC eds., *Magna Carta, Religion and the Rule of Law* から、ラングトン論に関わる John W. Baldwin 論文、Ius Commune との関係で R. H. Helmholz 論文、世界人権宣言を扱った Sir Rabinder Singh 論文の翻訳で補う予定で、各々、熊本大学教授苑田亜矢

氏、学術振興会特別研究員松本和洋氏、及び香川大学名誉教授栗原眞人氏に依頼して訳出し、また、クックとマグナ・カルタの関係について、ロバーン教授には国王大権問題を中心に議論していただいたので、これも、人身の自由乃至精神的自由の問題でSir John Baker論文で補うことを計画し、ベイカー、ヘルムホウルツ両教授からは翻訳出版の許諾も得ていた。

しかし、上記翻訳も含めた研究成果の公表について、学術振興会、平成三〇（二〇一八）年度研究成果公開促進費に応募申請したところ、「独創性又は先駆性がもう少し高いと良い」との審査理由で不採択となった。残念ながら、こうした経緯もあり、当初の出版計画を縮小せざるえず、貴重な時間を割き御協力いただいた先生方には誠に申し分けないことながら翻訳部分を省くこととした。読者諸氏には、直接、原著から補っていただかざるをえない。[1]また、実際にクックのマグナ・カルタ研究に触れていただくためにクック「マグナ・カルタ註解」を「解説」ともに付録として再録する予定も断念した。関心ある読者の方は『法と政治』六六巻の翻訳、同六七巻の覚書をご参照下さい。[2]費用がかかる口絵も省いた。「はじめに」で紹介した図録を利用していただき、マグナ・カルタ八〇〇周年に合わせて、関西学院大学で特別図書として購入したマグナ・カルタ関連図書特別展示資料を編者の解説と共にダウンロードして御利用いただければ幸甚である。また、中世写本については、大英図書館の写本検索ページ（http://www.bl.uk/catalogues/illuminatedmanuscripts/searchSimple.asp）でMagna Cartaと入力すれば検索可能である。

本書は、編者在職中に遣り残した仕事として、前著『イングランド法学の形成と展開』と同様、関西学院大学出版会に引き受けていただいた。予算が乏しい中、出版計画を立案して下さった関西学院大学出版会田中直哉氏、海外研修中の執筆者との連絡、人名索引の編集はじめ丁寧に編集に取り組んでいただいた浅香雅代さん、装丁を担当された戸坂美果さんには改めて感謝の意を表したい。

尚、二〇一八年には、シンポジウムで司会を引き受けいただいた朝治敬三教授の招請により、カーペンター教授が来日され「マグナ・カルタ――その歴史的意義、新視覚と新史料」と題し東京大学（10/14）及び関西大学（10/17）

で講演されたが、初校校了直前であったこともあり本書には反映されていない。朝治氏の紹介に期待したい。

（1）同書については戒能通弘書評『イギリス哲学研究』四一号（二〇一八）八四―八六頁参照。

（2）尚、クック「マグナ・カルタ註解」翻訳当時不明であった欄外引用文献『オッカム』（二一八、二四六頁）については、その後、フイッツナイジェル『財務府対話編』（1177–80's）であり、当時『オッカム』の書名で伝わっていたことが判明している。スペルマン、カウェルによっても『オッカム』として引用されていたが、ハーグレイブの『リトルトン註解』への注によって誤りが正された。John Worrall, *Bibliotheca Legum Anglie*, Part I（1788）p.82, Edward Brooke, *Bibliotheca Legum Anglie*, Part II（1788）p. 25, Richard Fitz Nigel, *Dialogu de Scaccario, Constitutio Domus Regis*, edited by Charles Johnson（Oxford, Clarendon Press, 1983）p. xi, p. xiii.

二〇一八年一一月二〇日

深尾　裕造

マグナ・カルタの 800 年

マグナ・カルタ神話論を越えて

2019 年 2 月 20 日初版第一刷発行

編　者　深尾裕造

発行者　田村和彦
発行所　関西学院大学出版会
所在地　〒 662-0891
　　　　兵庫県西宮市上ケ原一番町 1-155
電　話　0798-53-7002

印　刷　協和印刷株式会社

Printed in Japan by Kwansei Gakuin University Press
ISBN 978-4-86283-270-2

執筆者・翻訳者紹介（掲載順）

深 尾 裕 造（ふかお・ゆうぞう）――――はしがき・序に代えて・あとがき

関西学院大学島国と海洋文化研究センター客員研究員

主要著作：『イングランド法学の形成と展開』（関西学院大学出版会、2017)、J・H・ベイカー『イギリス法史入門　第4版』第I部〔総論〕、第II部〔各論〕（翻訳、関西学院大学出版会、2014)、「独占事件（1602）――その文脈を解きほぐす」『法と政治』69巻1号（2018）他

直 江 眞 一（なおえ・しんいち）―――――――――――――― 第1章

九州大学名誉教授

主要著作：J・フォーテスキュー『自然法論』（翻訳、創文社、2012)、『西洋法制史学の現在――小山貞夫先生古稀記念論集』（共著、創文社、2006)、『史料が語る中世ヨーロッパ』（共編著、刀水書房、2004）他

マイケル・ロバーン（Michael Lobban）―――――――― 第2章

Professor of Legal History, London School of Economics and Political Science.

主要著作：（ed.）*Henry Home, Lord Kames, Principles of Equity*（Liberty Fund, 2014); *A History of the Philosophy of Law in the Common Law World, 1600–1900*（Springer, 2007); *The Common Law and English Jurisprudence, 1760–1850*（Clarendon Press, 1991), etc

戒 能 通 弘（かいのう・みちひろ）―――――――――――― 第2章

同志社大学法学部教授

主要著作：『法の支配のヒストリー』（編著、ナカニシヤ出版、2018)、『ジェレミー・ベンサムの挑戦』（共編著、ナカニシヤ出版、2015)、『近代英米法思想の展開――ホッブズ＝クック論争からリアリズム法学まで』（ミネルヴァ書房、2013）他

小 室 輝 久（こむろ・てるひさ）――――――――――――― 第3章

明治大学法学部准教授

主要著作：「近代イギリスにおける救貧法制と「行き倒れ」の取扱い」『部落問題研究』221号（2017)、「イングランドの「調停」18世紀における小額債権紛争処理の一局面」『日本近代法史の探究1　調停の近代』（勁草書房、2011）所収、ヴァーノン・ボグダナー『英国の立憲君主政』（共訳、木鐸社、2003）他

小野博司（おの・ひろし）――――――――――――――――― 第4章

神戸大学大学院法学研究科准教授

主要著作：『概説日本法制史』（共著、弘文堂、2018)、『資料で考える憲法』（共著、法律文化社、2018)、『戦時体制と法学者　1931～1952』（共編著、国際書院 、2016）他

柳井健一（やない・けんいち）――――――――――――――― 第5章

関西学院大学法学部教授

主要業績：『イギリス近代国籍法史研究――憲法学・国民国家・帝国』（日本評論社、2004)、「貴族院改革とウェストミンスター型憲法の「現代化」」倉持孝司・松井幸夫・元山健著『憲法の「現代化」――ウェストミンスター型憲法の変動』（敬文堂、2016）所収、「国会主権のリインカーネーション―― Brexitと最高裁判所ミラー判決」『法と政治』69巻1号（2018）

人名索引

欧語人名

A

Acton, John（アクトン） 2
Adams, G. B.（アダムズ） 23, 31
Ashley, F（アシュリー） 64, 66, 67, 75, 76, 81, 82, 85, 88

B

Baker, John（ベイカー） iv, 24, 27, 30, 41, 44, 53, 56, 57, 61, 170
Baldwin, John W.（バルドウィン） 169
Beardmore, Arthur（ビアドモア） 95, 109
Becket, Thomas（ベケット） 42
Blackstone, William（ブラックストン） 5, 10, 11, 25, 26, 32, 54, 57, 91, 93, 94, 99, 100, 101, 102, 103, 105, 107, 108, 109, 110, 120
Bowen, Francis（ボウエン） 5
Bracton, Henry de（ブラクトン） 15, 16, 17, 70, 73, 86, 146
Brady, Robert（ブレイディ） 7, 9, 18
Breay, Claire（ブレイ） vi
Burke, Edmund（バーク） 7, 104
Burke, Peter（バーク） 26
Burton, J. L.（バートン） 26
Butterfield, Herbert（バターフィールド） 2, 3, 4, 7, 9

C

Caenegem, R. C. van（カネヘム） 31
Cam, H.（キャム） 33
Carpenter, David（カーペンター） iii, 34, 35, 53, 54, 55
Cicero, Marcus Tullius（キケロ） 16
Coke, Edward（クック） 2, 3, 6, 7, 8, 9, 10, 11, 12, 13, 14, 15, 16, 17, 18, 19, 20, 22, 23, 29, 49, 50, 55, 56, 60, 63, 64, 66, 67, 72, 76, 80, 83, 86, 107, 161
Cotton, R.（コットン） 34, 94
Cowell, John（カウェル） 171
Creasy, E. S.（クリースィ） 122
Cromartie, Alan（クロマティ） 29

D

Davis, C. R. C.（デーヴィス） 54
Dicey, A. V.（ダイシー） 149
Dodderidge, John（ドッドリッヂ） 68, 69, 87
Dyer, James（ダイア） 14

E

Edward Ⅰ，イングランド王5, 6, 10, 12, 19, 38, 57, 93, 99
Edward Ⅱ，イングランド王 56
Edward Ⅲ，イングランド王 13, 14, 30, 48, 51
Edward the Confessor，イングランド王 18, 30, 45, 46, 51
Egerton, Thomas［Lord Ellesmere］（エジャートン） 28
Elizabeth Ⅰ，イングランド王 79

F

Fitzherbert, Anthony（フイッツハーバート） 19, 30
Fitz Nigel, Richard（フイッツナイジェル） 171
Fleetwood, William（フリートウッド） 11, 28

Florentinus（フロレンティヌス） 15
Fortescue, John（フォーテスキュー） 6, 58, 63, 69, 73, 74, 75, 87
Freeman, E. A.（フリーマン） 23
Fuller, Nicholas（フラー） 67, 72, 79, 80, 86

G

Gaius（ガイウス） 16
Garnett, George（ガーネット） vi, 23, 52
George Ⅲ，イングランド王 94
Grotius, Hugo（グロティウス） 15
Guala, Bicchieri（グアラ） 19, 37

H

Hake, Edward（ヘイク） 30
Hargrave, Francis（ハーグレイブ） 171
Harold，イングランド王 17
Harrison, Julian（ハリソン） vi
Hatton, Christopher（ハットン） 14, 28
Helmholz, R. H.（ヘルムホウルツ） 42, 58, 169, 170
Henry Ⅰ，イングランド王 45, 46, 51
Henry Ⅱ，イングランド王 17, 41, 42, 49, 50, 51, 60, 61
Henry Ⅲ，イングランド王 5, 10, 17, 19, 36, 37, 38, 65, 93, 95, 117
Henry Ⅳ，イングランド王 30, 71
Hill, Christopher（ヒル） 4, 7, 16, 17, 27, 29
Hobbes, Thomas（ホッブズ） 18
Holdswoth, William S.（ホールズワース） 31
Holt, J. C.（ホウルト） iii, 1, 2, 4, 5, 6, 7, 8, 9, 34, 44, 52, 56, 57, 59, 169
Hudson, John（ハドソン） vi, 23, 42, 52, 58

I

Innocentius Ⅲ，ローマ教皇 37, 43, 93

J

Jacob, Giles（ジェイコブ） 6
James Ⅰ，イングランド王 72, 79
Jenks, Edward（ジェンクス） 3, 8, 20, 21, 22, 23, 30, 31
John，イングランド王 5, 6, 10, 25, 26, 33, 35, 36, 37, 38, 43, 45, 46, 47, 51, 54, 57, 61, 65, 92, 93, 96, 98, 100, 101, 102, 103, 104, 108, 109, 122
Justinianus，ローマ皇帝 15

K

Kenny, C. S.（ケニー） 21
Kenyon, J. P.（ケニヨン） 24, 31
Knafla, Louis A.（ナフラ） 28

L

Lambarde, William（ランバード） 17, 18, 76, 77, 84
Langton, Stephen（ラングトン） 53, 54, 58
Laski, Hrold J.（ラスキ） 24
Liebs, Detlef（リーブス） 28
Lock, John（ロック） 28
Longchamp, William（ロンシャン） 46, 47, 59
Louis，フランス王太子 19, 37

M

Maitland, F. W.（メイトランド） 17, 18, 21, 148
Marshall, William（マーシャル） 19, 37
Marx, K.（マルクス） vii
McKechnie, William Sharp（マッケクニ） iii, 3, 4, 5, 23, 27, 28, 54, 122
Melanchton, Philip（メランヒトン） 30

Milsom, S. F. C.（ミルソム） 41
Montesquieu, C. de（モンテスキュー） 31
Morice, James（モリス） 64, 65, 69, 70, 71, 72, 73, 74, 75, 76, 80, 81, 82, 84, 86, 87, 88
Mosse, A.（モッセ） 135, 142

O

Oliver, Dawn（オリバー） 144, 145, 148

P

Papinianus（パピニアヌス） 14
Paris, Matthew（パリス） 5, 6, 35, 37, 38
Paulus（パウルス） 14
Penn, William（ペン） 105
Petit-Dutaillis, C.（プティ=デュタイイ） 32
Pine, John（パイン） 26, 34, 94, 99
Plucknett, T. F. T.（プラクネット） 26, 28
Plumb, John H.（プラム） 7
Pocock, J. K. A.（ポーコック） 7, 8, 27, 29
Pollock, Frederick（ポロック） 20, 21, 148
Powicke, F. M.（パウィック） 44, 51
Prest, Wilfrid（プレスト） iv, 25, 100

R

Radin, Max（レイディン） 4, 24
Randy J. Holland（ランディ） vi
Reyburn, Susan（レイバーン） 25
Richard Ⅰ, イングランド王 46
Roesler, K. F. H.（ロェスラー） 135, 142
Roger of Houden（ロジャー） 46
Roger of Wendover（ロジャー） 35, 38
Roosevelt, Anna Eleanor（ルーズヴェルト） 25
Round, J. H.（ラウンド） 45

S

Saint German, Christopher（セント・ジャーマン） 26, 63, 66
Seipp, David J.（ザイプ） 18
Selden, John（セルデン） 18, 67, 85, 89
Shakespeare, W.（シェークスピア） 5
Simon de Montfort 56
Snagge, Robert（スナッグ） 64, 66, 77, 78
Spelman, Henry（スペルマン） 171
Stanford, W.（スタンフォード） 69, 74, 86
Starkey, Thomas（スターキー） 17
Stubbs, William（スタッブズ） 3, 18, 22, 23, 31

T

Tacitus, Cornelius（タキトゥス） 16, 18
Thompson, Faith（トムプソン） iii, iv, 4, 24, 25
Tucker, St. George（タッカー） 107

U

Ullman, W.（ウルマン） 44

V

Vergilius（ヴェルギリウス） 16
Vincent, Nicholas（ヴィンセント） iv, vi, 37, 46, 50, 52, 59, 61
Vinogradoff, Paul（ヴィノグラードフ） 21, 22, 31, 44

W

Watson, Alan（ワトソン） 28
Weber, Max（ウェーバー） 18
Whittaker, John（ウィテッカ） iii

邦語人名

あ

か

さ

た

な

は

ま

や

マグナ・カルタ年表

略記：［大］憲章、MC

年	マグナ・カルタ関連事件
1066	ウィリアム征服王即位
1100	ヘンリ一世戴冠宣誓証書（8.5） Textus Roffensis（1122-24） Leges Edwardi（1096-1150/1175）
1136	スティーブンの自由特権証書 De Libertatibus Ecclesie Anglie & Regni（Exeter Cathedral）
1154	ヘンリ二世戴冠（10.）：アンジュー家支配の開始
1173	長男ヘンリ（d. 1883）反乱
1188	リチャード、ジョン反乱
1189	リチャード一世即位（7.）←ヘンリ二世没
1190	リチャード一世：十字軍へ出発 ブルタニュのアーサを相続人として指名
1192	リチャード聖地帰路にオーストリアで捕虜（12.） ジョンは帰国後諸侯派のリーダーとなる ロンシャンは逃亡、ジョンが摂政に
1194	リチャード解放（2.） ジョン派諸侯軍に勝利（ノッティンガム）、ジョン赦免
1198	教皇インノケンチウス三世即位（1.）
1199	リチャードはジョンを法定相続人として死亡（4.） ジョンの戴冠（5.27）
1200	ジョンはアングレーム家のイザベルと婚姻（8.24）
1202	ジョン：ポワトゥの反乱諸侯をミルボウの戦いで破る（8.） ブルタニュ公アーサ捕虜（行方不明：暗殺？） ←仏王フイリップのジョンの大陸所領没収宣言
1204	ジョン：フランス王フイリップに敗れる →アキテーヌ以外のフランス領喪失
1205	カンタベリ大司教ヒューバート・ウォルタ没（7.） →後任問題をめぐる紛争 教皇による第3候補スティーヴン・ラングトンの選任←→ジョンの拒絶
1208	教皇：イングランドへの聖務停止令（洗礼、臨終告悔は除く）（3.）

1209	教皇：ジョン破門（1.）
1212	ジョン暗殺計画？ Eustance de Vesci, Robert Fitzwalter は告発され逃亡
1213	教皇：ジョン廃位宣言（1.）、仏王フイリップにジョンへの聖戦を認可
	ジョン：教皇への臣従礼、戴冠宣誓（教会の保護、古法に従った統治）の確認、イングランド王国の放棄、封として受領（5.15） de Vesci, Fitzwalter の帰国
	ジョン破門解除（7.20）、聖務停止解除集会（8.25）：聖ポール大聖堂
	ベリー・セント・エドモンズ修道院（11.4/20）
1214	ジョン：フランス領回復に向け遠征に出発（2.） ブルンズウィック家のオットー、フランダース伯と同盟
	ブーヴィーヌの戦い（7.27） ジョン同盟軍大敗←→カペー家＝シュターフェン家同盟軍
	ジョン帰国：破産状態・権威喪失（10.13）
	テンプル（聖域）で諸侯と会合（11.16–23） 教会宛特権証書：教会選挙の自由保証
1215	テンプルで御公現日会合（1.6） 諸侯宣誓共同体→ヘンリ一世戴冠証書への復帰要求 ポワトゥ遠征楯金支払の拒否
	初頭：国王側—諸侯側の交渉　→教皇の支持獲得（ジョン：十字軍）
	Unknown Charter（未知の憲章）（1–6）
	教皇の解答←ラングトン（＝バロン側支持）の仲介失敗（3.19） ジョン宛：正当な要求への一定の譲歩を促す
	1214 年 11 月付の教会特権証書受領（3.30）
	教皇：ジョンを支持（3.31）（諸侯宛：楯金を支払うべき） →5 月初頭：英国に到着
	反対派バロン：ノザンプトン州ブラックリーに集結（4.26） 国王代理としてラングトンとマーシャルが要求を受領、ジョンは拒絶 諸侯派はノザンプトン城を包囲→反乱化
	反乱派諸侯の忠誠宣誓破棄（5 初） → Fitzwalter＝反乱軍指揮者「聖なる教会及び神の軍隊の軍務長官」 教皇書簡到着 →ジョンは教皇に反乱派諸侯の破門と所領の聖務停止を要請 同時にヘンリ二世、リチャード一世期の悪しき慣習廃棄 バロン達に國法による判決、同輩判決を約束

1215	ロンドン市宛特権証書（5.9）：市長選挙権の授与（無償）
	反乱諸侯：ノザンプトン城の包囲を解除（5.17） →ロンドンへ進軍→ロンドン市入城
	交渉開始（5.27）：諸侯側要求＝バロン規約
	国王：交渉のための安全保障（6.8）6/15迄
	国王：バロン規約に捺印（6.10）49条＝憲章の最初の草稿　The Articles of the Barons (B.L. Add. MS 4838) 'Ista sunt Capitula que Barones petunt et dimunus Rex concedit'
	6月15日付憲章の授与（6.15-19）　臣従礼の更新
	教皇：イングランド王国を乱す全ての者を破門（7.7） ウィンチェスタ司教、教皇特使、レディング大修道院長を委任裁判官に任命
	オックスフォード評議会：憲章実施（7.16-20） ジョン：教皇に憲章無効を求める書簡を出す
	教皇の7/7日付命令の到着（8.中葉） 反乱諸侯：再び忠誠誓約破棄、ロンドンからの退去拒絶
	教皇勅書（8.24）：憲章無効を宣言、国王に遵守を禁ず
	上記勅書のイングランド到着（9.中葉） ラングトン公表を渋る←職務停止 ラングトン：ローマへ上訴→失敗
	反乱諸侯：フランス王太子ルイにイングランド王位を提供、王太子ルイ受諾（11.）
	ロチェスタ城落城（12.）、ジョンはカーライル城に向け進軍
1216	王太子ルイ：タネ島上陸（5.21）、ロンドン入城、 ウィンチェスタ占領（6.）
	教皇インノケンチウス三世没（7.）→教皇ホノリウス三世即位
	スコットランド王アレクサンダ　カーライル城占領（8.） →ルイに臣従礼を行うため南下　ルイ：ドーヴァ城包囲 ジョン：リンカンを解放、キングズ・リンに向かう行軍中、赤痢に罹患？
	ジョン：ニューアーク城で死亡（10.21）
	ヘンリ三世グロスタ大聖堂で戴冠（10.28）
	William Marshall を摂政に任命（11.12） 憲章修正再発給（教皇特使 Guala + Marshall の捺印）

1217	早春　王太子ルイ：ドーヴァ城包囲再開、リンカン城包囲中諸侯派に支援軍派遣
	摂政マーシャルはリンカンの戦いで諸侯派に決定的勝利を収める（5.20）王太子ルイはドーヴァ城攻略を断念
	サンドウィッチ沖海戦でルイ支援の軍隊を輸送中のフランス船団をヒューバート・ドゥ・バーグが撃破（8.24）
	ランベス条約締結：ルイのイングランド王位請求権放棄（9.28）
	憲章再発給、御猟林憲章は別個に発給（教皇特使 +Marshall の捺印）（11.）
1219	マーシャル摂政辞任、1 カ月後死亡（4.）
1220	de Umfraville of Northumbria: 'by the judgement of my peers' によるハーボトル城の請求権を主張
1225	ヘンリ三世捺印の大憲章再発給→以後は 1225MC の再確認 ＝ガスコーニュ防衛のための動産 1/15 税譲与が交換条件
1226	リンカン州 Ancaster の 10 ワペンテーク事件：州長官の行為＝ MC 違反 [Bracton], De Legibus et Consuetudinibus Angliae　→ 1567 ed.［/c.1250］
1236	'parliamentum' という用語の初出
c.1250	バロン改革・バロン戦争期［-67］
1258	オックスフォード規定
1259	ウェストミンスタ規定
1264	アミアン裁定　　リュィスの戦い：ヘンリ三世捕虜
1265	エヴェシャムの戦い：シモン・ド・モンフォール戦死（8.4）
1278	モールバラ法：MC 確認
	Statute Rolls［-1430］ >> 1466-68
c.1285	Andrew Horn, The Mirror of Justices: マグナ・カルタの批判的解説 → 1895 W. J. Whittaker ed.（7 SS）［-90］
1290	Rotuli Parliamentorum［-1503］
1295	「模範」議会
1297	無承諾課税禁止法 De tallagio non concedendo Statuta Antiqua et Nove（15th Century）Cambridge University Library Gg.5.7 16v-17r Incipit statutum de tallagio non concedendo → 1628 The Petition of the Right → 1736 Every man his own lawyer

1297	両憲章の確認（10.10）（1297.11 批准） エドワード一世治世 25 年のマグナ・カルタ検認：動産課税の交換条件（海外遠征中：王太子エドワードが証人） →初めて制定法録に登録 → 1735 年ホーキンス版法令全書以降正文化
1300	両憲章追加条項（4.） エドワード一世治世 28 年のマグナ・カルタ検認：国王本人を証人として →特権証書録に登録 → 1735 年ホーキンス版法令全書以前の普及版法令 cf.1680 Edward Cooke
1306	教皇クレメンス五世：エドワードによる 1297 年の誓約解除受諾

1331-77　エドワード三世の六立法によるマグナ・カルタ解釈の形成

1331 年法：5 Ed.III ca.9
「如何なる自由人も」→「如何なる人も」
「今後、如何なる人も、如何なる告発によろうとも、大憲章と國法の方式に反し逮捕され、生命と四肢の判決を下され、土地、保有地、動産、資財を国王に没収されることはない。」

1351 年法：25 Ed.III, stat.V, ca 4
「國法」の意味←→大権裁判所・特別委任裁判所
「コモン・ローの訴訟開始令状による訴訟手続によって、適正な方法でなされねばならない」

1354 年法：28 Ed.III ca.3
「如何なる自由人も」→「如何なる人も、彼が如何なる身分、状況にあろうとも」
「法の適正手続」なしに：制定法における Due Process という用語の最初の使用例

1362 年　両憲章の確認の請願：36 Ed.III n.9
→国王の特別命令による逮捕への抗議＝コモン・ローの拘禁手続を無視

1363 年法：38 Ed.III, stat I, ca.9
国王への示唆による逮捕への批判：誣告者は、同様の刑罰を受けるべき

1368 年法：42 Ed.III, ca.3
マグナ・カルタに反する法律は無効
「裁判官の面前での起訴無しには、答弁の必要なし」
「古き國法（＝マグナ・カルタ）に反してなされた場合は、無効と見なされる」

課税時のマグナ・カルタ確認回数（1327-1422）

エドワード三世	(1327-1377)	23
リチャード二世	(1377-1399)	13
ヘンリ四世	(1399-1413)	6
ヘンリ五世	(1413-1422)	2
		44

cf. Faith Thompson, *Magna Carta: its Role in the Making of the English Constitution 1300-1629* (University of Minnesota Press, 1948) pp. 9-11.

マグナ・カルタ研究史

略記 SS：Selden Society

年	マグナ・カルタ関連書誌等
1340's	*Quaestiones compiatate primo de Magna Carta et aliis Statutis*（法曹院での初期のマグナ・カルタ教育・研究）
c.1450	[John Eltonhead（d.1479/80）] LI（1445-64）最も初期の制定法講義編纂 [/c.1455]
1460's	憲章付加条項講義
1480's	[Humphrey Hervy（IT）] マグナ・カルタ講義　第1章～第8章
1483	Morgan Kidwelly's reading on Magna Carta（IT）
c.1505	マグナ・カルタ講義（Ch.35）（IT）→地方裁判所に関する議論 [/c.1515]
1508	*Parvus Codex qui Antiqua Statuta vocatur*, printed by R. Pynson ＝印刷された最初のマグナ・カルタ cf. The Statute of the Realm, vol. I Appendix A
1525	Thomas Harlakenden（GI）のマグナ・カルタ講義
1528	Christopher St. German, *Dialogus de fundamentis legum Anglie et de conscientia*
1530	Christopher St. German, *Doctor and Student* [-31] → 1974 Plucknett & Burton ed.（91 SS）
1533	W. Rastall ed., *The Gret Abregement of Statutys of Englond untyll the XXij yere of Kyng Henry the viij*（英語版　制定法要録：マグナ・カルタを含む）
1534	*The Boke of Magna Carta, with various other statutes, whose names appear in the next lefe followynge, translated into Englyshe*（London: Robert Redman），1225年マグナ・カルタ全文の最初の英訳 by George Ferrers（Cambridge → LI, d.1579）
1551	Robert Brooke（MT）のマグナ・カルタ第17章講義 → 1641年印刷
1556	Thomas Carus（MT）のマグナ・カルタ第7章講義
c.1558	[William Fleetwood?], A Treatise on Magna Carta →歴史的関心

1569	Henricus de Bracton, *De Legibus et Consuetudinibus Angliae*, London, Richard Tottell.
1571	Matthaei Parisiensis, *Historia Majora* ← Matthew Parker, Archbishop of Canterbury ジョンのマグナ・カルタの不正確な出版（1215MC の一部＋1225MC） → 1874 Henry Richard Laud ed. *Chronica Majora*（Rolls Series 57-52）
1576	*Magna Charta, Cum Statutis, Tum Antiquis, Tum Recentibus, Maximopere, Animo Tenendis Nunc Demum ad Unum, Tipis Aedita,* Per Richardum Tottell. Anno Domini 1576. [Imprinted at London in Fleetestreete Within Temple Barre at the Signe of the Hand and Starre, By Richard Tottell, The 8. Day of March, 1576]. [LE 57630] [vi], 247 ff. Leaf a8, a blank that precedes fol. 1, lacking. Octavo (5-3/4 "x 3-1/2")
1577	*In this volume are conteyned the Statutes, made and established from the time of Kinge Henrye the thirde, vnto the firste yeare of the reygne of our moste gracious and victorious soueraigne Lord, King Henry the viii.* [Printed by Thomas Marsh], 1577.
1578	James Morrice のマグナ・カルタ講義 → Cawdrey 事件（1594-95）の法廷弁護士「職権による宣誓」問題
1581	Robert Snagge のマグナ・カルタ講義 William Lambard, *Eirenarcha: Or of the Office of the Justices of Peace*
1604	Edward Coke's Memorandum on Chapter 29
1605	Pulton, Ferdnando, *A Kalender, or Table, Comprehending the Effect of All the Statutes that Have Been Made and Put in Print, beginning with Magna Charta, Untill the End of the Session of Parliament Holden Anno 3. R. Jacobi,* London, The Company of Stationers.
1610	Rastell, William, *A Collection, in English, of the Statutes Now in Force from the beginning of Magna Charta to 7 James 1st,* London.
1616	Francis Asheley（MT）のマグナ・カルタ第 29 章講義（8.）
1628	権利請願：典拠としてマグナ・カルタ、無承諾課税禁止法への言及 The Petition exhibited to His Majesty by the Lords Spiritual and Temporal, and Commons in this present Parliament assembled, concerning divers Rights and Liberties of the Subjects, with the King's Majesty's Royal Answer there unto in full Parliament. ← An Act for the better securing of every freeman touching the propriety of his goods and liberty of his person ＝権利請願の原案（下線：編者）

1629	1.1　Cotton MS. Augustus II. 106 ← Humphrey Wyems（IT）← London Tailor's Shop
1630	Cotton Charter XIII. 31a ← Sir Edward Dering, Dover Castle ← Canterbury Cathedral, cf. Carpenter（2015）Appendix
1638	アメリカ植民地　メリーランドの集会におけるマグナ・カルタの採用
1641	*The reading of M. Robert Brook, serjeant of the law, and recorder of London, upon the stat. of Magna Charta, chap. 16*, Printed by M. Flesher, and R. Young, and are sold by L. Chapman, and W. Coke
1642	Sir Edward Coke, *The Second Part of the Institute of the Laws of England*
1646	後見裁判所廃止のための両院命令
1656	後見及び封土交付裁判所廃止法
1660	軍事的土地保有廃止法
1675	Luc d' Achéry, *Spicilegium*（Paris） ← Rouen, Bibliotheque Munichipale, MS. Y 200, fos. 81-87v chs. 62（A Venacular-French Text of Magna Carta, 1215） →（2nd ed., 1723）→ Johnson, Blackstone, Thomson
1679	人身保護法［身柄提出令状法］
1680	Edward Cooke, *Magna Charta, made in the ninth year of K. Henry the Third and confirmed by K. Edward the First, in the twenty-eight year of His reign [1300].*
1682	Henry Care, *English Liberties in the Freeborn Subjects' Inheritance: containing Magna Charta*, etc. John Somers, *A Guide to English Juries: setting forth their Antiquity, Power, and Duty from the Common Law, and Statutes*. London, Thomas Cockerell.
1683	John Selden, *Tracts*. 4 works in 1. London, Thomas Basset
1684	Edmund Wingate, *An Exact Abridgment of All Statutes in Force and Use, from the Beginning of Magna Charta, Until 1641*. London, J. Bill, H. Hills, and T. Newcomb .
1685	Robert Brady, *A Compleat History of England* ← Historia Majora からの MC 英訳
1687	ウィリアム・ペンによるマグナ・カルタ出版（フィラデルフィア）
1689	Bill of Right, Anno Regni Gulielmi et Mariæ, Regis & Reginæ Angliæ, Scotiæ, Franciæ & Hiberniæ, primo. On the Sixteenth Day of December, Anno Dom. 1689. In the First Year of Their Majesties Reign, this Act Passed the Royal Assent.

1689	権利章典（マグナ・カルタへの直接の言及無し） Samuel Johnson, *Reflections upon the Opinions of Some Modern Divines* → 1710 著作集　← Rouen, Bibliotheque Munichipale, MS. Y 200, fos. 81-87v の 1215MC の初英訳
1697	James Tyrrell, *History of England*, 5 vols. [-1704]　MC Salisbury に言及（vol 2, 821）
1701	王位継承法
1704	*Rymer's Foedera* 16 vols, [-13]：ジョンの MC 原本については触れず。
1709	William Higden, *A View of the English Constitution, with respect to the sovereign authority of the prince, and the allegiance of the subject*, London, Samuel Keble.
1710	*The works of the late Reverend Mr. Samuel Johnson, sometime chaplain to the Right Honourable William Lord Russel*（1215MC の最初の英訳） ← 1689 年パンフレット？ → 1769 [Samuel Johnson] *A History and Defence of the Magna Charta*
1713	[Sir Matthew Hale] *The History of the Common Law* MC the Abbey of Tewkrsbury につき言及：未発見 Paris の MC を John の MC と理解
1721	Henry Care, *English Liberties or Feeborn Subject's Inheritance*（アメリカ植民地で印刷）マグナ・カルタ、権利請願、人身保護法を含む
1723	1st Catalogue of Harvard College Library : Coke, 2nd Institute → John Adams, Thomas Jefferson
1726	Rapin de Thoyras, *The History of England ; translated into English, with additional notes*, by N. Tindal, 3vols [-27]
1727	Rapin de Thoyras, *Histoire d'Angleterre* 21 v. ← Historia Majora からの MC 仏訳 [-36]
1728	Rapin de Thoyras, *The History of England ; translated into English, with additional notes*, by N. Tindal 2 vols Rapin de Thoyras, *The History of England ; translated into English, with additional notes*, by John Kelly of Inner Temple 2 vols
1730	Giles Jacob, *The Statute-Law Common Plac'd: Or, a second general table to the Statutes. Containing the Purport and Effect of all the Acts of Parliament in Force from Magna Carta*, London, Bernard Lintot.

1731	[i.e. 1726] *Acta regia : or, an historical account, in order of time, not only of those records in Rymer's Foedera, on which Mons. Rapin has grounded his history of England, …* translated from the French of M. Rapin [by Stephen Whatley]; v. 1. Cotton Library at Ashburnham House, Westminster 火災（10.23）
1732	Rapin de Thoyras, *The History of England; translated into English, with additional notes,* by N. Tindal 2nd. ed [-33] ← Cotton Library MS からのジョン MC の英訳版
1733	Johne Pine による被災した Cotton Charter XIII の銅版画作成・販売
1735	William Hawkins, *The Statutes at Large from Magna Charta to the Seventh Year of King George the Second,* 6 vols. 'Ex Rot. Orig. in Turr. Lond' ロンドン塔の制定法録を調査 → 25 Edward I（1297）年の検認済マグナ・カルタの出版 これ以前の市販制定法令集＝特権証書録：28 Edward I（1300）年の検認証書
1736	[Giles Jacob] *Every man his own lawyer, or, A summary of the laws of England, in a new and instructive method, under the following heads.* → 1768 The 7th ed., corrected and improved, with many additions, Printed by H. Gaine
1755	Bodleian > Blackstone に Henry III Great Charter & Forest（1216 MC）の調査依頼
1756	[William Blackstone] *An Analysis of the Laws of England,* Printed at the Clarendon Press, Oxford, First edition.
1759	William Blackstone, *The Great charter and Charter of the forest, with other authentic instruments : to which is prefixed an introductory discourse, containing the history of the charters*（Cotton MS Augustus II, Cotton Charter XIII 31a を調査、MC Salisbury は発見できず。バロン規約 Additional MS.4838 は確認印刷）
1762	William Blackstone, *Law tracts,* in 2 vols. Danby Pickering, *The Statutes at Large from Magna Charta to the end of the eleventh Parliament of Great Britain, anno 1761 etc.* 32 vols. Cambridge, Joseph Bentham. First Edition. 32 vols. 4to, contemporary full buckram. John Cay, *An Abridgement of the Publick Statutes Now in Force and General Use from Magna Carta in 9 Hen III to 1 George III,* 2 vols. London, Mark Baskett/ Elizabeth Richardson/ Catherine Lintot

1765	William Blackstone, *Commentaries on the Laws of England*, vol. I–vol. IV. [-69]
1766	Daines Barrington, *Observations on More Ancient Statutes, from Magna Charta to the Twenty-First of James I. Cap. XXVII, with an Appendix* → 1799 3rd edition.
1769	BL Additional MS. 4838 ← Earl Stanhope ← Gilbert Burnet, bishop of Salisbury (Articles of Barons) ← St George's Priory at Canterbury ← Stephen Langton [Samuel Johnson] *A History and Defence of the Magna Charta*. London, J. Bell. ← 1710 *The works of the late Reverend Mr. Samuel Johnson*
1770	1.9 大ピット（チャタム卿）の議会演説 マグナ・カルタ、権利請願、権利章典＝「イングランド憲制のバイブル」 → 1853 Creasy, *The Rise and Progress of the English Constitution* → 1868, 10th ed.
1772	ブラックストン『英法釈義』：最初のアメリカ版 Francis Stoughton Sullivan, *An historical treatise on the feudal law, and the constitution and laws of England : with a commentary on Magna Charta, and necessary illustrations of many of the English statutes : in a course of lectures read in the University of Dublin* 封建的保有態様については省略→現行法として Sir John Hawles & Daniel Rollins, *The Englishman's Right; A Dialogue in Relation to Trial by Jury*. Boston: Soule and Bugbee → Reprinted 1883.
1776	ヴァージニア権利章典（6.） アメリカ合衆国独立宣言（7.） Francis Stoughton Sullivan, *Lectures on the Constitution and Laws of England: with a Commentary on Magna Charta, to which added, concerning the Laws and Government of England*, by Gilbert Stuart. Second edition. London, E. and C. Dilly
1783	John Reeves, *History of the English law from the time of the Saxons to the end of the reign of Philip and Mary*, 3 vols. [-84]
1787	アメリカ合衆国憲法
1789	アメリカ合衆国権利章典（憲法修正 10 条） The 5th Amendment: 法の適正手続
1800	Record Commission 設立

1806	2nd Royal Commission
1810	(-28) *The Statute of the Realm* (Record Commission) この時迄に MC Lincolnia 発見 → Reprint 1963
[1810]	[Burdett, Francis] *Fairburn's Second Edition of Magna Charta; with the Petition of Right, and His Majesty's Answer thereto*, London, John Fairburn, Second edition.
-1814	MC Salisbury の再発見
1816	(New) *Rymer's Foedra* (Record Commission) [-69] : MC Lincolnia, Additional MSS.4838 John Whittaker, *Magna Carta Regis Johannis. XV. Die Junii Anno Regni XVII. A.D. MCCXV*. London, John Whittaker. ← 600 周年金文字装飾本
1817	John Somers, *A Defence of the Constitution of Great Britain and Ireland*, Hereford, Allen.
1820	ウォルタ・スコット『アイヴァンホー』出版 キャロライン妃事件：貴族院裁判 William Hone, *The Queen and Magna Charta,* with illustrations by Robert Cruikshank, 4th ed. London: T. Dolby. *Magna Charta and the Bill of Rights, with the Petition of Right Presented to Charles the First by the Lords and Commons, Together with His Majesty's Answer; and the Coronation Oath*, London, J. Blacklock.
1822	*W. Blackstone's Handbuch des englischen Rechts, im Auszuge und mit Hinzufügung der neueren Gesetze und Entscheidungen,* von John Gifford; aus dem Englischen von H. F. C. v. Colditz; mit einer Vorrede begleitet von R. Falck. William Blackstone, *Handbuch des Englischen Rechts*, Schleswig.
1829	Richard Thomson, *An Historical Essay on the Magna Charta of King John.*
1830	Sir William Betham, *Dignities, Feudal and Parliamentary, and the Constitutional Legislature of the United Kingdom*. Vol. I, London, Thomas and William Boone.
1831	J. S. ミル『時代の精神』(権威の解体と移行期) →ミルとカーライル 第一次選挙法改革

1838	人民憲章→チャーチスト運動 Thomas George Western, *Commentaries on the Constitution and Laws of England, incorporated with the Political Text of the late J.L. de Lolme*. London, Lucas Houghton.
1841	A. W. N. ピュージン（1812–52）『対比』→ゴシック・リヴァイヴァル W. M. Atkinson, *The spirit of Magna Charta: or, Universal representation the genius of the British constitution.* P. Richardson.
1847	ウエストミンスタ議事堂：貴族院完成
1848	E. S. Creasy, *The Text-Book of the Constitution; Magna Charta, the Petition of Right and the Bill of Rights: with historival comments, and remarks on the present political emergencies*（London: Ricard Bentley）
1849	*Die englische Staatsverfassung in ihrer Entwickelung nach der neuesten Schrift von E. S. Creasy*; dargestellt von Dr. Mittermaier; mit einem Anhange von Dr. Franz Lieber, in Nordamerika, uber die englische und franzosische Freiheit（J. C. B. Mohr）
[1850]	John Greene, *A Lecture on Magna Charta, delivered to the Members and Friends of the Mechanichs'Literary and Scientific Institution, at Bury St. Edmund's, on the 17th December,* London, G. Thompson.
1851	ラスキン（1819–1900）『ラファエル前派主義』
1853	ラスキン『ヴェニスの石』……→ 1862 年『この最後の者にも』 E. S. Creasy, *The Rise and Progress of the English Constitution*（2nd 1854, 3rd 1856, 4th rev. and with addition 1858, ..., 9th 1867, 10th 1868, 12th 1874, 13th 1877, 14th 1880, 15th 1886, New York 1888, 16th 1892, 17th 1907） ← 1856 年第 3 版より地方自治に関する議論を加える ←1853 Francis Lieber, *On Civil Liberty and Self-government*（London）
1854	ディケンズ『ハード・タイムズ』←ラスキン絶賛：ダイシー『法と世論』381 頁 Francis Bowen, *Documents of the Costitution of England and America, from Magna Charta to the Federal Constitution of 1789*
1856	Thaddaeus Lau, *Die Entstehungsgeschichte der Magna Carta*
1857	Rolls Series の出版計画提案　← the Master of Rolls
1863	Alexandra Teulet, *Layettes du Trésor des Chartes, I.423* Archieves du Royaume: Section Historique J.655　→ 1893 Round

1864	*Rolls Sereies,* 19 vols［-89］William Stubbs（1825-1901）
1868	尾崎三良、兵庫県判事伊藤博文の助言により三条公世子公恭（16）随員として渡英 William Stubbs ed. *Magna Carta regis Johanni*s
1870	福沢諭吉『西洋事情　二編』：我が国における最も初期のマグナ・カルタへの言及 「人間の通義」←ブラックストン『英法釈義』学生版 「英国人民の自由を得し所以を尋るに、第一着は千二百十五年、ジョン王の時に当り、自由の大法（「マグナチャルタ」を云）を立て、その子第三世ヘヌリ王のときに至り、議事院に於いて尚又之を増補正定し、次いで「コンフヒルマシヲ・カルタロム」と云える法令を下し、「マグナ・チャルタ」の大法を以て国中一般の常法と定め、従来この大法に戻れる裁判を廃止せり。」 →「ペチション・ヲフ・ライト」→「ハビース・コルプス」 →「ビル・ヲフ・ライト」→「アクト・ヲフ・セツルメント」 William Stubbs ed., *Select Charters and other Illustrations of English Constitutional History from the Earliest Times to the Reign of Edward the First.*
1872	岩倉使節来英：ヨーロッパ留学生：ロンドンへ 木戸孝允—青木周蔵：コンスティテューション論・宗教問題論議 ジョンのマグナ・カルタを例に英独と米仏の憲法観の相違を説く
1873	尾崎：木戸の帰国要請に従い帰朝（10.） William Stubbs, *Constitutional History of England down to 1485* （vol. 1, 1873, vol. 2, 1875, vol. 3, 1878）→ 1883 4th ed.［-78］
1874	華族会館設立：英國憲法講義（尾崎） 尾崎三良『英国成文憲法纂要』：日本初のマグナ・カルタ翻訳
1875	T. P. Taswell-Langmead, *English constitutional history from the Teutonic conquest to the present time* → 2nd 1880, 3rd rev. by C. H. E. Carmichael 1886, 4th 1890, 6th 1905, 7th 1911, 8th 1919, 9th 1929, 10th 1946, 11th 1960
1882	Rudolf von Gneist, *Englische Verfassungsgeschichte*
1886	Rudolf Gneist, *The history of the English constitution,* translated by Philip A. Ashworth *The Student Blackstone* by Robert Malcom Kerr（Tokyo: the Igirisu Horitsu Gakko）

1889	大日本帝国憲法　第23条 土橋友四郎『日本憲法対照　世界各国憲法』（有斐閣、1925）参照 Hannis Taylor, *The Origin and Growth of the English Constitution*, 2 vols., New York, Houghton Mifflin.
1890	須永金三郎『萬国歴史全書　英国史』（東京：博文館） ←Taswell-Langmead（大憲章、権利証明、権利請願、権利章の翻訳入）
1892	Charles Bémont, *Chartes des Libertés Anglaises*
1893	Horace Round による Unknown Charter の発見（Record Office） ← Archieves du Royaume: Section Historique J.655
1894	Charles Petit-Dutaillis, *Étude sur la vie et le règne de Louis VIII*
c.1900	Part of Royal Exchange mural scheme
1900	*Select Charters and Other Illustrations of English Constitutional History,* ed. by W. Stubbs, 8th ed. Barrington, Boyd C., *The Magna Charta and other Great Charters of England with an historical treatise and copious·explanatory notes,* Philadelphia, W. J. Campbell.
1901	G. B. Adams and H. M. Stephens ed., *Select documents of English constitutional history*
1902	オックスフォード大学コーパス法理学教授後任問題［-04］ ポロック→ヴィノグラードフ
1903	Usher, R. G., 'James I and Sir Edward Coke' 18 *E. H. R.* 664-675.
1904	Edward Jenks, 'The Myth of Magna Carta'. 4 *Indepndent Review,* 260-273. Elemer Hantos, *The Magna Carta of the English and of the Hungarian Constitution*（1222 Bulla Aurea of Andreas II）
1905	William Sharp McKechnie, *Magna Carta: A Commentary on the Great Charter of King John, with an Historical Introduction*（Glasgow）
1906	R. G. Usher, 'Nicholas Fuller: a Forgotten Exponent of English Liberty', 12 *American Historical Review,* 743-760.
1907	Opening of Central Criminal Court（2.27）
1908	Charles Petit-Dutaillis, *Studies and notes supplementary to Stubbs' Constitutional history*, translated by W. E. Rhodes.
1909	E. W. Hulme, 'The Early History of the English Patent System' in *Select Essays in Anglo-American Legal History*（Boston, MA）vol. 3, 117-148.

1910	Ludwig Riess, *Historische Vierteljahrschrift,* 449-458.（Unknown Charter について） McIlwain, C. H., *The High Court of Parliament and its Supremacy*（New Haven）
1912	G. B. Adams, *The Origin of the English Constitution*（Yale University Press） → 1920 2nd, enlarged ed.
1913	R. G. Usher, *The Rise and Fall of the High Commission*（Oxford） Opening of Middlesex Guild Hall（12.19）
1914	William Sharp McKechnie, *Magna Carta,* 2nd ed.（Glasgow） →邦訳 1993：マッケクニ以降の文献（邦訳 576-578 頁参照） C. H. McIlwain, 'Due Process of Law in Magna Carta' 14 *Columbia Law Review,* 27-51.
1915	A. B. White, 'The Name of Magna Carta', 30 *E. H .R.,* 472-475.
1917	Henry Elliot Malden（ed）, *Magna Carta Commemoration Essays*（Royal Historical Society）: W. S. McKechnie, 'Magna Carta（1215-1915）' →水田義雄「比較法制史的マグナ・カルタ関係文献解題並びに年表」比較法研究 5（1952）
1922	T. F. T. Plucknett, *Statute and their Interpretation in the First half of the Fourteenth Century*（Cambridge）
1924	B. H. Putnam, *Early Treatise on Justices of the Peace in the Fifteenth and Sixteeenth Centuries*（Oxford）
1926	Rodney L. Mott, *Due Process of Law: A Historical and Analytycal Treaties of the Principles and Methods Followed by Courts in the Application of the Concept of the "Law of Land"*（Da Capo Press）
1927	F. M. Powicke, 'Alexander of St Albans, a literary muddle' in H. W. C. Davis, ed., *Essays in History Presented to Reginald Poole*（Oxford）
1929	高柳賢三「司法的憲法保障制――其の法律思想史的背景（二）」国家学会雑誌 43 巻 10 号 → 1958『司法権の優位［増訂版］』（有斐閣）所収 F. M. Powicke, 'The Bull "Miramur plurmum" and a Letter to Archbishop Langton' 44 *E.H.R.*
1931	Herbert Butterfield, *The Whig Interpretation of History*（London） →邦訳 1967
1933	F. Thompson, 'Parliamentary Confirmations of the Great Charter' 38 *American Historical Review,* 659-672.

1935	D. O. Wagner, 'Coke and the Rise of Economic Liberalism,' 6 *Economic History Review,* 30–44.
1936	P. Birdsall, '"Non Obstante": A Study of the Dispensing Power of the English Kings' in *Essays in History and Politics in Honour of C. H. McIlwain* (Cambridge, MA) pp. 37–76. D. L. Keir, 'The Case of Ship Money' 52 LQR 546–574. M. Maguire, 'Attack of the Common Lawyers on the Oath Ex Officio' in *Essays in History and Political Theory in Honour of C. H. McIlwain,* ed. C. Wittke (Cambridge) pp. 199–229. S. B. Chrimes, *The English Constitutional Ideas in Fifteenth Century* (Oxford U. P.) 2nd ed. (1953)
1937	[Masakatsu Kodama] *The Constitution of the United States of America : with the Magna Carta and Japanese Constitution* (Yuhikaku)
1938	S. E. Thorne, 'Praemunire and Sir Edward Coke,' 2 *Huntington Library Quarterly,* 85–88.
1939	Lincoln Cathedral exemplar display at the New York World's Fair C. H. McIlwain, *Constitutionalism and the Changing World: Collected Papers* (Cambridge) →邦訳 1982
1941	日米開戦（12.8）　独・伊：対米宣戦（12.11） Lincoln Cathedral exemplar to Fort Knox, Kentucky（12.）
1942	T. F. T. Plucknett, 'The Origin of Impeachment' 24 *Transactuins of the Royal Historical Society* (4th ser.) 47–71. S. E. Thorne, ed., *A Dicource upon the Exposition & Understanding of Statutes With Sir Thomas Egerton's Additions: Edited from Manuscripts in the Huntington Library* (San Marino, California)
1944	Herbert Butterfield, *The Englishman and his History* (Cambridge U.P.) T. F. T. Plucknett, 'Ellesmere on Statutes' 60 *L.Q.R.*, 242–249.
1945	ヤルタ会談（2.）　ドイツ無条件降伏（5.）　ポツダム宣言（7.） A. Woodworth, *Purveyance for Royal Household in the Reign of Elizabeth* (Philadelphia)
1946	日本国憲法　第 31 条 Lincoln Cathedral exemplar の帰英返還式典：New York Times, column（1.17）

1947	原田慶吉「マグナ・カルタの解説　(1)～(2)」国家学会雑誌 61 巻 4 号、6 号　→ 1948「同 (3)～(4)」国家学会雑誌 62 巻 1 号、2 号 Max Radin, 'The Myth of Magna Carta,' 60 *Harvard Law Review,* 1060-1091.
1948	世界人権宣言 (12.10)：起草委員会議長エレノア・ルーズベルト Faith Thompson, *Magna Carta : Its Role in the Making of the English Constitution, 1300-1629* (University of Minnesota Press) S. B. Chrimes, *English Constitutional History* (Oxford U.P.) →邦訳 1965　2nd ed. (1958), 3rd ed. (1965), 4th ed. (1967)
1949	S. B. Chrimes, 'The Constitutional Ideas of Dr. Cowell,' 64 *E.H.R.,* 461-487.
1951	T. F. T. Plucknett, 'The Impeachment of 1376,' 1 *Transactions of the Royal Historical Society* (5th ser.) 153-164.
1952	J. E. Neale, *Elizabeth I and her Parliaments 1559-81,* Vol. I (J. Cape)
1954	S. E. Thorne, ed., *Readings and Moots at the Inns of Court in the Fifteenth Century,* vol. 1: *Readings* (71 ss)
1955	田中英夫「私有財産権の保証規定としての Due Process Clause の成立 (1) - (7・完)」国家学会雑誌 69 巻 1・2 号-72 巻 8 号 (1958) → 1987　田中英夫『デュー・プロセス』(東京大学出版会) 所収 J. W. Gough, *Fundamental Law in English Constitutional History* (Oxford)
1956	ハンガリー事件 (10.) S. B. Chrimes, ' Richard II's Questions to the Judges,' 72 *L.Q.R.,* 365-390. T. F. T. Plucknett, *Concise History of the Common Law* (5th ed.)
1957	高木八尺・末延三次・宮沢俊義編『人権宣言集』岩波文庫：田中英夫 [訳・解説]「マグナ・カルタ」 大野真義「マグナ・カルタと罪刑法定主義 (1)」阪大法学 23 号 → 1958「同 (2)」阪大法学 27 号、1959「同 (3)-(4)」阪大法学 32、33 号 The Magna Carta Memorial at Runnymede 'To commemorate Magna Carta symbol of freedom under law' American Bar Association F. S. Fussner, ed., 'William Camden's "Discource concerning the Prerogative of the King" [c.16059] 101 *Proceedings of the American Philosophical Society,* 204-215. J. E. Neale, *Elizabeth I and her Parliaments 1584-1601.* Vol. II (J. Cape)

1957	R. Pound, *The Development of Constitutional Guarantees of Liberty* (New Haven) J. G. A. Pocock, *The Ancient Constitution and the Feudal Law* (Cambridge U.P.)
1958	高柳賢三『司法権の優位（増訂版）』（有斐閣） P. Williams, *The Council in the Marches of Wales under Elizabeth I* (Cardiff)
1959	大野真義「マグナ・カルタ研究の文献史料」阪大法学 30 号
1960	田中秀央『マーグナ・カルタ　羅和対訳』（京都女子大学出版部）→ 1973（東京大学出版会）
1961	田中英夫「コウクと「法の支配」」法律時報 33 巻 4 号 → 1987　田中英夫『デュー・プロセス』（東京大学出版会）所収 J. C. Holt, *The Northerners: A Study in the Reign of John* (Oxford U.P.)
1963	R. Harris, 'William Fleetwood, Recorder of the City, and Catholicism in Elizabethan London,' 7 *Recusant History*, 106–122. E. G. Henderson, *Foundations of English Administrative Law* (Cambridge, MA)
1964	A. E. Dick Howard, *Magna Carta: text and commentary* (Charlottesville)
1965	クライムズ著、川北洋太郎・小松茂雄・杉原泰雄訳『イギリス憲法史』（日本評論社） 桜木澄和「マグナ・カルタの神話」法学新報、65 巻 10 号 Helen M. Cam, *Magna Carta: Event or Document?* (Selden Society) Gottfried Dietze, *Magna Carta and Property* (Univ. Press of Virginia, Charlottesville), Christoper Hill, *Intellctual Origins of the English Revolution* (Oxford U.P.) J. C. Holt, *Magna Carta* (Cambridge U.P.) I Charter and its History, X The re-issue and the myth. A. E. Dick Howard, ed., *Criminal justice in our time* (Charlottesville) Sir Ivor Jennings, *Magna Carta and its Influence in the World Today* (Central Office of Information) 750th anniversary of the sealing of MAGNA CARTA and the 700th anniversary of the parliament of SIMON DE MONFORT Doris M. Stenton, *After Runnymede: Magna Carta in the Middle Ages* (Charlottesville) Doris M. Stenton, *English justice between the Norman Conquest and the Great Charter, 1066–1215*, Published for the American Philosophical Society by G. Allen & Unwin (Jayne lectures; 1963)

1965	S. E. Thorne, W. H. Dunham Jr., P. B. Kurland & Sir Ivor Jennings, *The Great Charter: Four Essays on Magna Carta and the History of Our Liberty* (Pantheon)
1966	国際人権規約（A 規約＝社会権規約、B 規約＝自由権規約）採択 →1976 発効 Walter Ullman, *The Individual and Society in the Middle Ages* (Baltimore) →邦訳 1970
1967	バターフィールド著、越智武臣他訳『ウィッグ史観批判』（未来社） B. Malament, 'The "Economic Liberalism" of Sir Edward Coke' 76 *Yale Law Journal*, 1321–58.
1968	A. E. Dick Howard, *The road from Runnymede : Magna Carta and constitutionalism in America* (Univ. Press of Virginia) F. Oakley, 'Jacobean Political Theology: The Absolute and Ordinary Powers of the King,' 29 *Journal of Hitory of Ideas,* 323–346.
1969	Herbert Butterfield, *Magna Carta in the Historiograpy of the Sixteenth and Seventeenth Centuries* (University of Reading), Stenton Lectures, 1968. J. J. Epstein, 'Francis Bacon and the Challenge to the Prerogative in 1610' 2 *Journal of Historical Studies* 82.
1970	W.アルマン著、鈴木利章訳『中世における個人と社会』（ミネルヴァ書房）
1971	Ann Pallister, *Magna Carta : The Heritage of Liberty* (Oxford)
1972	J. C. Holt, ed., *Magna Carta and the Idea of Liberty* (Jenks, Edward, 'The Myth of Magna Carta' was reproduced)
1973	横山晃一郎「イギリス刑法と罪刑法定主義――イギリス型近代刑法成立の論理」山中康雄教授還暦記念『近代法と現代法』（法律文化社）所収 B. P. Levack, *The Civil Lawyers in England 1603–1641: A Political Study* (Oxford)
1974	G. R. Elton, *Studies in Tudor and Stuart Politics and Government*, 4 vols [–92] (Cambridge)
1976	C. Brooks & K. Sharp, 'History, English Law and the Renaissance' 72 *P & P*, 133–142. F. A. Youngs, *Proclamations of the Tudor Queens* (Cambridge)
1977	L. A. Knafla, *Law and Politics in Jacobean England: the Tracts of Lord Chancellor Ellesmere* (Cambridge) B. P. Langbein, *Torture and the Law of Proof* (Chicago)

1980	城戸毅『マグナ・カルタの世紀』(東京大学出版会) C. [M.] Gray, 'Reason, Authority, and Imagination: The Jurisprudence of Sir Edward Coke' in *Culture and Politics from Puritanism to the Enlightenment*, ed., P. Zagorin (Berkeley), pp. 25–66. B. P. Levack, 'English Law, Scots Law and the Union' in *Law-Making and Law Makers in British History*, ed., A. Harding. H. Pawlishch, 'Sir John Davies, the Ancient Constitution and Civil Law' H. J. XXIII No. 3, pp. 689–702. P. W. Hasler ed., *The History of Parliament: The House of Commons 1558–1603*, 3vols.
1981	小山貞夫「マグナ・カルタ神話の創造」『法学』44巻5·6合併号
1982	小山貞夫「マグナ・カルタ(1215)の歴史的意義」45巻6号 →1983　小山貞夫『イングランド法の形成と近代的変容』(創文社)所収(邦語研究文献:104–107頁) C. H. マクヮルワイン著、森岡敬一郎訳『立憲主義その成立過程』(慶応通信) G. R. Elton, *The Tudor Constitution* (2nd ed.) R. W. Heinze, 'Proclamation and Parliamentary Protest 1539–1610' in *Tudor Rule and Revolution*, ed., D. J. Guth and J. W. Mckenna (Cambridge)
1984	P. Christianson, 'Young John Selden and the Ancient Constitution c.1610–18,' 128 *Proceedings of the American Philosophical Society*, 271–315.
1985	C. A. Edie, 'Tracts and Strategies: Parliament's Attack on Royal Dispensing Power 1597–1689,' 29 *American Journal of Legal History*, 198–234. J. C. Holt, *Magna Carta and Medieval Government* (Hambledon)
1986	G. R. Elton, *The Parliament of England 1559–81* (Cambridge) J. Loach, *Parliament and the Crown in the Reign of Mary Tudor* W. Prest, *The Rise of the Barristers* (Oxford)
1987	G. A. Guy, ed., 'The Debellation of Salem and Bizance' in 10 *Complete Works of St. Thomas More* (New Haven) D. Moore, 'Recorder Fleetwood and the Tudor Queenship Controversy' in *Ambiguous Realities: Women in the Middle Ages and Renaissance*, ed. C. Levin and J. C. Watson (Detroit) pp. 235–251. J. G. A. Pocock, *The Ancient Constitution and the Feudal Law:A Study of English Historical Thought in the Seventeenth Century, A Reissue with a Retrospect* (Cambridge U.P.)

1987	P. Croft, 'Fresh Light on Bate's Case,' 30 *Historical Journal*, 523–539. R. J. Smith, *The Gothic Bequest: Medieval institutions in British thought, 1688–1863* (Cambridge U.P.)
1988	G. Burgess, 'Common Law and Political Theory in Early Stuart England,' 40 *Political Science*, 4–17.
1989	S. Reynolds, 'Magna Carta 1297 and the Uses of Literacy,' 62 *Historical Reseach,* 233–244 H. A. Kelly, 'Inquisition and the Procecution of Heresy: Misconceptions and Abuses,' 58 *Church History,* 439–451.
1990	R. H. Helmholz, 'Constitutional law and common law: historical strangers or companions?,' *Duke Law Journal,* 1207.
1991	J. Baker, 'Personal Liberty under the Common Law' in *The Origins of Modern Freedom in the West*, ed., R. W. Davis (Stanford, Ca.) 178–202. P. Christianson, 'Royal and Parliamentary Voices on the Ancient Constitution' & J. P. Sommerville, 'James I and the Divine Right of Kings' in *The Mental World of the Jacobean Court,* ed. Pek, LL. J. Loach, *Parliament under the Tudors* (Oxford)
1992	G. Burgess, *Politics of Ancient Constitution 1603–42* (London: Macmillan) C. Donahue, 'Ius commune, Canon law, and common law in England,' 66 *Tulane Law Review,* 1745–80, especially at 1754, 1760ff. J. C. Holt, *Magna Carta,* 2nd ed. (Cambridge U.P.) →邦訳 2000
1993	J＝C＝ホウルト著、城戸毅監訳『中世イギリスの法と社会：J＝C＝ホウルト歴史学論集』（刀水書房） マッケクニ著、禿氏好文訳『マグナ・カルタ』（ミネルヴァ書房） M. J. Prichard and D. E. C. Yale, *Hale and Fleetwood on Admiralty Jurisdiction* (108 SS) Ellis Sandoz ed., *The Roots of Liberty: Magna Carta, Ancient Constitution and Anglo-American Tradition of Rule of Law* (University of Missouri Press)
1994	J. D. Alsop, 'William Fleetwood and English Historical Scholarship,' 25 *Sixteenth-Century journal*, 155–176. J. Baker. ed., *Reports from the Lost Notebooks of Sir James Dyer*, vol. 1 (109 ss) G. Burgess, *Absolute Monarchy and the Stuart Constitution* (New Haven, CT)

1994	C. [M.] Gray, *The Writ of Prohibition: Jurisdiction in Early Modern English Law* (New York) 2 vols. B. P. Levack, 'Law. Sovereignty and the Union of 1603' in *Scots and Britons: British Political Thought and the Union of 1603,* ed., R. A. Mason (Cambridge) pp. 213-237.
1995	J. A. Guy, *The Reign of Elizabeth I* (Cambridge) D. H. Sacks, 'Countervailing of Benefits: Monopoly, Liberty and Benevolence in Elizabethan England' in *Tudor Political Culture*, ed., D. Hoak (Cambridge) pp. 272-291.
1996	D. A. Carpenter, 'The Dating and Making of Magna Carta' and 'Justice and Jurisdiction under King John and King Henry III' in his *The Reign of Henry III* (London) pp. 1-16 & pp. 17-43. J. I. Corré, 'The Argument, Decision amd Reprts of Darcy v. Allen,' 45 *Emory Law Journal*, 1261-1327. R. H. Helmholz and others, *The Privilege against Self-Incrimination* (Chicago) J. G. H. Hudson ed., *The History of English Law: Cetenary Essays on 'Pollock and Maitland'* (Oxford)
1997	D'Avray, 'Magna Carta: its Background in Stephen Langton's Academic Biblical Exegesis and its Episcorpal Reception,' 38 *Studi medievali*, 3rd ser., 423-438. J. C. Holt, *Colonial England, 1066-1215* (London)
1998	N. M. Fryde, 'The Roots of Magna Carta, Opposition to the Plantagenets' in *Political Thought and the Realities of Power in the Middle Ages*, ed., J. Canning and O. G. Oexle (Gottingen) R. Tittler, *The Reformation and the Towns in England: Politics and Political Culture c.1540-1640* (Oxford)
1999	R. H. Helmholz, 'Magna Carta and the ius commune', 66 *University of Chicago Law Review*, 297-371' David J. Seipp, 'The Mirror of Justices' in *Learning the Law*, Jhonathan A. Bush & Alain Wijffels ed. (Hambledon Press) J. P. Sommerville, *Royalists and Patriots: Politics and Ideology in England 1603-1640* (2nd edn, Harlow) S. D. Church ed., *King John: New Interpretation* (Boydell Press) C. Tayler, 'Pope Innocent III, John of England and the Albigensian Crusade (1209-1216)' in *Pope Innocent III and his World*, ed., J. C. Moore (Aldershot) pp. 205-228. P. Wormald, *The Making of English Law: King Alfred to the Twelfth Century* (Oxford)

1999	P. Wormald, *Legal Culture in the Early Medieval West: Law as Text, Image and Experience* (London)
2000	ホゥルト著、森岡敬一郎訳『マグナ・カルタ』(慶応義塾大学出版会)：参考文献、訳者解説参照
2001	N. M. Fryde, *Why Magna Carta? Angevin England Revisited* (Münster) J. Greenberg, *The Radical Face of the Ancient Constitution: St. Edward's 'Laws' in Early Modern Political Thought* (Cambridge) H. A. Kelly, *Inquisition and other Trial Procedures in the Medieval West* (Aldershot) A. Musson, *Medieval Law in Context: The Growth of Legal Consciousness from Magna Carta to the Pesants' Revolt* (Manchester) J. Pila, 'The Common Law Monopoly in its Original Form,' 3 *Intellectual Property Quarterly*, 209–224.
2002	N. Vincent, 'Master Elias of Derehan (d.1245): A Reassessment' in *The Church and Learning in Later Medieval Society in Honour of R. B. Dobson*, ed., C. Barron and J. Stratfird (Donington) pp. 128–159. N. Vincent, 'England and the Albigensian Crusade' in *England and Europe in the Reign of Henry III (1216–72)*, ed., B. K. U. Weiler (Aldershot) pp. 97–97.
2003	A. D. Boyer, *Sir Edward Coke and the Elizabethan Age* (Stanford) M. McGlynn, *The Royal Prerogative and the Learning of the Inns of Court* (Cambridge) J. S. Hart, *The Rule of Law 1603–1660: Crown, Courts and Judges* Ralph V. Turner, *Magna Carta: Through the Ages* (Pearson Education)
2004	D. Keene, A. Burns and A. Saint eds., *St. Paul's: the Cathedral Church of London, 604–2004* (New Haven and London) Anthony Musson, 'Myth, Mistake, Innvention? Excavating the Foundations of the English Legal Tradition' in *Law and History*, ed. by Andrew Lewis & Michael Lobban (Oxford U.P.) E. H. Shagan, 'The English Inquisition: Constitutional Conflict and Ecceastical Law in the 1590s,' 47 *Historical Journal*, 541–565. N. Vincent, 'Why 1199?: Bureaucracy and Enrolment under John and his Contemporaries' in Adrian Jobson ed. *English Government in the Thirteenth Century* (Martlesham)
2006	A. Cromatie, *The Constitutionalist Revolution: An Essay on the History of England 1450–1642* (Cambridge U.P.) I. Williams, 'Dr. Bonham's Case and "Void" Statutes,' 27 *Journal of Legal History*, 111–128.

2006	S. Wright, 'Nicholas Fuller and the Liberties of the Subject,' 25 *Parliamentary History*, 176–213.
2007	M. A. Lobban, *A History of the Philosophy of Law in the Common Law World, 1600–1900* (Dordrecht) T. Tyacke, *The English Revolution c.1590–1720: Politics, Religion and Communities* (Manchester) N. Vincent, *The Magna Carta: Sotheby's Sale Catalogue*, Tuesday, December 18, 2007 (New York)
2008	J. W. Baldwin, 'Master Stephen Langton, Future Archbishop of Canterbury: the Paris Schools and Magna Carta', 123 *E.H.R.*, 811–846. Christopher W. Brooks, *Law, Politics and Society in Early Modern England* (Cambridge U.P.) D. Keene, 'Text, Visualisation, and Politics: London, 1150–1250,' 18 *T.R.H.S.*, 6th ser. 69–99. D. Oakley, 'English Heresy Procedure in Thomas More's *Dialogue concerning Heresies*,' 3 *Thomas More Studies*, 70–80.
2009	R. H. Helmholz, 'Bonham's Case, Judicial Review, and the Law of Nature,' 1 *Journal of Legal Analysis*, 324–353. I. W. Rowland, 'The Text and Distribution of the Writ for the Publication of Magna Carta, 1215,' 124 *E.H.R.*, 1–10.
2010	S. D. Church, 'King John's Testament and the Last Days of his Reign,' 125 *E.H.R.* P. Halliday, *Habeas Corpus: From England to Empire* (Cambridge, M.A.) Janet S. Loengard, *Magna Carta and the England of King John* (Boydell Press): J. G. H. Hudson, 'Magna Carta, the ius commune and English Common Law' in Loengard (2010) pp. 99–119. N. Vincent, 'Stephen Langton, Archbishop of Canterbury' in *Etienne Langton, prédicateur, bibliste, théologien*, ed., L.-J. Bataillon, N. Bériou, G. Dahan and R. Quinto (Turnhout) pp. 51–123. I. Williams, 'The Tudor Genesis of Edward Coke's Immemorial Common Law,' 43 *Sixteenth Century Journal*, 103–123. A.Trush and J. Ferris, eds., *The History of Parliament: The House of Commons 1604–1629*, 4 vols.
2011	Christopher W. Brooks, 'A Puritan Collaboration in Defence of the Liberty of the Subject: James Morice, Robert Beale and the Elizabethan Campaign against Eccleastical Authority, in *Collaboration and Interdisciplinary in the Republic of Letters*, ed., P. Scott (Manchester) pp. 1–14.

2011	D. A. Carpenter, 'Archbishop Langton and Magna Carta: his Contribution, his Doubts and his Hypocrisy', 126 E. H. R., 1041–1065. R. Rex, 'Thomas More and the Heretics: Statesman or Fanatic?' in *The Cambridge Companion to Thomas More,* ed., G. Logan (Cambridge) I. Williams, review of H. A. Kelly and others, Sir Tomas More's trial by Jury , 33 *Journal of Legal History*, 123–126.
2012	John Hudson, *The Oxford History of the Laws of England, vol II, 871–1216* (Oxford U.P.) R. H. Helmholz, *La Magna Charta del 1215: alle origini del conatituzionalismo inglese ed europeo*, trans. D, Freda (Rome) N. Vincent, 'English Liberties, Magna Carta (1215) and the Spanish Connection' in *1212–1214: El trienio que hizo a Europa Acta de la XXXVII Semana de Estudios Medievales de Estella 19 al 23 de julio de 2010* (Pamplona) pp. 243–261. D. Ibbetson, 'The Earl of Oxford Case (1615)' in *Landmark Cases in Equity*, ed., C. Mitchell and P. Mitchell (Oxford) pp. 1–32. N. Vincent, *Magna Carta: A very Short Introduction* (Oxford U.P.)
2013	James Cambell, 'Anglo-Saxon Origins of English Constitutionalism' in Richard W. Kaeuper, ed., *Law, Governance, and Justice: New views on Medieval Constitutionalism* (Brill) P. Collinson, *Richard Bancroft and Elizabethan Anti-Puritanism* (Cambridge) G. Garnet, '"The Ould Field": Law and History in the Prefaces to Sir Edward Coke's Reports,' 34 *Journal of Legal History*, 245–284. D. R. Klinck, *Conscience, Equity and the Court of Chancery in Early Modern England* (Farnham) D. Moore and C. Beem, eds., *The Name of a Queen: William Fleetwood's Itinerarium ad Winsor* (New York) D. Power, 'Who went on the Albeigensian Crusade?', 128 *E.H.R.*, 1047–1085. D. C. Smith, 'Remembering Usurpation: The Common Lawyers, Reformation Narratives and the Prerogative, 86 *Historical Research*, 619–637.
2014	Anthony Arlidge & Igor Judge, *Magna Carta Uncovered* (Hart Publishing) **Randy J. Holland ed., *Magna Carta: Muse & Mentor* (Library of Congress)** David Chan Smith, *Sir Edward Coke and the Reformation of the Laws: Religion, Pplitics and Jurisprudens, 1578–1616* (Cambridge U.P.)

2014	N. Vincent, ***Magna Carta: The Foundtion of Freedom 1215-2015*** **(Third Millenium Pub.)**
2015	法制史学会第67回総会シンポジウム「マグナ・カルタの800年――マグナ・カルタ神話論を越えて」(6.13) 於：関西学院大学 →『法制史研究』66巻492、495-499頁 129th Annual General Meeting of Selden Society in the Old Hall, Lincoln's Inn (7.7) — Paul Brand, 'Magna Carta and its Contribution to the developement English Law 1215-1307' (Selden Society Lecture) 22nd British Legal History Conference, Law: Challenges to Authority and the Recognition of Rights, at University of Reading (7.8-11) — Sir John Baker, 'Magna Carta: the Bigining of the Myth' at Runnymed (7.8) — Joshua Getzler, 'Magna Carta clauses 4 and 5 and the problem of account' (7.9) — Anthony Musson, 'Magna Carta and the Fragmented Authorities of the Later Middle Ages' — Daniel Hulsebosch, 'A Magna Carta for the World? The Constitutional Protection of Foreign subjects in the Age of Revolution' — Wilfrid Prest, 'Blackstone's Magna Carta' (7.10) — Andreas Thier, 'The Magna Carta in German discourse about English constitutional law between the 18th and the early 20th century' — Carsten Fischer, 'The Reception of Magna Carta and the Ancient Constitution in Early modern Germany, c.1650-1800' (7.11) 北京人民大学博物館マグナ・カルタ展中止 (10.13) →英国大使館で開催（見学者登録）cf. Wall Street Journal (10.22) 関西学院大学図書館学術資料特別展示『自由の憲章　マグナ・カルタの800年―法律文　献を通して見る立憲主義の歴史―』(10.31-11.30) →関西学院大学図書館報『時計台』86号（2016）- http://hdl.handle.net/10236/14339 石井三記「フランスにおけるマグナ・カルタ観」名古屋大学法政論集、264号、337-351頁 深尾裕造・松本和洋訳「クック「マグナ・カルタ註解」――サー・エドワード・クック『イングランド法学提要　第2部』より」法と政治、66巻4号、167-344頁 Sir John Baker, 'Magna Carta : The Emergence of the Myth' (7.8) N. Vincent, The Magna Carta Project (http://magnacarta.cmp.uea.ac.uk/)

2015	Sir John Baker, ed., *Select Readings and Commentaries on Magna Carta 1400–1604* (132 SS) A. Blick, *Byond Magna Carta: Constitution for the United Kingdom* (Hart Pub.) D. Carpenter, *Magna Carta* (Penguin Books) → (書評) 朝治啓三『西洋中世学研究』7 号 (2016) 169 頁 **Claire Breay & Harrison Julian, eds., *Magna Carta: Law, Liberty, Legacy* (British Library)** Paul Dalton and David Luscombe, eds., *Rulership and Rebellion in the Anglo-Norman World, c.1066–c.1216: Essays in Honour of Professor Edmund King* (Ashgate) Robin Griffith-Jones & M. Hill, eds., *Magna Carta, Religion and the Rule of Law* (Cambridge) → (書評) 戒能通弘『イギリス哲学研究』41 号 (2018) 84–86 頁 R. Hazell & J. Melton, eds., *Magna Carta and Its Modern Legacy* (Cambridge U.P.) J. C. Holt, *Magna Carta*, 3rd ed. Preface by G. Garnett, J. Hudson (Cambridge U. P.) F. Klug, *A Magna Carta for All Humanity* (Routledge) M. McGlynn ed., *The Rights and Liberties of the English Church: Readings from the Pre-Reformation Inns of Court* (129 SS) Robert M. Pallito, *In the Shadow of the Great Charter* (Univ. Pr. of Kansas) Markku Suksi, Kalliope Agapiou-Josephides, Jean-Paul Lehners and Manfred Nowark, eds., *First Fundamental Rights Documents in Europe: Commemorating 800 Years of Magna Carta* (Cambridge: Intersentia) **N. Vincent, *Magna Carta: Origins and Legacy* (the Bodleian Library)**
2016	深尾裕造「クック「マグナ・カルタ註解」覚書」法と政治、67 巻第 1 号、41–103 頁 Sir John Baker, ‘Chapter 20 of Magna Carta in the Fourteenth Century’ in *Texts and Contexts in Legal History in Honour of Charles Donahue,* ed., J. Witte, S. Macdougall and A. de Robilant (Berkeley) Emmanuel Cartier et Jean-Pierre Machelon, eds., *Le huitieme cetenarie de la Magna Carta: genealogie et filiation d'un texte constitutionnel, Actes du Colloque international du novembre 2015, A l'initiative de l'Association Francaise de Droit Connstitutionnel* (AFDC) (Mare Martin) Elizabeth Gibson-Morgan & Alexis Chommeloux, eds., *The Rights and Aspirations of the Magna Carta* (Palgrave Macmillan)

2016	Jocelynne A. Scott, *Women and Magna Carta: A Treaty for Rights and Wrongs* (Palgrave Macmillan) Wilfrid Prest, 'Blackstone's Magna Carta,' 94 *North Carolina Law Review*, 1495-1519. Zbigniew Raw, Orzemyslaw Zurawski vel Grajewski and Marek Tracz-Tryniecki, eds., *Magna Carta: A Central Euopean perspective of our common heritage of freedom* (Abingdon: Routledge)
2017	Sir John Baker, *The Reinvention of Magna Carta 1216-1616* (Cambridge U.P.) Stephen Winter & Chris Jones, eds., *Magna Carta and New Zealand: History, Politics and Law in Aotearoa* Wilfrid Prest, 'Blackstone's Commentaries : Modernisation and the Britsish Diaspora' in *Emigrants and Historians: Essays in Honour of Eric Richards*, P. Payton ed. (Wakefield Press)
2018	都築彰「ラムジー修道院とマグナ＝カルタ」佐賀大学大学院学校教育学研究科紀要、2巻2号、47-61頁 http://portal.dl.saga-u.ac.jp/bitstream/123456789/123409/1/tsuzuki_201801.pdf

※ 前頁の太字で示した書籍は図版が豊富であり、特にBodlean Libraryの図録は、当時の手稿をほぼ満遍なく収録し解説も丁寧である。

※※ 邦語研究文献に関しては、1982年小山論文を合わせて参照。1992年以前は特徴的なもののみを記した。ホゥルト著／森岡敬一郎訳『マグナ・カルタ』の参考文献：訳者解説等、先行研究を参照されたい。